사도행전의 이해
(ACTS)

사도행전의 이해

2018년 1월 20일 초 판 1쇄 인쇄
2018년 1월 25일 초 판 1쇄 발행

저 자 • 양 창 삼
발행인 • 조 경 혜
발행처 • 도서출판 그리심
07030 서울시 동작구 사당로2길 72 인정 인정 B동 (B01)

등록번호 • 제 7-258호(1998. 4. 23)
출 판 사 • 전화 523-7589 팩스 523-7590
홈페이지 • http://grisim.biz
전자우편 • grisimcho@hanmail.net

값: 표지 뒷면에

ISBN 978-89-5799-406-1 93230

양 창 삼

서울대학교 정치학과(학사, 석사)
서울대학교 대학원(경영학석사)
웨스턴일리노이대학교(MBA)
연세대학교 대학원(경영학박사)
총신대학교 대학원(M.Div., Th.M.)
한양대학교 경상대학 학장
한양대학교 산업경영대학원 원장
연변과기대 부총장, 챈슬러
현) 한양대학교 경상대학 경영학부 명예교수
목사

성경관계 저서

히브리서의 이해(2017)
민수기의 이해(2017)
신명기(2017)
출애굽기(2017)
레위기의 이해(2017)
빌립보서(2016)
요한복음(2012)
로마서의 이해(2009)
요한1 · 2 · 3서와 요한계시록(2008)
창세기 강해(1998)
다니엘서(1994)
그 외 다수

머리말

예수님은 땅 끝까지 복음을 전파하라 하셨다. 복음은 어떻게 해서 땅 끝까지 이를 수 있을까? 그것은 전도다. 누가 이 사역의 주체가 되어야 하는가? 바로 주님의 부르심을 받은 사명자다. 주님은 이 사역을 가능하게 하기 위해 위로부터 능력을 부어주셨다. 성령님을 보내주시고 그를 통해 능력을 발휘하게 하셨다.

예수님의 제자라면 복음의 전파와 함께 복음의 증인 역할을 해야 한다. 이것을 잘 보여주는 책이 바로 '사도행전(Acts of the Apostles)' 이다.

사도행전의 기록자는 누가(Luke)이다. 누가는 누가복음을 '먼저 기록한 것' 이라 했다. 그러므로 누가복음은 사도행전의 서론에 해당한다. 누가복음이 예수 승천 전까지의 기록이라면 사도행전은 승천이후의 기록으로 지적 통일성을 보여주고 있다. 교부들의 증언에 따르면 누가복음과 사도행전이 한 권의 책으로 회람된 문서였으나 90년대 사복음으로 정립되면서 분리되었다. 문체와 어휘는 의사 누가의 것임에 틀림없다. 300 정도의 단어가 누가의 독특한 특징을 보여주며, 20개 이상의 어휘가 의사가 쓰는 전통용어이다.

시도행전의 기록목적은 누가가 밝힌 것과 같이 데오빌로에게 보다 완전한 교훈을 알려줌으로써 신앙을 확고히 하는 데 있다. 그는 예수 그리스도가 부활하신 이후에도 사도와 후계자들을 통해서 그리고 성령을 통해서 하시고자 하는 것을 어떻게 이루어나가는가를 논리적으로 서술했다. 성령의 초자연적인 역사, 교회에서의 사도의 활동과 그 역사성, 베드로와 바울의 등장과 복음 전파, 계시에 의한 바울의 사도권 등이 언급되었다. 이것은 직접적인 동기이며 그밖에 여러 목적도 있다.

첫째, 역사적 동기다. 누가복음이 예수님의 행적과 그의 가르침을 시작한 사건의 기록이라면 사도행전은 성령의 역사와 초대교회의 발생 등 초대교회의 역사기록이다. 복음이 예루살렘에서 유대와 사마리아 그리고 로마에 이르게 된 경위를 설명하고 있다. 누가복음이 예수의 지상전도라면 사도행전은 그리스도의 영인 성령께서 사도들을 통해서 역사한 것을 나타내고 있어 예수의 '천상전도' 라 불린다. 둘째, 변증적 동기다. 기독교인들이 로마에 불충 혐의를 받고 있는 것에 대한 변호라는 것이다. 오히려 유대인들이 로마에 불충성하고 있음을 강조했다. 셋째, 교리적 동기다. 성령의 인격과 역사를 잘 보여주고 있다. 그래서 사도행전을 '성령행전' 이라 한다. 넷째, 전기적 동기다. 교회 초기의 주도적 인물이 누가인가를 잘 묘사하고 있다. 1장에서 12장은 베드로를 중심으로 기록되어 있어 '베드로 행전' 이라 하고, 13장에서 28장까지는 바울을 중심으로 기록되어 있어 '바울행전' 이라 한다.

사도행전은 1장 8절에서 단적으로 보여주는 바와 같이 성령강림(1-2장),

예루살렘 전도(3-7장), 온 유대와 사마리아 전도(8장), 그리고 이방전도(9-28장)를 내용으로 하고 있다. 즉, 성령에 힘입어 교회가 어떻게 확장되어갔는가를 객관적으로 기술하고 있다.

사도행전은 크게 두 부분으로 나눌 수 있다. 하나는 1-12장으로, 누가는 여기서 그리스도의 복음이 예루살렘 교회를 중심으로 하여 팔레스타인에서 안디옥까지 전해진 과정을 다루고 있다. 다른 하나는 13-28장으로, 안디옥에서 시작하여 로마까지 복음이 전해진 과정을 다루고 있다.

바울은 세 차례 전도여행을 했다. 약 A.D. 46년경 바울은 바나바와 함께 수리아 안디옥 교회의 파송을 받고 제1차 전도여행을 시작했다. 안디옥을 떠나 안디옥의 근처 항구인 실루기아에서 배를 타고 구브로(살라미, 바보), 앗달리아, 버가, 비시디아 안디옥, 이고니온, 더베, 루스드라 등지를 여행했다. 제2차는 수리아 안디옥을 떠나 다소, 더베, 루스드라, 이고니온, 비시디아 안디옥, 드로아, 네압볼리, 빌립보, 데살로니가, 베뢰아, 아테네, 고린도, 겐그리아, 에베소, 로도, 가이사랴, 예루살렘을 거쳐 수리아 안디옥에 이르는 여정이다. 제3차는 에베소, 마케도니아, 아가야, 드로아, 예루살렘을 향한 여정으로 되어 있다. 바울의 전도여행을 3차로 구분하는 것은 후대 사람들의 이해를 돕기 위한 것이지 절대적인 것은 아니다.

사도행전은 여러 특징을 가지고 있다. 첫째, 예수 사후 첫 보궐선거, 첫 설교, 첫 회개, 첫 이적 등 최초의 사건을 기록하고 있다. 둘째, 성령이라는 말이 가장 많이 나오고 있다. 사도행전은 성령행전으로 불러야 더 정확한 표제가 된다. 학자들은 사도행전을 기독교의 확장사라 부르기보다 성령의 사역론으로 규정하는 것이 일반적인 경향이다. 셋째, 복음서와 사도들의 교량적 역할을 하고 있다. 특히 그리스도 부활사건 이전과 이후를 잘 연결시키고 있다. 넷째, 기도를 강조한다. 사도행전 2장 42절, 3장 1절, 6장 4절, 7장 60절이 대표적 예이다. 다섯째, 증거의 책이다. 베드로의 설교 4, 바울의 설교 6, 야고보 설교 1, 스데반 설교 1 등 각종 설교들이 그대로 실려 있다. 따라서 사도행전을 사도들의 설교집이라 부른다. 여섯째, 역사가로서의 누가 모습을 잘 보여주고 있다.

사도행전은 사도들의 행전이다. 하지만 성령의 행전이다. 사도들은 예수님의 열두 제자에 한정되지 않는다. 사도(Apostle)는 '아포스톨로스(apostolos)'로 '하나님으로부터 보냄을 받은 자,' 곧 메신저다. 사도행전에서는 바울과 바나바를 사도라 불렀다. 이 전도자들이 성령에 붙잡혀 얼마나 복음 전도에 열정을 쏟았는가를 보여준다. 복음 전도는 지금 우리에게도 부여된 지상 사명이다. 우리 모두는 이를 위해 부르심을 받은 이 시대의 사명자이다. 이 사명을 완수하기 위해 사도행전은 우리가 가장 모범으로 삼아야 할 영적 전범(典範)임이 확실하다. 이젠 우리가 그 뒤를 이어 성령행전의 다음 페이지를 확실하게 써내려가야 한다. 당신의 위대한 작업에 이 책이 조금이라도 도움이 되었으면 한다.

양 창 삼

목 차

사도행전의 이해

THE ACTS of the Apostles

사도행전 장별 연구

제1장

아버지께서 약속하신 성령을 기다리라

1. 누가의 누가복음 기록(1-2절)

1) 누가복음과 사도행전의 수신인 데오빌로

누가는 사도행전을 쓰면서 그 수신자가 데오빌로(Theophilus) 임을 밝히고 있다. 이는 '하나님의 친구,' '하나님께 사랑 받는 자' 라는 뜻을 가지고 있다. 누가는 누가복음을 쓸 때도 그가 수신인임을 밝혔다(눅 1:3). 하지만 그가 누구인지는 확실하지 않다. 로마의 기사 계급으로 누가와는 절친한 사이나 그의 후원자일 수도 있다.

2) 누가복음의 기록 목적

'내가 먼저 쓴 글(my former book)' 은 누가복음을 가리킨다. 여기서는 예수께서 행하시며 가르치시기를 시작하심부터 그가 택하신 사도들에게 성령으로 명하시고 승천하신 날까지의 일을 기록했다고 했다. 누가복음의 내용을 요약한 것이다. '행하시며 가르치시기' 는 예수님의 행하심(to do)과 가르치신 말씀(to teach)을 말한다. 누가복음의 마지막 대목은 예수의 승천이다.

'택하신 사도(the apostles whom He had chosen)' 는 예수님이 친히 택하신 제자들을 말한다. '사도(apostle)' 는 '아포스톨로스(apostolos)' 로 '하나님으로부터 보내심을 받은 자(messenger)' 라는 뜻을 가지고 있다. 예수님이 가르치심과 명령에 따라 구원의 복음을 전하고 교회를 세우는 일을 맡은 자들이다.

누가는 2절에서 주님이 사도들에게 '성령으로 명하시고(by the Holy Spirit) 승천하신 날까지의 일을 기록하였노라' 라 하였다. 성령으로 명하신 것은 예수님이 승천하신 후 사도들이 수행해야 할 일들이 성령에 의해 이루어질 것임을 암시한 것이다. 성령이 주시는 힘이 없다면 제자들은 이 과업을 성취할 수 없기 때문이다.

누가가 쓴 사도행전은 예수님의 지상 생애 이후, 즉 예수님의 승천 이후 복음이 어떻게 진보해 나갔는가를 기록하고 있다. 복음의 내용은 예수이고, 이 복음의 궁극적 종착점은 땅 끝이다. 예수의 증인들이 성령의 힘을 얻어 이 역사를 이뤄갔다. 따라서 사도행전은 성령행전임을 알 수 있다.

2. 고난 받으신 후 예수님이 하신 일(3절)

"그가 고난 받으신 후에 또한 그들에게 확실한 많은 증거로 친히 살아 계심을 나타내사 사십 일 동안 그들에게 보이시며 하나님 나라의 일을 말씀하시니라(3절)."

예수님은 고난(his passion)을 받으신 후 저희, 곧 제자들에게 확실한 많은 증거로 친히 사심을 나타내셨다. 부활하셨음을 몸으로 보이셨다는 말이다. 그리고 그 40일 동안 그들에게 하나님 나라 일을 말씀하셨다.

3절은 부활 후 40일 동안 저희에게 보이시며 하나님 나라(the kingdom of God) 일을 말씀하셨음을 확고히 하고 있다. 이 세상에 오실 때나 이 땅에 계실 때나 승천하실 때까지 예수님의 주제는 하나님 나라였음을 보여준다. 주님은 공생애를 시작하실 때 "회개하라 천국이 가까웠느니라" 하셨고, 제자들에게 하나님의 나라가 무엇인가를 가르쳤으며, 십자가 사건 이후에도 제자들에게 하나님 나라의 일을 말씀하셨다. 제자들에게 가르쳐준 핵심은 하나님의 나라이고, 그 나라의 확장이 그리스도인에게 주어진 핵심 사명임을 가르쳐 주고 있다. 하나님의 나라는 하나님의 통치와 왕 되심을 인정하는 곳에 임한다.

3. 아버지가 약속하신 것을 기다리라(4, 5절)

사도와 '함께 모이사(sunalizo)' 는 '같이 먹을 때(eating with them)' 또는 '같이 거할 때(being assembled together with them)' 라는 뜻을 가지고 있다. 제자들과 같이 계실 때 주님은 명령하셨다. "예루살렘을 떠나지 말고 내게 들은 바 아버지의 약속하신 것을 기다리라." "요한은 물로 세례를 베풀었으나 너희는 몇 날이 못 되어 성령으로 세례를 받으리라(baptized with the Holy Spirit)." 아버지의 약속하신 것은 성령을 말한다. 주님은 그들이 성령 세례를 받게 될 것이라 하셨다.

누가는 누가복음 말미에서 "볼지어다 내가 내 아버지께서 약속하신 것을 너희에게 보내리니 너희는 위로부터 능력으로 입혀질 때까지 이 성에 머물라 하시니라(눅 24:49)"는 말씀을 기록했다. 이것은 사도행전에서 다시 기록되고 있다. 이것은 누가복음과 사도행전이 서로 연결되어 있음을 보여준다.

주님은 제자들을 향해 먼저 선교하라 하지 않으시고 아버지가 약속하신 것을 "기다리라(wait for the gift)" 하셨다. 아버지가 약속하신 선물은 성령이다. 그 좋은 것을 사모하며 기다리라는 말씀이다. 그 선물은 위로부터 온다. 성령의 능력으로 강력하게 그리고 새롭게 입혀질 때까지 기다리라는 것이다. 그냥 기다리는 것이 아니다. 기도하면서 기다린다. 주님의 말씀과 명령 안에 거하며 기다리라는 것이다.

4. 하나님의 나라와 증인의 삶(6-8절)

1) 이스라엘 나라인가 하나님의 나라인가(6-7절)

사도들은 다 같이 모인 자리에서 예수께 물었다. “주께서 이스라엘 나라를 회복하심이 이 때니이까?” 다시 말해 주님께서 이스라엘 왕국을 다시 세워 주실 때가 바로 지금이냐는 것이다. 예수님이 부활하셨으니 그런 기대도 했을 것이다.

그러나 이 질문은 주님의 생각과 멀다. 주님은 이미 그들에게 ‘하나님의 나라’ 에 대해 말씀하셨다. 그럼에도 불구하고 제자들의 관심은 아직도 ‘이스라엘 나라(the kingdom to Israel)’로 한정되었다. 이것은 ‘그 나라가 언제쯤 회복될 수 있는가?’ 하는 그들의 관심에서 여실히 드러난다. 그들이 바라는 것은 눈에 보이는 나라다. 다윗 왕국의 영광이 다시금 회복되는 나라다. 그들은 하나님을 ‘왕’ 으로, 그가 다스리는 영역을 ‘이스라엘’ 로 이해했다. 하지만 예수님이 말하는 하나님의 나라는 영적인 나라이다. 영토개념이 아니다. 보이는 세계가 아니다. 이스라엘에 국한된 나라가 아니라 하나님이 의와 사랑으로 다스려지는 나라다. 그를 믿는 모든 백성은 그 나라 백성이 된다. 하나님의 나라는 현재적인 것(마 13장, 눅 17:31)이자 종말적인 것(마 25장, 계 1-22장)이다. 주님은 이 나라가 “너희 속에, 너희 마음속에, 너희 가운데 있다”고 말씀하셨다. 이 나라는 오직 성령으로 거듭난 사람만이 볼 수 있다.

2) 땅 끝까지 이르러 내 증인이 되리라(8절)

제자들의 물음에 주님은 두 가지를 말씀하셨다.

첫째, 그 때(times)와 시기(seasons, epochs)는 아버지께서 자기의 권한에 두셨으니 너희가 알 바 아니다. 그 때와 시기는 아버지께서 당신의 권능으로 결정하셨으니 너희가 알 바 아니라는 것이다.

둘째, 성령이 너희에게 임하시면 너희가 권능을 받고 예루살렘과 온 유대와 사마리아와 땅 끝까지 이르러 내 증인이 되리라는 것이다.

'오직 성령이 너희에게 임하시면'은 '그러나 성령이 너희에게 오시면(come upon you)'이라는 뜻이다. 주님은 성령이 '너희에게' 임하시리라 했다. 성령은 나, 곧 어느 한 사람을 위해서만 오시는 분 아니라는 것이다. 성령을 자기중심의 것으로만 생각한다면 잘못된 것이다. 성령이 임할 때 제자들 모두 성령 충만을 받았음을 기억하라. 성령의 임하심은 그들이 갈망했던 세상의 그 어떤 정치권력보다 더 강력하고 힘이 있다.

"너희가 권능을 받고" 권능(power, might)은 권세와 능력을 말한다. 원어로는 '두나미스(dunamis)'다. '다이나마이트(dynamite)'도 여기서 나온 말이다. 제자들이 모여서 기다릴 것과 그 제자들이 성령강림과 함께 권능을 받게 될 것을 말씀하고 있다. 인간의 힘이 아니라 하나님의 권능이다. 능력을 받아 담대히 전파하게 된다. 하나님의 일을 하기 위해서는 성령의 기름 부으심이 필요하다.

이것은 성령이 선교 주체이심을 보여준다. 선교의 원동력은 성령의 능력이라는 말이다. 내 안에 너무 내가 있으면 주님은 조용히 계신다. 우리는 권능을 발휘할 수 없다. 그러나 성령이 충만하게 되면 전도하지 않을 수 없다. 전도하지 않으면 견딜 수 없다. 하나님께 플러그인하라. 하나님의 마음을 가져라. 그러면 전도할 수 있다.

"예루살렘과 온 유대와 사마리아와 땅 끝까지 이르러." 이 말씀은 여러 가지로 해석된다. 첫째, '예루살렘->유대 ⇨ 사마리아 ⇨ 땅 끝'으로 이어지는 선교를 하라는 주장이다. 사도행전은 예루살렘 전도(3-7장), 유대와 사마리아 전도(8-12장), 그리고 땅 끝 전도(13-28장)의 순서로 기록되었다. 둘째, 이 말씀은 앞서의 도식에 국한 된 것이 아니라 동시다발적으로 선교하라는 주장이다. 사명의 폭발이다. 예루살렘은 핍박의 땅이고, 유대는 배반의 땅이며, 사마리아는 민족적으로 편견을 가져야 마땅한 지역이고, 땅 끝은 이방, 곧 지옥의 불쏘시개 정도로 생각하는 편견(bias)도 벗어나야 한다. 틀에 박힌 편견을 깨뜨리고 그 모든 곳에 복음을 들고 나가라는 혁명적인 말씀이다. 금기의 판을 깨지 못하는 제자들에게 그 마저 깨뜨리지 않으면 안 되다는 말씀이다. 혁명하는 마음으로 전도하지 않고서는 하나님을 기쁘시게 할 수 없다. 우리 삶에서 예루살렘은 내 가족과 내 직장을 향한 전도일 수 있고, 온 유대와 갈릴리와 사마리아는 친척, 동네일 수 있으며 땅 끝은 모르는 이웃일 수 있다. 그 모두가 전도의 대상이다.

땅 끝까지는 예루살렘에만 머물지 말라는 말씀이다. "여기가 좋사오니"라고 해서는 안 된다. 흩어져 성령의 능력을 발휘해야 한다. 주님은 안주하는 예루살렘 교회를 핍박으로 흩으셨다. 흩어진 자들이 안디옥에 복음을 전파했다. 그 뒤 예루살렘이 아니라 안디옥 교회가 세계선교의 주축이 되었다. 그리스도인은 누구나 선교사가 되어야 한다. 선교내용은 예수 그리스도이다. 영적 공백 상태에 있는 곳엔 어디나 선교대상이다.

하나님의 나라는 팔레스타인에 국한되지 않는다. 특정지역에 한정되지 않는다. 하나님의 나라는 이스라엘, 예루살렘에 국한되는 것이 아니라 땅 끝까지 확장되어야 하는 나라이다. 하나님의 나라는 협소하지 않다. 그곳에는 인종차별이나 남녀차별이나 민족차별이 없다. 계시록을 보면 각 국, 각 민족에서 구원을 받은 큰 무리들이 예수로 인해 성결하게 된 흰옷을 입고 보좌에 앉으신 어린 양 예수를 찬양하고 있다. 그곳에는 아픔이나 상함이나 죽음이 없다.

예루살렘이 모이는 교회를 나타낸다면 땅 끝까지는 흩어지는 교회를 상징한다. 교회는 모이는 것으로 안주하는 것이 아니라 사마리아와 땅 끝까지 흩어져 일하는 교회로 발전되어야 한다. 예루살렘 교회가 안주하려 할 때 하나님은 핍박의 막대기를 통해 흩으셨다.

하나님의 나라는 점진적으로 확장된다는 것을 보여준다. 세상이 날로 악해져가도 우리가 결코 낙심하지 않아야 할 이유는 하나님 나라가 날로 완성되어 가고 있기 때문이다. 세상이 막갈 때까지 가는 것처럼 보이고, 악인이 승리하는 것처럼 보여도 하나님 나라는 다가오고, 주님은 영원한 승리자가 되신다는 확신이 있기 때문이다.

"내 증인(witness)이 되리라." 내 증인은 예수를 증거 하는 사람이 된다는 말씀이다. 증인은 직접 보고 듣고 경험한 목격자들이다. 제자들은 주님이 십자가 못 박힌 것, 부활, 승천, 재림의 약속 모두를 직접 경험을 했기 때문에 확신을 가지고, 진실을 말할 수 있다. 증인의 원문은 '마르투스(martus),' 곧 순교를 의미하고 있다. 증인이 된다는 것은 결코 쉽지 않다. 때로 순교를 각오하고 전하지 않으면 안 될 상황에 직면하기도 한다.

예수님은 부활 후 제자들을 만난 자리에서 "그리스도가 고난을 받고 제삼일에 죽은 자 가운데서 살아날 것과 또 그의 이름으로 죄 사함을 받게 하는 회개가 예루살렘에서 시작하여 모든 족속에게 전파될 것이 기록되었으니 너희는 이 모든 일의 증인이라(눅 24:46-48)." 하셨다. 예수의 증인이 될 것을 말씀하신 것이다. 이스라엘 민족은 이 세상에서 하나님의 증인이 되어야 했다. 하지만 불순종으로 인해 그 사명을 이루지 못했다(사 43:10). 이제 제자들에게 그 사명이 부여되고 있다.

사도행전은 이 증인들의 이야기며, 교회사도 증인들의 이야기를 담고 있다. 역사의 주인은 이 보이는 세계를 장악하고자 하는 사람이 아니라 하나님 나라를 대망하는 사람이다. 하나님은 이사야를 통해 인생은 풀이요 하루아침에 시들 꽃인 반면 하나님의 말씀은 영원히 서리라고 말씀하셨다. 하나님 나라와 그분의 말씀은 영원하다. 우리가 전도하는 이유, 전도할 수 있는 이유도 하나님 나라가 있기 때문이다. 우리 인생의 종점은 하나님의 나라이며 지금도 그 나라를 사는 삶이 되어야 한다.

우리를 향한 하나님의 소원은 내 증인이 되라는 것이다. 복의 근원이 되라. 복을 받을 자리에서 복을 나눠줄 자리에 있으라는 말이다. 이것은 구원과 관련된 하늘의 복을 나누는 일이다. 세상 복과는 차원이 다르다. 우리는 생활에서도 증인되는 삶, 곧 생활증인(life style witness)이 되어야 한다. 증인의 사명은 예수의 제자 되게 하는 것이다. 우리 인생에서 가장 아름다운 날은 증인의 삶을 사는 날들이다. 주님이 우리에게 주신 대 사명(great mission)이 우리가 증인의 삶을 살지 않음으로 인해 대 삭제(great omission)가 되지 않게 해야 할 것이다.

성령이 임하시는 때 제자들이 성령을 통해 힘을 받아 예루살렘과 온 유다와 사마리아뿐만 아니라 땅 끝에 이르기까지 어디에서나 예수의 증인이 될 것이라 하셨다. 이것은 제자들이 어떤 삶을 살게 될 것인가를 보여준다. 주님이 말씀하시는 하나님의 나라는 성령이 임하시는 날 태어난다. 그리고 그 나라는 예수님이 재림하시는 날 완성된다. 우리는 그 중간기에 있다. 그 사이에 하나님의 나라는 계속 확장되어간다. 그 사이에 있는 우리는 성령을 받고 이 땅에서도 하나님 나라의 일을 하는 것이다. 주님의 말씀은 성령의 임함, 권능을 받음, 그리고 증인된 삶을 삶으로 연결된다. 이 말씀은 승천 직전 주신 것으로 그리스도인들이 기억해야 할 핵심사명이다.

5. 승천하신 예수님과 재림 예고(9-11절)

예수께서 이 말씀을 하시고 사도들이 보는 앞에서 올려져가셨다(taken up,

lifted up). 승천하신 것이다. 구름에 싸여 주님의 모습이 보이지 않게 되었다. 이 구름은 그리스도의 신적인 영광이 사람들에게 나타남을 의미한다. 초자연적인 구름이라는 말이다. 구름은 변화 산에서 예수님이 변모하실 때(마 17:5) 나타났고, 승천하실 때도 나타났다. 이 구름은 재림 때도 나타날 것으로 예언되어 있다(막 13:26, 14:62).

예수께서 하늘로 올라가시는 동안 그들은 하늘만 뚫어지게 쳐다보고 있었다. 그 때 흰 옷을 입은 사람 둘이 갑자기 그들 앞에 나타나 말했다. "갈릴리 사람들아 왜 여기에 서서 하늘만 쳐다보고 있느냐? 너희 곁을 떠나 승천하신 저 예수께서는 너희가 보는 앞에서 하늘로 올라가시던 그 모양으로 다시 오실 것이다." 재림하실 것이라는 말이다.

누가복음에는 "예수께서 그들을 데리고 베다니 앞까지 나가사 손을 들어 그들에게 축복하시더니 축복하실 때에 그들을 떠나 하늘로 올려 지시니(눅 24:50, 51)"라 기록되어 있다. 승천의 장소가 베다니 근교(the vicinity of Bethany)임을 보여준다.

6. 다락방에서 기도에 힘쓰는 제자들(12-14절)

누가복음을 보면 예수님의 승천 장면을 본 그들은 "그에게 경배하고 큰 기쁨으로 예루살렘에 돌아가

늘 성전에서 하나님을 찬송하니라(눅 24:52, 53)" 하였다. 제자들이 주님께 경배하고 큰 기쁨을 안고 예루살렘에 돌아와 성전에서 찬양했다는 것이다. 이것은 승천 후 제자들의 삶의 모습을 크게 나타낸 것이다.

사도행전에서는 제자들이 감람산에서 예루살렘으로 돌아왔고, 다락방에 들어가 오직 기도에 힘썼다고 했다. 누가복음과는 다소 달라 보이지만 그렇지

않다. 누가복음보다 단계적으로 더 자세히 기록하고 있다. 즉, 승천 후 제자들이 감람원(Olivet)이라 하는 산으로부터 예루살렘에 돌아왔다고 했다. 감람원은 예루살렘과 베다니 사이에 길게 뻗은 산으로, 감람나무가 많아 감람산이라 했다. 이것은 승천 장소가 감란산일 가능성을 보여준다. 물론 베다니에서 가깝다. 그리고 '이 산은 예루살렘에서 가까워 안식일에 가기 알맞은 길이라' 했다. 유대인들은 안식일에 일을 하지 않고 물건을 들고 다니지도 않았다. 여행할 수도 없었다. 안식일에 걸어갈 수 있는 거리는 랍비들이 구약(출 16:29, 민 35:5, 수 3:4)에 근거해 계산한 것으로 약 1,100미터, 곧 1.2킬로미터 정도다. 이것은 승천 하신 날이 안식일이고, 제자들이 유대의 규례를 지키고 있었음을 보여준다.

예루살렘에 돌아온 제자들은 다락방(upper room)으로 올라갔다. 그들이 유했던 장소다. 그곳에 베드로, 요한, 야고보, 안드레와 빌립, 도마와 바돌로매, 마태와 및 알패오의 아들 야고보, 셀롯인 시몬, 야고보의 아들 유다(야고보 아들 유다는 혹 야고보 형제 유다로 인식되기도 한다)가 있었다. 가룟 유다를 뺀 열 한 제자다. 셀롯(the Zealot)은 무력으로 유대의 독립을 쟁취하려한 종파이다. '열심당' 이라 하기도 한다. 시몬이 원래 그 그룹에 속했던 인물이었나는 말이다. 그 외에 여자들, 예수의 어머니 마리아와 예수의 아우들이 함께 했다. 모친 마리아에 관한 기록은 이후로 더 이상 언급되지 않는다. 예수의 아우들 중 한 사람인 야고보는 부활하신 예수를 보았다(고전 15:7).

"마음을 같이하여 오로지 기도에 힘쓰더라." 모두가 한 마음이 되어(all with one mind, with one accord) 계속적으로 기도에 전념한(continually devoting themselves to prayer) 것이다. '오로지' 기도에 몰두했음(devoted)을 나타낸다. 기도하는 일을 최우선 순위에 두었다는 말이다. 이것이 바로 그들이 다락방에 모여서 한 일이었다. 제자들, 마리아, 예수의 동생들 모두 모든 편견 내려놓고, 차이를 깨뜨리고 합심기도를 했다. 그들은 주님의 명령에 따라 온 마음으로 기도하며 주님이 약속하신 성령을 기다렸다.

7. 가룟 유다 대신 맛디아를 사도로 뽑다(15-26절)

기도모임에 참여한 수가 120명이나 되었다. 그 때 베드로가 예수님을 배반하고 죽은 가룟 유다 대신 사도로서의 직분을 대신할 인물 한 사람을 뽑자 제안했다. 여기서 120명이 언급된 것은 공회(공식적 의결을 위한 집단)의 성격이 크다. 유대 법에 따를 경우 공회를 하려면 최소한 120명이 필요하다.

120명의 무리들이 유다 대신 맛디아를 뽑은 이유는 무엇일까? 여기에 두 주장이 있다. 첫째, 그것은 단지 유다가 죽었기 때문에 그 공백을 채우기 위한 것이 아니라는 주장이다. 사도의 재선출은 유다의 변절에 그 원인이 있다. 세배대의 아들 야고보가 죽은 뒤에 그를 대신할 사도를 다시 뽑은 일은 없었던 것이 그 예다. 둘째, 예수님이 이스라엘 12지파에 맞추어 12제자를 임명했다면(눅 22:30, 마 19:28) 사도의 전체성 회복을 위해서라도 보선은 필요하다는 주장이다.

베드로는 유다의 최후를 언급한 다음 자신들과 함께 예수 부활을 증거 할 사람을 택하자 했다. 그는 먼저 유다에 대해 두 가지를 말했다. 첫째, 그는 '예수 잡는 자들의 길잡이' 가 되었으며, 이것은 성령이 다윗의 입을 통하여 말씀하신 성경이 응한 것이라 했다. 둘째, 그는 한 때 예수의 제자가 되어 이 직무의 한 부분을 맡았던 자였으나 불의의 삯(예수를 팔아 산 돈)으로 밭을 사고 후에 몸이 곤두박질하여(유다의 시체가 부패해져 밧줄에서 떨어진 것을 말한다) 배가 터져 창자가 다 흘러나와 죽었다. 예루살렘 사람들은 그 밭을 '아겔다마(Akeldama),' 곧 피밭(blood field)이라 했다. 베드로는 "그의 거처를 황폐하게 하시며 거기 거하는 자가 없게 하소서(시 69:25)," "그의 직분을 타인이 취하게 하소서(시 109:8)," 이 두 시편의 말씀을 인용해 유다를 대신할 사도를 택하는 일의 정당함을 주장했다.

베드로는 사도를 뽑을 때 두 가지 조건이 충족되어야 한다고 했다. 첫째, '요한의 세례로부터 우리 가운데서 올려져 가신 날까지 주 예수께서 우리 가운데 출입하실 때에 항상 우리와 함께 다니던 사람 중에 하나' 이어야 한다. 예수님이 이 땅에 계실 동안 항상 제자들과 함께 했던 사람이어야 한다는 것이다. 둘째, 예수의 부활하심을 증언할 사람이어야 한다. 복음전파에 헌신할 사람이다. 이것이 바로 사도직(apostle ministry)의 핵심이다.

요셉(Joseph)와 맛디아(Matthias) 두 사람이 천거되었다. 요셉의 별명은 유스도(Justus)로 바사바(Barsabbas)라 하기도 한다. 선출하기 전에 두 사람을 놓고 먼저 기도했다. "뭇 사람의 마음을 아시는 주여 이 두 사람 중에 누가 주님께 택하신바 되어 봉사와 및 사도의 직무를 대신할 자인지를 보이시옵소서. 유다는 이 직무를 버리고 제 곳으로 갔나이다." 제비를 뽑은 결과 맛디아가 택함을 받았다. 제비를 뽑는 것은 하나님의 뜻을 알기 위한 이스라엘의 신성한 제도이다. 제자들은 두 개의 돌에 각각 후보자의 이름을 적고 그것을 항아리에 넣어 제비를 뽑았다. 제비뽑기가 교회의 직분자들을 선임할 때 유일한 방법은 아니다. 안디옥 교회에서 파송선교사들을 정할 때는 성령께서 불러 세우시는 사람들이 선임되었다(행 13:2).

제2장

오순절 성령강림과 예루살렘 교회 공동체의 신앙생활 모습

1. 오순절 성령강림(1-4)

예수님은 제자들에게 예루살렘을 떠나지 말고 아버지의 약속하신 것을 기다리라 하셨고, 몇 날이 못 되어 성령으로 세례를 받으리라(행 1:4-5) 하셨다. 오순절 날이 이르자 그들은 다 같이 한 곳에 모였다.

오순절은 구약의 경우 문설주에 양의 피를 발라 초태생의 재앙을 면했던 유월절이 지난 50번째의 날을 말한다. 신약의 경우 십자가 죽음과 부활 후 이 땅에 계신 날 40일, 그리고 승천하시던 날 너희에게 성령을 보내겠다고 하신지 10일째, 곧 도합 50일째 되는 날을 말한다. 오순(pentecost)은 '50번째' 라는 뜻을 가지고 있다. 승천하신지 10일째 그들은 함께 모여 약속하신 성령이 임하기를 집중적으로 기도했다.

그 때 홀연히 하늘로부터 급하고 강한 바람 같은 소리가 있어 그들이 앉은 온 집에 가득했다. '급하고 강한 바람 같은 소리(the blowing of a violent wind)' 는 영광스런 하나님의 임재를 상징한다. 바람은 불과 함께 하나님의 임재를 상징한다. 급하고 강한 바람 같은 소리는 성령이 폭풍처럼 강하게 임했음을 보여준다. '바람 같은' 은 성령이 보이지 않게 역사한다는 것을 가르쳐 준다. "바람이 임의로 불매 네가 그 소리를 들어도 어디서 오며 어디로 가는

지 알지 못하나니 성령의 난 사람은 다 이러하니라"(요 3:8). 바람은 변화를 상징한다. 그들 가운데 성령이 강한 바람처럼 임한 것이다. 변화가 시작되었다.

마치 불의 혀처럼 갈라지는 것들이 그들에게 보여 각 사람 위에 하나씩 임했다. 불은 하나님의 임재, 능력, 심판을 상징한다. 불의 혀(tongues of fire) 같이 갈라지는 것은 강하고 뜨겁게 임했음을 보여준다. 불은 또 태움, 곧 정화를 상징한다. 성령의 정화능력이다. 성령이 죄를 회개하게 하고, 더러운 것을 태운다. 또한 불은 사모(열정, 목마름)를 상징한다. 성령은 내 몸에 불붙듯 사모하게 하고 견딜 수 없게 한다. 성령이 임하면 달라진다.

그들이 모두 성령의 충만함을 받았다. 이것은 기도에 참여한 모두가 예외 없이 받았음을 의미한다. 오순절 성령강림은 예루살렘 교회가 기도로 태어난 교회, 성령 충만으로 태어난 교회임을 보여주고 있다. 성령세례는 단 한번 있는 것(일회성)이지만 성령의 충만은 반복적이다(반복성).

성령은 히브리어로 '루아흐(ruah),' 헬라어로 '프뉴마(pneuma)로 바람, 불로 상징된다. 그것은 하나님의 능력과 힘을 나타낸다. 성령은 정확히 하나님의 영, 예수의 영이지 바람과 불이 성령일 수는 없다. 어떤 이는 '기(氣)'를 성령으로 보기도 하는데, 이것도 잘못된 생각이다.

성령을 주시겠다고 한 것은 이미 예언되고 약속된 것이었다. 선지자 요엘에 따르면 하나님은 "말세에 내 영으로 모든 육체에게 부어 주리니(욜 2:28-32)"라 약속하셨다. 예수님도 "성령으로 세례를 받으리라," "너희가 권능을 받고"라고 약속하셨다. 성령강림은 이 약속이 확실하게 이루어졌음을 의미한다. 성령 충만은 약속하신 성령세례이며 권능을 받음이다. 이것은 예루살렘 교회가 성령의 임재로 힘이 있는 교회이며, 앞으로 전진 하는 교회임을 보여준다. 사도행전은 이 힘과 전진을 사실적으로 기록하고 있다. 사도행전이 성령행전임을 보여주는 사건이다.

그들은 성령이 말하게 하심을 따라 다른 언어들로 말하기 시작했다. 성령의 힘에 사로잡혀 다른 언어로 말했다. 각 나라의 언어(glossais, tongues, 외국어)로 말한 것이다. 다른 언어는 복음 전파로 정제된 언어다. 바벨탑 사건 이후 언어의 혼잡으로 불통하게 만든 이 후 복음을 전함으로써 처음으로 소통케 하신 것이다. 이것은 고린도전서의 방언(영음)과는 성격이 다르다.

성령은 먼저 제자들의 입을 열게 하셨다. 자신들의 힘이 아니라 성령의 힘으로 말하게 하신 것이다. 그들은 인간적으로 두려운 가운데 있었다. 입을 열어 말할 수 있는 처지가 아니었다. 그러나 성령의 힘을 입어 예수님에 대해 외치기 시작했다. 잡아간다 해도 상관하지 않았다. 그들은 모두 외치지 않으면 심장이 터질 것 같았다. "내가 다시는 여호와를 선포하지 아니하며 그 이름으로 말하지 아니하리라 하면 나의 중심이 불붙는 것 같아서 골수에 사무치니 답답하여 견딜 수 없나이다(렘 20:9)." 이것이 바로 성령의 힘이자 파괴력이다.

원래 오순절은 유월절 이후 50일째 지켜졌던 이스라엘의 3대 절기들 가운데 하나이다. 초실절, 맥추절, 칠칠절이라 불린다. 첫 열매를 바치는 절기였기 때문에 예루살렘에 모여든 사람들이 많았다. 그 가운데는 먼 곳에서 온 유대교포들도 상당수 있었다. 그 사람들은 성령의 능력을 받은 제자들이 그 나라의 말로 말하는 것을 듣게 된다. 기적이다.

예수님이 약속하신 성령이 강림하신 이 날을 지금은 성령강림절이라 부른다. 안식일 다음 날에 성령이 강림하셨다. 우리가 현재 주일로 지키는 것도 이것이 계기가 되었다. 성령강림은 그만큼 중요하다.

유월절에는 어린양의 피가 죽음을 넘어서는 예표가 되었지만 십자가 사건 이후 예수의 피가 우리를 죽음에서 구원하셨다. 예수의 피를 사모하고 바라볼 때 성령이 충만히 임한다. 성령은 하나님이 우리에게 주시는 가장 좋은 선물이다. "너희가 악할지라도 좋은 것을 자식에게 줄줄 알거든 하물며 너희 천부께서 구하는 자에게 성령을 주시지 않겠느냐(눅 11:13).” 예수님은 이 성령을 주실 것을 약속하셨고 이 날 강하게 임하신 것이다.

이 모든 상황을 미루어 볼 때 성령은 다음과 같은 상황에서 이루어졌다. 첫째, 두려움이 있는 사람에게 임했다. 함께 모인 120문도들은 앞이 캄캄한 상황에 있었다. 주님은 가셨고, 밖으로는 핍박이 심해 어찌할 바를 모르고 있었던 때였다. 그런 상황에 성령이 급하게 임하여 그들의 마음을 위로하시고 힘을 주셨다. 둘째, 기도하는 가운데 임했다. 기도하는 자는 어느 누구보다 하나님을 사모하고 하나님께 나아간다.

성경의 시대는 크게 구약시대와 신약시대로 나뉜다. 구약시대는 성부시대로 “만군의 여호와께서 가라사대”로 자주 표현된다. 신약시대는 성자시대로 예수님이 이 땅에 오셔서 하나님 나라의 복음을 전하셨다. 예수님이 승천하신 뒤 약속하신 성령이 강림하심으로 새로운 전기를 맞게 된다. 세상은 군사력, 생산력, 정보를 힘으로 보지만 교회의 힘은 성령이다. 오직 하나님의 능력으로 된다. 세상적인 힘은 변하지만 성령의 힘은 변하지 않는다.

2. 방언하는 제자들(5-13)

제자들이 각 나라 언어로 말하자 많은 사람이 몰려들었다. 그리곤 놀랐다. 그들이 각각 사는 곳의 말(language)로 복음을 전하기 때문이다. 신기한 일이 아닐 수 없다. 오히려 소동이 일어난 것은 듣는 쪽이었다. “보라 이 말하는 사람들이 다 갈릴리 사람이 아니냐? 우리가 우리 각 사람이 난 곳 방언(his own native language)으로 듣게 되는 것이 어찌 됨이냐?”

“우리는 바대인과 메대인과 엘람인과 또 메소보다미아, 유대와 갑바도기아, 본도와 아시아, 브루기아와 밤빌리아, 애굽과 및 구레네에 가까운 리비아 여러 지방에 사는 사람들과 로마로부터 온 나그네 곧 유대인과 유대교에 들어온 사람들과 그레데인과 아라비아인들이라." 청중들은 자신들이 유대 땅에 사는 사람들이 아니라 각 나라에 흩어져 살고 있는 경건한 유대인(God-fearing Jews), 곧 디아스포라 유대인과 유대교에 들어온 사람들(유대교로 개종한 이방인들)이다. 9-11절에는 약 15개 지방 또는 족속의 사람들이 열거되어 있다. 따라서 제자들이 15개 이상의 언어로 말했음을 보여준다. 그들은 유월절을 지키기 위해 예루살렘에 와 있었다.

"우리가 다 우리의 각 언어로 하나님의 큰일을 말함을 듣는 도다." 각 나라 언어로 직접 듣는 것은 하나님의 큰일이다. 하나님의 큰일을 보았다면 하나님이 보내신 자, 곧 예수를 믿는 것이 당연하다.

청중은 공통적으로 다 놀랐다. 하지만 어떤 이들은 당황하며 "이 어찌 된 일이냐" 의혹의 말을 하는 사람이 있는가 하면 어떤 이들은 "그들이 새 술에 취하였다." 조롱했다.

3. 그리스도를 힘 있게 증거 하는 베드로(14-36절)

그 때 베드로가 열한 사도와 함께 한 자리에서 목소리를 높여 외쳤다. 제자의 대표로서 예수 그리스도를 사람들 앞에서 힘 있게 증거 한 것이다. 이것은 오순절 이후 베드로의 첫 번째 설교다.

예수를 부인하던 베드로가 오순절 후 달라졌다. 성령 충만한 뒤 은혜시대의 주강사가 된 것이다. 그의 증거는 사건들에 대한 설명과 예수에 관한 복음, 곧 그의 죽으심, 부활, 그리고 승천으로 다음과 같이 요약된다.

1) (귀를 기울이라) 유대인들과 예루살렘에 사는 모든 사람들아 이 일을 너희로 알게 할 것이니 내 말에 귀를 기울이라.

2) (술에 취한 것이 아니라 성령에 취한 것이다) 때가 제 삼 시니 너희 생각과 같이 이 사람들이 취한 것이 아니다. 제 삼 시는 오전 9시경에 해당한다. 아침부터 술 취한 것이 아니라 성령에 취한 것이다. 그는 요엘서 2:28-30를 인용해 이것을 입증하였다. “말세에 내가 내 영을 모든 육체에 부어 주리니 너희의 자녀들은 예언할 것이요 너희의 젊은이들은 환상을 보고 너희의 늙은 이들은 꿈을 꾸리라 그 때에 내가 내 영을 내 남종과 여종들에게 부어 주리니 그들이 예언할 것이요 또 내가 위로 하늘에서는 기사를 아래로 땅에서는 징조를 베풀리니 곧 피와 불과 연기로다 주의 크고 영화로운 날이 이르기 전에 해가 변하여 어두워지고 달이 변하여 피가 되리라. 누구든지 주의 이름을 부르는 자는 구원을 받으리라.” 선지자 요엘의 말을 빌려 은혜시대가 도래했음을 설명했다.

“말세에 내가 영을 모든 육체에 부어 주리니(17절).” 말세(the last days)는 초림과 재림 사이의 기간으로, 성령강림에서 재림까지의 기간으로 보기도 한다. ‘부어 주리니’ 는 주님이 성령을 쏟아 부어(pouring out)주셨음을 의미한다. 사단의 무차별 공격 앞에서 주님은 모든 육체, 곧 우리에게 성령을 쏟아 부어주심으로 그것을 넉넉히 이기게 하신다.

성령을 받으면 예언, 환상, 꿈을 보게 된다. 구약에서는 이것이 선지자에 해당될 만큼 제한적이었지만(제한성) 신약에서는 ‘모든 육체에,’ 곧 ‘모든 사람에게(on all people)’ 로 무제한적이라는 특성이 있다. 누구든지 받을 수 있다는 것이다(성령 충만의 보편성). 예언, 환상, 꿈은 복수로 되어 있다. 이것은 다양성이 있음을 말해준다. 또한 하나님의 일은 우리가 상상하기 어려울 만큼 크고 복잡하다는 것을 보여준다. 그러나 이 모든 것은 하나님의 나라, 주님이 통치하는 나라로 통일된다.

“너희 자녀들은 예언할 것이요(17절).” 예언은 성령의 영감을 받은 말이다.

그 핵심은 예수 그리스도께서 이 땅에 오심(초림)과 다시 오실 재림의 내용을 담고 있다.

"너희 젊은이들은 환상을 보고(17절)." 환상은 비전(visions)이다. 이 비전은 인간의 비전이 아니라 하나님의 비전이다. 우리가 그 비전, 곧 하나님의 큰 일을 보게 되는 것이다. 다윗은 부활의 환상은 물론 모든 것이 그리스도의 발등상이 될 것, 곧 예수께 굴복하는 비전을 보았다.

비전을 가진 그리스도인은 다르다. 윌리엄 캐리는 인도에 대한 비전을 가지고 선교했다. "하나님으로부터 위대한 일을 기대하고 하나님을 위해 위대한 일을 시도하라(Expect the great things from God, and attempt the great things for God)." 이 말은 이 비전이 얼마나 중요한가를 보여준다.

"너희 늙은이들은 꿈을 꾸리라(17절)." 꿈(dreams)은 하나님이 장차 이루시게 될 나라를 영상으로 보는 것과 같다. 하나님의 크신 일이 어떻게 진행되는가를 보면 더 큰 확신을 갖고 일하게 될 것이다. 우리는 요셉의 꿈에서 모든 것이 주님 앞에 엎드릴 것을 보았고, 다윗의 꿈을 통해 땅의 모든 것이 주의 발등상이 되기까지 주께 엎드림을 본다. 이사야나 하박국은 물이 바다를 덮음같이 하나님의 말씀이 온 땅에 충만하게 될 꿈을 꾸었다. 그리고 요한계시록에서는 모든 성도와 천사들이 한 목소리로 "구원하심이 여호와께 있도다." 찬양하는 모습을 영상처럼 보여준다.

"그 때에 내가 내 영으로 내 남종과 여종들에게 부어 주리니 저희가 예언할 것이요(18절)." 예언 · 환상 · 꿈에 대해 말한 다음 "그 때에 내가 내 영으로 내 남종과 여종들에게 부어 주리니 저희가 예언할 것이요."라고 한 것을 보면 이때의 예언은 예언, 환상, 꿈, 이 세 가지 모두의 성격을 함축하고 있음을 알 있다. 이 셋이 서로 유기적으로 연관되어 있다는 말이다. 남종과 여종은 모든 성도들을 가리킨 말이다.

"또 내가 위로 하늘에서는 기사와 아래로 땅에서는 징조를 베풀리니 곧 피와 불과 연기로다 주의 크고 영화로운 날이 이르기 전에 해가 변하여 어두워지고 달이 변하여 피가 되리라(19, 20절)." 피와 불과 연기는 말세에 천재지변이 자주 일어날 것을 말해주고 있다. 아울러 하나님의 능력과 영광이 강력하게 임하신다는 것을 보여준다. 인도네시아의 쓰나미, 미얀마의 사이클론, 중국 쓰촨성의 대지진 등을 보라. 이 사건으로 수만에서 수십만이 생명을 잃지 않았는가. 이 모두는 재난의 시작임을 보여준다.

"누구든지 주의 이름을 부르는 자는 구원을 얻으리라(21절)." 이것은 단순히 주의 이름을 부르는 것을 의미하지 않는다. 믿음으로 예수님을 입으로 그리스도(구주)로 시인하는 것이며, 구원의 긴박성으로 인해 절박하게 주님을 찾는 것이며, 주님과 매순간 인격적으로 친밀하게 대화하는 것을 말한다. 이 주님을 가까이 하라. 부르실 때 찾으라. 땅 끝까지 복음이 전파될 때 마지막이 올 것이다.

3) (예수의 이적은 하나님 나라의 표적) 너희도 아는 바와 같이 하나님께서 나사렛 예수로 큰 권능과 기사와 표적을 너희 가운데서 베푸사 너희 앞에서 그를 증언하셨다. 예수님이 행하신 이적은 단순한 기적이 아니라 하나님의 능력으로 행해진 것으로 하나님 나라의 표적이자 내세의 능력(히 6:5)이다.

4) (예수님의 고난 받으심은 하나님의 뜻에 따른 것이다) 그가 하나님께서 정하신 뜻과 미리 아신 대로 내준 바 되었거늘 너희가 법 없는 자들의 손을 빌려 못 박아 죽였으나 하나님께서 그를 사망의 고통에서 풀어 살리셨으니 이는 그가 사망에 매여 있을 수 없었음이다. '하나님께서 정하신 뜻과 미리 아신 대로' 는 하나님이 예수님을 보내신 것은 우연이 아니라 하나님이 계획하시고 정하신 것임을 말한다. 이 계획이 성경을 통해 예언되었다. 법 없는 자들

은 '율법 없는 자들(anomos)' 으로 이방인들을 가리킨다. 구체적으로는 빌라도와 로마의 병사들이다.

베드로는 이 사실을 시편 16:8-11을 통해 이를 입증했다.

"다윗이 그를 가리켜 이르되 내가 항상 내 앞에 계신 주를 뵈었음이여 나로 요동하지 않게 하기 위하여 그가 내 우편에 계시도다 그러므로 내 마음이 기뻐하였고 내 혀도 즐거워하였으며 육체도 희망에 거하리니 이는 내 영혼을 음부에 버리지 아니하시며 주의 거룩한 자로 썩음을 당하지 않게 하실 것임이로다 주께서 생명의 길을 내게 보이셨으니 주 앞에서 내게 기쁨이 충만하게 하시리로다."

나아가 베드로는 "다윗이 죽어 장사되어 그 묘가 오늘까지 우리 중에 있도다 그는 선지자라 하나님이 이미 맹세하사 그 자손 중에서 한 사람을 그 위에 앉게 하리라 하심을 알고 미리 본 고로 그리스도의 부활을 말하였다" 했다. 다윗을 선지자라 한 것은 그가 성령의 감동함을 받아 메시야에 대해 예언(시 16:8-11)했기 때문이다. 베드로는 "그가 음부(Hades)에 버림이 되지 않고 그의 육신이 썩음을 당하지 아니하시리라"는 시편 16편 말씀을 소개했다. 그리고 "이 예수를 하나님이 살리신지라 우리가 다 이 일에 증인이다" 외쳤다. 음부는 헬라어 하데스로, 히브리어 '스올(Sheol)' 에 해당한다. 죽은 사람이 가는 보이지 않는 세계(the unseen world), 무덤, 죽음의 상태를 가리킨다. 죄인의 형벌 장소인 지옥과는 다르다.

5) (약속하신 성령) 하나님이 오른손으로 예수를 높이시매 그가 약속하신 성령을 아버지께 받아서 너희가 보고 듣는 이것을 부어 주셨다. '너희가 보고 듣는 이것' 은 승천하신 예수님이 성령을 부어주심으로 제자들이 지금 방언하게 된 것을 말한다. 이것은 성령을 받음으로 나타나는 외적인 현상이라는 말이다.

6) (예수님은 부활하시고 하나님 우편에 앉으셨다) 다윗은 하늘에 올라가지 못하였으나 친히 말하여 이르되 주께서 내 주에게 말씀하시기를 "내가 네 원수로 네 발등상이 되게 하기까지 너는 내 우편에 앉아 있으라(시 110:1)." 하셨다. '주께서 내 주에게 말씀하시기를' 에서 앞의 주는 하나님을, 뒤의 주는 다윗에게 약속된 아들 곧 메시야를 말한다. 다윗은 영감을 받아 자신의 혈통에서 난 후손이 메시야, 곧 그리스도임을 알았기 때문에 그를 가리켜 주라 불렀다고 베드로는 말한다(마 22:41-45). 다윗의 예언대로 예수님은 부활하시고 하나님 우편에 앉으셨다. '네 원수로 네 발등상이 되게 하기까지' 는 '내 발 앞에 굴복 시킬 때까지' 를 뜻한다. 발등상은 발판(footstool)이다.

7) (예수님은 주시고 그리스도시다) 그런즉 이스라엘 온 집은 확실히 알지니 너희가 십자가에 못 박은 이 예수를 하나님이 주와 그리스도가 되게 하셨다. 주는 신적인 칭호이고, 그리스도는 메시야를 가리킨다.

베드로는 제자들이 술에 취한 것이 아니라 약속하신 성령을 받은 것이며 예수님을 성경적으로 증거 하였다. 이것은 십자가의 복음증거가 성령 충만한 공동체가 행한 가장 중요한 일이었음을 구체적으로 보여준다. 베드로는 예수 그리스도 중심의 설교를 했다. 예수님이 살아나셨고 우리의 구주가 되셨음을 강조했다. 베드로의 설교는 유일한 소망은 예수 그리스도임을 드러낸다. 그리스도인은 세상 욕망이 아니라 하늘의 소망을 추구하는 사람들이다. 하나님, 그 말씀이 목적이 되는 삶을 살아야 한다.

4. 삼천 명이나 회개 시킨 베드로(37-41절)

베드로의 설교를 들은 그들은 마음에 찔렸다. 이것은 성령이 그들에게 회개의 마음을 주신 것이다. 그들이 베드로와 다른 사도들에게 묻었다. "형제들아 우리가 어찌할꼬?" 그들은 과거의 잘못을 인정하고 용서받고 싶었다. 하나님의 말씀은 이처럼 예리하다.

"우리가 어찌 할꼬(37절)." 주님 앞에서 자기 실체를 깨닫고 주 앞에 나와야 한다. 우리 의로 구원받지 못하기 때문이다. 복음의 의미를 깨달은 사람들은 말씀 앞에서 자신들의 모습을 발견하기 시작했다. 하나님 앞에 보다 솔직해지고 죄에 대해 민감해졌다. 말씀과 멀어지면 죄에 대한 민감성이 작아진다. 이것은 주님이 바라는 바가 아니다. 그리스도인은 나 자신을 볼 줄 알아야 한다. 자기를 아는 눈을 가져야 한다. 우리는 종종 자신이 실패할 때 자기를 돌아보게 된다. 우리는 이런 지경에 닿기 전에 항상 말씀의 거울 앞에 서서 자신을 비추고 점검해야 한다.

이에 베드로가 담대하게 회개하고 세례를 받으라 외쳤다. "너희가 회개하여 각각 예수 그리스도의 이름으로 세례를 받고 죄 사함을 받으라 그리하면 성령의 선물을 받으리니 이 약속은 너희와 너희 자녀와 모든 먼 데 사람 곧 주 우리 하나님이 얼마든지 부르시는 자들에게 하신 것이라." 회개, 세례, 죄 사함, 성령의 중요성을 강조한 것이다. 회개하다(repent, metanoeo)는 문자적으로 '마음을 바꾼다,' '돌아서다' 는 뜻을 가지고 있다. 주에게서 등진 사람이 주께로 돌아서는 것이다. 주께로 돌아서는 회개는 일회적인 것이고, 생활하면서 짓는 죄를 회개(자백)하는 것은 반복적인 것이다. 세례 요한의 설교를 들은 사람들은 회개했다는 표시로 세례를 받았다. 베드로로 회개한 청중들에게 세례를 받으라 했다. 하지만 베드로가 말한 세례는 예수 그리스도의 이름으로 베풀어지는 세례이자 성령세례와 결부된 세례라는 점에서 요한의 세례와 다르다. 자신의 죄를 고백하고 예수를 구주로 받아들인 사람들이 이제 성령세례를 받은 하나님의 새로운 백성들 속에 가입되는 것이다.

나아가 베드로는 여러 말로 확증하고 권하며 "너희가 이 패역한 세대에서 구원을 받으라." 했다. 확증하고 권했다는 것은 경고하고(warned), 간곡히 부탁(pleaded) 했음을 말한다. 이 패역한 세대(this corrupt generation)는 하나님의 말씀에 순종하지 않고 거스르는 세대라는 뜻이다. 이런 잘못된 상태에서 벗어나라는 말이다.

그 말을 받은 사람들이 세례를 받았다. 그 날에 신도의 수가 삼천이나 더했다. 담대히 전도해 삼천 명을 회개시킨 것이다. 이런 복음증거로 믿는 무리가 많아졌다. 교회가 커진 것이다.

5. 초대교회 신도들의 신앙생활(42-47절)

이 단락은 예루살렘 공동체의 신앙생활 모습을 담고 있다. 이것은 교회 공동체의 핵심가치가 무엇인가를 가르쳐 준다.

"그들이 사도의 가르침을 받아 서로 교제하고 떡을 떼며 오로지 기도하기를 힘쓰니라(42절)." "사도의 가르침을 받아." 교인의 수가 많아지자 사도들은 그들을 말씀으로 교육할 필요를 느꼈다. 사도들의 가르침은 예수에 대한 구약의 예언과 성취, 그의 오심과 십자가의 죽으심, 부활의 의미, 주님의 가르침과 전도 등에 대한 교육이있다. 이 가르침은 바리새인들의 교육과는 본질적으로 다르다. 교인들은 이 가르침을 통해 예수의 증인된 삶을 살고자 했다.

우리는 교인들이 말씀 배우기를 힘썼다는 점에 주목할 필요가 있다. 훈련받기를 싫어하는 우리의 현실에 비추어 볼 때 많은 교훈을 준다. 교회는 무엇보다 성경을 바로 가르치는 교회여야 하며 성도는 매사에 말씀을 붙잡고 살아가야 한다. "오로지 힘쓰니라(steadfastly continuing, devoted)"는 이 일이 끈기 있고 경건하게 지속되었음을 보여준다. 이것은 가르침, 교제, 떡을 뗌, 기도 모두에 걸쳐있는 말이다.

하나님의 말씀, 곧 성경은 하나님의 영(pneuma)이 주입되어 쓰인 성령의 글이다. 그의 영이 있는 말씀은 살았고 운동력이 있다. 그 영이 없는 가르침은 살아있는 교육이 될 수 없다. 교회는 충전을 위해 모이는 교회, 흩어져 일하는 교회가 되어야 한다. 밖에 나가 힘 있게 일하기 위해서는 재충전을 받아야 한다. 그것이 바로 성경을 열심히 공부하고 말씀을 익히며 교육에 힘쓰는 것이다.

때로 우리 가운데 성령을 받았다며 하나님의 말씀을 제쳐 놓고 엉뚱한 행동을 하는 것을 보게 된다. "당신은 무엇을 해야 돈을 벌 수 있다, 무슨 직업으로 바꿔야 성공한다."는 등 상식에 어긋난 예언을 함으로써 교회를 온통 혼란에 빠뜨린다. 말씀을 배우는 것만으로는 끝나서는 안 된다. 그 말씀을 따라 사는 철저한 순종이 있어야 한다.

"서로 교제하며." 교제는 코이노니아(koinonia)를 말한다. 코이노니아는 '나눈다,' '공유한다' 는 뜻을 가지고 있다. 이것은 단지 음식을 나누고 함께 즐겁게 노는 것을 의미하지 않는다. 물질을 나누고, 기도를 나누고, 사랑을 나누고, 복음을 나누고, 은혜를 나눈다. 예수와 한 몸이 된 그리스도 공동체로서 함께 거룩한 것을 나누며 예수를 닮아가는 교제가 있음을 말한다. 교회 안에는 참다운 코이노니아가 필요하다. 끼리끼리만 좋아한다면 그것은 진정한 코이노니아가 아니다. 그것은 교제를 빙자한 코이노니아 병(kononitis)일뿐이다. 성령이 우리 안에 있으면 그리스도 정신을 함께 나누고 공유하게 한다. 세례는 '주님과 같은 사람이 된다, 주님과 한 몸이 된다, 그리스도를 닮은 사람이 된다' 는 뜻을 가지고 있다. 성령세례를 받은 사람들은 코이노니아를 통해 이 것을 실천해 나간다.

이 같은 코이노니아가 교회뿐 아니라 집에서도 이뤄졌음을 46절에서 볼 수 있다. "집에서 떡을 떼며 기쁨과 순전한 마음으로 음식을 먹고" 교인들 사이에 긴밀한 교제가 있었음을 보여준다. 교인수가 많아 소그룹으로 집을 돌아가면 만났을 것이다. 웨슬리도 소그룹으로부터 출발했다. 소그룹이 서로 돌보는 공동체(caring community)가 되고 서로 헌신했다. 웨슬리는 이 소그룹을 확산시키면서 발전하게 되었다.

"떡을 떼며(breaking of bread)." 떡을 떼었다는 것은 성만찬을 의미한다. 초기에는 성찬과 애찬, 그리고 식사를 겸한 것으로 보인다. 후에는 이 세 가지 모두 분리되었고 애찬도 없어져 성찬만 교회의식으로 남게 되었다. 그들은 예수님의 죽으심을 기념하기 위해 떡을 뗐다. 성령이 그들을 십자가로 인도하신 것이다. 성령이 충만하면 십자가와 가까워지고 십자가가 크게 보인다. 십자가가 멀리 보이고 작게 보이면 성령 충만하지 않다는 것을 보여주는 것이다.

"기도하기를 오로지 힘 쓰니라." 원문에는 기도들(prayers)이라 했다. 여러 형태의 기도가 있었음을 보여준다. 기도에는 개인적으로 하는 기도(personal prayer)가 있고, 집단이 모여 함께 기도하는 것(corporate prayer)이 있다. 여기서는 함께 모여 기도했음을 보여준다. 기도는 하나님을 경험하는 중요한 통로다. 기도는 막다른 골목에 가서 하는 것이 아니라 성령 안에서 무시로 언제나 기도한다.

'오로지 힘 쓰니라'는 앞서 말한 바와 같이 기도에만 적용된 것은 아니다. 앞에 언급된 사항 모두에 걸쳐 있다. 그것들에 우선순위(priorities)를 두고 힘썼다는 말이다. 맨 마지막에 언급된 기도는 내일의 씨가 된다. 하나님은 그 기도를 들으시고 이루시기 때문이다. 바빠서 기도할 시간이 없다 해도 오히려 시간을 만들어 기도하는 것이 힘쓸 때 미래가 열린다.

"사람마다 두려워하는데 사도들로 말미암아 기사와 표적이 많이 나타나니(43절)." 두려워했다(filled with awe)는 것은 두려움보다는 경외했다는 의미이다. 그들 속에 하나님의 임재가 나타났기 때문이다. 사도들을 통해 기사와 표적이 많이 나타났다. 기적과 표적은 초자연적인 역사를 말한다. 초자연적인 역사가 나타난다는 것은 하나님의 능력이 나타난다는 것을 의미하며 그것을 통해 하나님의 메시지가 전달되었음을 보여준다.

"믿는 사람이 다 함께 있어 모든 물건을 서로 통용하고(44절)." 초대교회의 특성은 '다 함께' 있었다는 것이다. 따로 노는 것이 아니라 연합하고 일치하는 생활을 했다. 이 일에 예외가 없었다. 그들은 함께 연합하는 삶을 살았을 뿐 아니라 물건도 함께 나누었다. '모든 물건을 서로 통용하고'는 내 것을 내 것으로 보지 않았음을 의미한다. 그들은 물질에 자유 함이 있었다. 은과 금은 나의 것이 아니라 하나님의 것이다. 그리스도인에게는 모든 것이 하나님의 것이라는 물질관이 필요하다.

"또 재산과 소유를 팔아 각 사람의 필요를 따라 나눠 주며(45절)." 재산과 소유를 팔아 나눠주었다는 것은 구제사역에 힘썼음을 말한다. 자기의 것을 자기의 것이라 하지 않고 가난한 이웃을 위해 자발적으로 내놓았다. 돈을 중시한 삶에서 벗어났다. 돈에서 마음이 떠난 것이다. 구원받은 이후의 삶은 이처럼 달라진다. 이것이 나중에는 헌금으로 바뀌어졌다(행 4:35). 억지로 드리는 것은 헌금이 아니다. 밭이나 집을 판 것을 보면 그들은 십일조에 매이지 않았음을 보여준다. 오히려 그 이상을 드리고자 했다. 힘써 모이거나 힘써 찬송은 많이 하지만 힘써 봉사하거나 전도하는 사람은 적다. 우리 가운데는 힘써 행하는 사람이 많아져야 한다. 나아가 교회는 금전사용에도 투명해야 한다.

"날마다 마음을 같이하여 성전에 모이기를 힘쓰고 집에서 떡을 떼며 기쁨과 순전한 마음으로 음식을 먹고(46절)." 그들은 서로 보고 싶어 성전에 모이고 또 모였다. 여기서 성전(temple courts)은 주로 솔로몬 행각을 말한다. '날마다' 모였다는 것은 그들이 얼마나 뜨겁게 신앙생활을 했는가를 보여준다. 이것은 성령 충만의 결과이다. 모이기를 게을리 하는 현대인의 모습과는 대조적이다. 현대에 와서는 사이비나 이단으로 지목 받는 단체들이 더 뜨겁다.

우리가 그들보다 더 뜨겁지 않고서 그들을 전도하거나 이끌어 낼 수 없다. 힘들다 해도 모이기를 힘써야 한다. 아무리 날씨가 나쁘더라도 "아무개는 꼭 올 것이다" 라고 기대되는 교인이 되어야 한다.

"마음을 같이하여" 는 '하나 됨' 을 이루었다는 것을 보여준다. 공동체의식, 우리의식은 개인의 이기성을 넘어서는 신앙을 가졌음을 말해준다. 사단은 "너만 잘해라, 너만 인정을 받아라." 며 너와 나를 깬다. 아담과 하와가 이 꼬임에 넘어갔다. 그들로 하여금 교만하게 만들어 하나님으로부터 멀어지게 한다. 예수님은 우리가 하나 될 때 참 제자인줄 안다고 하셨다.

"기쁨과 순전한 마음으로(with glad and sincere hearts) 음식을 먹고" 음식을 나누어 먹을 때도 한 마음이 되어 기쁨이 넘쳤다. 순전한 마음은 악의 요소가 전혀 없었음을 나타낸다. 지옥의 삶은 나눔이 없다. 고통과 악한 마음이 넘친다. 그러나 천국의 삶은 나눔이 있고 기쁨이 넘친다. 성령 충만하면 다르다.

"하나님을 찬미하며 또 온 백성에게 칭송을 받으니 주께서 구원 받는 사람을 날마다 더하게 하시니라(47절)."

"하나님을 찬미하며." 성령의 역사하심을 경험한 그들은 고난 속에서도 감사하고 찬송했다. 성령 충만한 공동체는 하나님을 즐겨 찬양한다. 힘 있게 찬양한다. 우리 입술에서 찬양이 줄어들거나 찬양을 귀찮게 생각한다면 성령님이 그만큼 떠나있다는 것을 스스로 보여주는 것이다.

"온 백성에게 칭송을 받으니." 교인들의 표정, 말, 삶의 모양이 완전히 달랐다. 그들의 달라진 모습은 너무나 행복해 보였다. 교회 밖의 사람들은 이 모습을 보며 칭찬을 아끼지 않았다. 그리스도인은 행복해야 한다. 행복한 그리스도인들은 세상 사람들로부터 호감을 받게 되어있다. 세상이 우리를 인정해야 한다. 세상으로부터 인정을 받기 위해서는 그들보다 높은 차원의 영성과

도덕성이 있어야 한다. 어떤 종교인보다 영적으로, 도덕적으로 낫지 않으면 인정을 받을 수 없다. 교인의 수가 많고 가진 것이 많다는 것만으로 인정을 받으려는 것은 저차원의 것이다. 도덕성을 일깨우고 세상을 변화시키는 영적 능력을 소유할 때 칭송을 받을 수 있다.

그들은 이로써 세상 사람들에게 좋은 이미지를 심어주었다. 교회는 믿는 자나 믿지 않는 사람들로부터 칭찬을 받을 만큼 이미지가 좋아야 한다. 우리는 그리스도의 흔적을 가진 사람이다. 그 흔적은 우리의 변화된 언행심사로 나타난다. 예수 때문에 변화된 것을 보여줘야 한다. 그래야 이미지가 달라지고 칭송을 받을 수 있다. 좋은 옷이나 멋을 통한 칭찬과는 근본적으로 다르다.

어떤 며느리가 "시어머니가 믿는 예수님은 안 믿겠다."고 했다. 이것은 시어머니가 성령 충만하지 않았음을 입증하는 것이다. 성령의 사람은 성령의 아홉 가지 열매를 맺는다. 성령을 받으면 인격이 변화한다. 따라서 칭찬을 받지 않을 수 없다. 성령의 사람은 생각과 행동이 다르다. 요셉이 가정총무가 되었어도 유혹으로부터 자유하며 죄를 멀리하게 된 것은 그만큼 성령이 충만했기 때문이다.

칭송을 받았다는 것은 세상 사람들로부터 사랑을 받았다는 말이다. 전도도 중요하지만 그 이전에 사람들로부터 사랑을 받을만한 일을 많이 해야 한다. 칭찬을 받지 못하는데 전도하면 오히려 역효과만 낳는다.

"주께서 구원받는 사람을 날마다 더하게 하시니라." 성령을 받은 후 그들은 하나님을 더욱 경외하고 한 마음 한 영혼이 되어 기쁨으로 신앙생활을 했다. 삶이 달라졌다. 이를 보고 나도 믿어보겠다는 사람들이 날로 많아졌다. 이것은 우리가 어떤 행실을 하느냐에 달려있음을 보여준다. 그러나 더 중요한 것은 '주께서 구원받는 사람을 날마다 더하게 하셨다.' 는 사실이다. 이 역사의 주인은 그 누구보다 주님이시다.

그들은 전도의 문을 가로막는 행동을 하지 않았다. 오히려 전도를 위해 활짝 열린 문이 되었다. 그래서 그들을 따라 믿는 사람들이 날로 많아졌다. '구원받는 사람들' 이 날로 많아졌다는 것이 주목해야 한다. 사람을 외양으로만 대할 것이 아니라 영적으로 대해야 한다. 영적으로 대한다는 것은 그 모두를 구원받아야 할 대상으로 보는 것을 말한다. 교인이 몇 명 더 오는가, 그가 박사인가 대통령인가가 중요하지 않다. 그 모두를 구원받도록 해야 한다. 초대교회는 바로 구원받는 사람이 많아지는 것에 관심을 두었다. 이것은 양적 성장만 의미하는 것 아니다. 양뿐 아니라 질적으로(균형적으로) 성장했음을 의미한다. 구원받는 사람은 질적으로 달라진 사람이며 이 수가 늘어나는 것은 양뿐 아니라 질적으로 균형을 이룬 것을 보여준다. 교회성장주의자들이 이것을 양적으로만 해석하는 것은 문제가 있다. 교회는 성령으로 힘이 있는 교회, 다 함께 힘쓰는 교회, 밖으로 뻗어나가는 교회가 되어야 한다.

42절 이하의 말씀은 성령 충만한 예루살렘 공동체가 어떤 특성을 가지고 있는가를 구체적으로 보여준다. 불같은 성령, 폭풍 같은 성령을 받음으로 그들의 삶이 달라졌다. 예배, 전도, 봉사 모두에서 전과 다른 삶의 모습이 나타났다. 이것은 성령을 받으면 우리의 삶이 어떻게 달라지는가, 건강한 신앙은 어떤 것인가를 제시해주고 있다.

그 특징을 다음과 같이 집약시킬 수 있다. 가르침, 교제, 기도는 초대교회의 기본이었다. 이 같은 삶은 우리가 어떤 삶을 살아야 하는가를 보여주는 원본, 원판과 같은 역할을 한다. 그 원본에 따라 우리의 삶이 매일 점검되어야 한다.

• 사도의 가르침을 받고 배웠다. 다 함께 하나님 말씀을 듣고 교육받는 교회가 되었다.

- 교제하기를 힘썼다. 함께 모여 떡을 떼며 성도의 교제에 힘쓰는 교회가 되었다.
- 기도하기를 힘썼다.
- 표적과 기사가 일어났다.
- 헌금에 인색하지 않았다.
- 하나님을 찬양했다. 다 함께 찬미하며 예배에 힘쓰는 교회가 되었다.
- 세상 사람들에게 좋은 이미지를 주었다. 칭송을 받는 교회가 되었다.
- 전도를 열심히 했다. 십자가의 복음을 증거하고 예수님의 부활을 외쳤다.
- 구제하고 봉사했다. 통용하고 가난한 자를 보살폈다.
- 구원받는 사람을 날마다 늘어나게 하는 교회가 되었다.

예루살렘 공동체는 교회로서의 역할을 잘 보여주었다. 그들은 자기의 것들로 나누어주고 봉사했다. 물질뿐 아니라 복음을 나누어주는 일도 열심히 했다. 사도들은 전도를 통해 복음을 나누는 일에 전무하고 직분자들은 봉사를 통해 물질과 필요를 나누는 일에 전무했다. 모두가 온 힘을 다해 본업에 충실했다. 이것은 성령 충만함을 받았기에 가능한 일이다.

그들은 성령 충만을 통해 크게 세 가지 면에서 삶의 변화가 있었다. 첫째, 하나님을 향한 자세의 변화다. 하나님을 두려워하는 마음이 나타났다. 하나님을 두려워했다는 것은 경외하고 존경했음을 의미한다. 그것은 예배와 찬양으로 나타난다. 날마다 성전에 모이기를 힘쓰고 하나님을 찬미했다. 둘째, 물질관에 대한 변화이다. 물건을 서로 통용하고 나누어주었다. 끝으로, 사람에 대한 변화다. 온 백성으로부터 칭송을 받았다. 예루살렘 교회는 성령이 살아 움직이는, 힘이 있는 교회였다. 교회가 어떻게 그 힘을 발휘하는가를 구체적으로 보여주었다. 교회의 공동체적 표상으로 예배, 전도, 교제, 봉사, 훈련 등 5 가지가 있다. 쉬바르츠(Christian A. Schwarz)의 최소치 요소의 중요성 이론에 따르면 이 다섯 가지 모두가 골고루 갖춰있어야 한다. 나무 조각 다섯을 엮어 물통을 만들어다 치자. 그 경우 어느 하나가 짧은 경우 그 짧은 만큼(최소치)만 물이 채워지게 된다. 아무리 더 부어보아도 거기까지만 차고 그 이상은 넘지 못한다. 더 부어도 쏟아진다. 나무 한쪽이 아무리 길다 해도 그곳까지 물이 채워지지 않는다. 최소치는 그만큼 다른 쪽에 영향을 준다. 따라서 물통에 물이 끝까지 다 차려면 나무 한 조각도 짧지 않고 모두가 끝까지 엮어져야 한다. 그래야 받은 은혜를 가득 담을 수 있다. 우리는 이 다섯 가지 모두에 균형 잡힌 신앙생활을 해야 한다.

제3장

앉은뱅이를 고친 베드로와 그의 솔로몬 행각 설교

1. 베드로가 앉은뱅이를 고치다(1-11절)

성령을 받은 제자들에게 어떤 일이 계속 일어나는가를 설명하고 있다. 본장에서는 베드로와 요한이 성령이 함께 하심으로 기적을 행한 일이 기록되어 있다. 세상에는 여러 기적이 있다. 그러나 하나님이 함께 하시고, 그 목적을 이뤄나가는 기적만큼 위대한 기적은 없다.

제 구 시 기도 시간에 베드로와 요한이 성전에 올라갔다. 유대인들은 아침(오전 9시), 점심(오후 3시), 저녁(해질 때)으로 하루에 세 번씩 시간을 정해 놓고 기도했다. 이것은 다니엘서 6장 10절과 9장 21절에도 잘 나타나 있다. 제 구시는 오후 3시의 기도를 말한다.

베드로는 원래 어부가 전문이었다. 그가 고기를 잡기 위해 배에 있을 때는 졸지 않았다. 전문가로서 충실했다. 그러나 예수님이 잡히시기 전날 밤 기도하기를 요청했을 때 그는 졸았다. 그 일로 책망을 받았다. 그때까지만 해도 기도는 그의 전문이 아닌 것이다. 그러나 성령을 받은 이후 그는 성전에 나가 기도할 만큼 그의 생활은 달라졌다. 졸지도 않았다. 기도가 전문이 된 것이다. 그리스도인은 기도가 목적이 되는 사람이다. 기도가 모든 문제의 해답이다.

사람들이 나면서 못 걷게 된 이를 메고 왔다. 사도행전 4장 22절에 따르면 당시 그는 40세가 넘었다. 40이 넘도록 걷지 못하는 삶을 산 것이다. 목적은 구걸을 하기 위해서다. 그가 얼마나 동안이나 구걸로 생활했는지 알 수 없다. 하지만 구걸을 위해 성전에 올 때 사람들이 그를 메고 온 것으로 보아 그를 도운 사람들이나 어떤 조직이 있었음을 보여준다.

사람들은 그를 미문(美門)이라는 성전 문 앞에 두었다. 아름다운 문(Beautiful Gate)이라는 의미에서 미문이다. 이방인의 뜰에서 여인의 뜰로 들어가는 문이다. 요세푸스는 이 문이 고린도 식 건축양식을 따라 지은 청동 문으로 은으로 입히고 금을 박은 다른 문들보다 아름다웠다.

LNT는 그가 '습관적으로' 매일 그곳에 있었다고 했다. 매일 그러한 삶을 산 것이다. 우리도 습관적으로 신앙생활을 하는 그런 사람, 곧 남을 위해 헌신하는 일은 없고 교회를 찾아 오늘도 자기 먹을 것만 가져가는 앉은뱅이 그리스도인(crippled Christian)이 아닌가? 앉은뱅이는 우리 스스로 구제할 수 없는, 구제불능의 우리 자신이자 세상이다. 주님의 능력을 통해 회복되어야 할 대상이다.

베드로와 요한이 성전에 들어가려하자 앉은뱅이가 구걸하기 시작했다. 그는 돈을 구했다. 생활을 위해 필요하다. 하지만 그가 만난 사람은 다르다. 베드로와 요한이다. 앉은뱅이가 광야나 시장이 아니라 성전 문 앞에 있었기 때문에 제자들을 만나 고침을 받을 수 있었다. 장소와 타이밍이 매우 중요하다는 것을 보여준다.

베드로가 요한과 함께 그를 주목해 바라보았다. 주목은 어떤 '의도(intent)' 가 있었음을 말한다. 두 제자가 그를 주목했다는 것은 이 일에 뜻을 같이 했다는 것을 보여준다. 베드로는 말씀으로 그를 일으켜 세우려 하는데 요한은 주머니에서 동전을 찾고 있은 것이 아니라 두 사람 모두 뜻을 같이 하여 이 일을 하고자 했음을 나타낸다. 하나님의 일은 팀워크로 할 때 빛이 난다. 봉사도 팀으로 하고, 기도도 팀으로 한다. 하나님은 팀을 이루며 일하게 하신다. 하나님은 지금 기적도 팀으로 이루어 내게 하신다.

베드로는 그를 향해 "우리를 보라" 했다. 사람들은 미문을 드나들면서 앉은뱅이의 걸식에 조금 돈을 주었다. 하지만 그의 육적인 아픔과 영혼 구원에 대해 전혀 관심을 두지 않았다. 그런데 베드로와 요한은 달랐다. 베드로는 그 영혼을 불쌍히 여기는 사랑과 긍휼한 마음(love and compassion)을 가졌다. 사랑은 말이 아니라 실천하는 것(practice)이다. 행동으로 나타내는 것(excercise)이다. 그 때 기적이 일어난다. 그리스도인은 문제 안에서 하나님을 보아야 한다. 베드로는 앉은뱅이 거지의 문제를 보면서 그 상황에서 그가 절실히 필요로 하는 것은 돈이 아니라 하나님이라는 사실을 간파했다. 문제 안에서 하나님을 발견할 때 기적이 일어난다.

순간 앉은뱅이는 무엇을 얻을까 싶어 두 사람을 주의 깊게(eagerly) 쳐다보았다. 제자들의 intent와 앉은뱅이의 eager가 서로 교차되고 있다. 서로 기대가 달랐다. 서로 다르다 할지라도 하나님의 뜻이 우리를 향하는 한 변하게 되어있다. 문제는 주님이 우리의 문제에 주목하시는가 여부이다.

걸인은 자기에게 돈을 주는 사람은 역시 하나님을 믿는 사람이라 생각하고 성전 미문에 앉아있다. 왜 성전은 크고 아름답게 지으면서 자신을 돌보지 않는가 하며 원망했을 수도 있다. 세상은 지금도 교회가 성장욕구에 빠져 교회만 크게 짓고 있다며 비난한다. 아무리 세상이 비난을 해도 그래도 그들은 교회는 그들의 마지막 희망인 것을 믿는다. 교회마저 그들을 버린다면 아무도 그들을 돌볼 사람이 없기 때문이다. 걸인이 제자들로부터 무엇을 얻을까 바라보는 것처럼 이 시대의 사람들은 그리스도인들에게서 무엇을 얻을까 바라보고 있다. 교회는 그들에게 희망이 되어야 한다.

베드로가 그를 향해 명령한다. "은과 금은 내게 없거니와 내게 있는 이것을 네게 주노니 나사렛 예수 그리스도의 이름으로 일어나 걸으라." 베드로는

'내게 있는 것과 없는 것' 이 무엇인가를 확실히 안 사람이었다. 은과 금은 세상의 가치를 대표한다. 그는 그런 것들은 자신에게 없다고 말한다. 그러나 '내게 있는 것' 하나는 예수님이다. 이것은 사람들이 주는 것과 아주 다른 특이한 것(something else)이다. 이 특별한 것(가치)을 소유하면 모든 것을 얻게 된다고 말한다. 그 예수의 가치를 그에게 일러주고 싶은 것이다. 왜냐하면 예수의 가치를 아는 사람에게 기적이 일어날 수 있기 때문이다. 그러므로 예수의 가치를 아는 것 자체가 기적이다. 당신은 은과 금을 의지하고 세상을 살기 원하는가? 예수 그리스도의 이름을 의지하고 살기를 원하는가?

베드로는 그를 향해 "나사렛 예수 그리스도의 이름으로(in the name of Jesus Christ) 걸으라."고 선언한다. 그는 자기의 최고의 것인 예수를 그에게 전했다. '예수 그리스도의 이름으로' 는 치유의 능력이 베드로나 요한 자신들에게 있지 않고 예수님께 있음을 말한다. 주님이 함께 하시면 그에게 치유의 능력이 있어날 수 있음을 확신했기 때문이다. 예수님이 근원적 치유자이시다.

예수님은 "내 이름으로" 구하라 하셨고, 초대교회는 예수 이름으로 세상과 대결했고, 그 이름으로 능력이 나타나 승리했다.

- "너희가 내 이름으로 무엇이든지 내게 구하면 내가 시행하리라(요 14:4)."
- "저희가 내 이름으로 귀신을 쫓아내며(막 16:17)."
- "누구든지 주의 이름을 부르는 자는 구원을 얻으리라(롬 10:13)."
- "너희 죄가 그의 이름으로 말미암아 사함을 얻음이요(요일 2:12)."
- "표적과 기사가 거룩한 종 예수의 이름으로 이루어지게 하옵소서(행 4:10)."
- "누가 주의 이름을 두려워하지 아니하며 영화롭게 하지 아니하오리까(계

15:4).”

“이러므로 하나님이 그를 지극히 높여 모든 이름 위에 뛰어난 이름을 주사 하늘에 있는 자들과 땅에 있는 자들과 땅 아래 있는 자들로 모든 무릎을 예수의 이름에 꿇게 하시고 모든 입으로 예수 그리스도를 주라 시인하여 하나님 아버지께 영광을 돌리게 하셨느니라”(빌 2:9-11). 이 주님 앞에 무릎을 꿇지 않는다면 그것은 하나님을 향한 반역이자 죄이다.

베드로가 그의 오른손을 힘주어 잡고(piasas, taking him) 일으켰다. 그러자 발과 발목이 곧 힘을 얻게 되었다. 그들은 ‘일어나라’ 선포하고 그 자리를 떠나지 않았다. 한 걸음 더 나아가 그의 손을 잡아 일으켰다. 잡아 일으킨다는 것은 그 사람의 손을 꽉 잡고 당기는 것을 말한다. 일어나도록 돕는 것이다. 성령을 받지 않은 사람은 말만하고 떠나지만 성령을 받은 사람은 계속 도와주고 싶어 한다. 전도를 하고 나서도 우리는 계속 그들의 손을 붙잡고 일으키는 사람들이 되어야 한다. 발과 발목이 힘을 얻었다는 것은 그의 발과 발목이 치유함을 받았다는 말이다. 강해지고 힘을 얻었다. 힘이 없던 다리에서 힘을 가진 다리로 변한 것이다. 변하면 걸을 수 있다. 우리도 변해야 한다. 그리하면 걸을 수 있다.

세상에는 여러 기적이 있다. 우리는 가끔 초능력을 가진 사람들이 기압을 넣으며 수저나 대못을 구부린다. 함께 구부리도록 하기도 한다. 그러나 구부린 수저나 못은 다시 쓰지 못한다. 쓸모없게 만드는 것이다. 이런 기적은 한 순간 재미를 주었을지 모르나 쓸모없는 기적이다. 일어나지 말았어야 할 기적도 있다. 바로는 이집트의 술사를 불러 모세의 기적을 따라 하도록 했다. 술사들도 그런 기적을 행하자 모세의 기적을 얕잡아 보았다. 그러다가 그는 많은 사람을 잃었다. 이런 기적은 차라리 일어나지 않았어야 할 기적이다. 가장 중요한 기적, 꼭 필요한 기적은 사람을 변화시키는 기적, 하나님의 능력이 나타나는 기적, 그것으로 하나님의 뜻을 이루는 기적이다.

앉은뱅이는 뛰어 서서 걸기 시작했다. 그들과 함께 성전으로 들어가면서 걷기도 하고 뛰기도 하며 하나님을 찬송했다. 성령의 능력으로 몸이 완전해지자 베드로와 요한과 함께 성전으로 들어가면서 걷기도 하고 뛰기도 했다는 말이다. 신기하고 기뻤다. 그러면서 그는 하나님을 찬미했다. 그를 치유하신 분은 하나님이시기 때문이다. "Walking, Leaping, Praising." 이것은 구원받은 자의 깊은 감격을 표현한다. 우리에게도 이런 감격이 있어야 한다.

일찍이 주님은 "성령이 임하셨으니 포로 된 자에게 자유를 눈 먼 자에게 다시 보게 함을 가난한 자에게 복음을 눌린 자에게 자유를 주며 주의 은혜의 해를 전파하리라"(눅 4:18-19) 하셨다. 그 말씀대로 비틀어진 인간의 마음과 육체에 참 자유와 치유를 가져다 주셨다.

모든 백성이 그의 걷는 것과 하나님을 찬송함을 보았다. '모든 백성'은 많은 사람들이 이 기적을 보았다는 말이다. 장애인에서 비장애인이 된 그는 하나님의 능력을 증거 하는 표본이 되었다. 그는 하나님을 찬양했다. 기쁨으로 찬미한 것은 얼마나 놀라운 일인가를 보여준다.

사람들은 "아, 그 걸인 아니냐?"며 더욱 놀랐다. '놀랍게 여기며 놀라니라.' 깜짝 놀라고 황홀함을 느꼈다. 하지만 걸인은 사람들의 말이나 느낌에 상관하지 않고 오히려 담대하게 자신의 기쁨을 나타냈다.

나은 사람(the beggar)이 베드로와 요한을 붙잡았다. 붙잡았다는 것은 굳게 매달렸다(held on, clung to)는 뜻이다. 한편 크게 놀란 사람들은 솔로몬의 행각에 모이기 시작했다. 솔로몬 행각(portico, colonnade)은 바깥뜰을 에워싸고 있는 벽 안쪽에 쭉 세워진 회랑을 말한다. 8m 높이의 기둥들로 받쳐져 있으며 삼목으로 지붕이 되어 있다. 솔로몬 행각은 성전 동편에 있었고, 랍비들이 강론할 때 주로 사용되었다.

2. 솔로몬 행각에서의 베드로의 설교(12-26절)

솔로몬 행각에 많은 사람들이 모이자 베드로가 말하기 시작했다. 솔로몬 행각에서의 베드로 설교가 시작된 것이다. 오순절 이후 베드로의 두 번째 설교다. 그 내용은 다음과 같다.

1) (왜 놀라는가) 이스라엘 사람들아 이 일을 왜 놀랍게 여기느냐 우리 개인의 권능과 경건으로 이 사람을 걷게 한 것처럼 왜 우리를 주목하느냐. 앉은뱅이를 고친 것은 자신들이 아니라는 말이다.

2) (예수를 영화롭게 하신 하나님) 아브라함과 이삭과 야곱의 하나님 곧 우리 조상의 하나님(출 3:6,15)이 그의 종 예수를 영화롭게 하셨느니라. 높이 들어 올리셨다는 것이다.

3) (우리가 증인이다) 너희가 그를 넘겨주고 빌라도가 놓아 주기로 결의한 것을 너희가 그 앞에서 거부하였으니 너희가 거룩하고 의로운 이를 거부하고 도리어 살인한 사람을 놓아 주기를 구하여 생명의 주(the author of life)를 죽였도다 그러나 하나님이 죽은 자 가운데서 그를 살리셨으니 우리가 이 일에 증인이라. '거룩하고 의로운 이(the Holy and Righteous One)' 는 예수님에 대한 메시야적 칭호다(사 53:11).

4) (예수의 이름을 믿음이 이 기적을 낳았다) 그 이름을 믿으므로 그 이름이 너희가 보고 아는 이 사람을 성하게 하였나니 예수로 말미암아 난 믿음이 너희 모든 사람 앞에서 이같이 완전히 낫게(strong) 하였느니라. 앉은뱅이를 치유하신 분은 예수님이시라는 것이다. 우리를 성하게 하고, 낫게 하는 것은

바로 예수로 말미암아 난 믿음(faith which is through Jesus)이다. 베드로는 4장의 설교에서 "나사렛 예수 그리스도의 이름으로 이 사람이 건강하게 되어 너희 앞에 섰느니라(행 4:10)" 했고, "다른 이로서는 구원을 얻을 수 없나니 천하 인간에 구원을 얻을 만한 다른 이름을 우리에게 주신 일이 없음이니라(행 4:12)" 하였다. 예수로 말미암아 난 믿음은 주의 능력이 나타나는 믿음이다. 기적만 바라보면 기적이 일어나지 않는다. 기적의 주님 믿고 바라보면 기적이 일어난다.

5) (그리스도의 고난 받으심은 예언의 성취) 너희가 알지 못하여서 그리하였으며 너희 관리들도 그리한 줄 아노라 그러나 하나님이 모든 선지자의 입을 통하여 자기의 그리스도께서 고난 받으실 일을 미리 알게 하신 것을 이와 같이 이루셨느니라.

6) (회개하고 죄 사함을 받으라) 그러므로 너희가 회개하고 돌이켜 너희 죄 없이 함을 받으라 이같이 하면 새롭게 되는 날(refreshing times)이 주 앞으로부터 이를 것이요. 새롭게 되는 날은 깨어 대비하도록 경고된 그날을 가리킨다. 베드로는 사람들에게 회개를 촉구했다. 25절의 말씀처럼 그들이 언약의 자손임을 확신했기 때문이다.

7) (다시 오실 예수) 또 주께서 너희를 위하여 예정하신 그리스도 곧 예수를 보내시리니(메시야 왕국의 왕으로서 재림케 하실 것이라는 말씀이다) 하나님이 영원 전부터 거룩한 선지자들의 입을 통하여 말씀하신바 만물을 회복하실 때까지는 하늘이 마땅히 그를 받아 두리라. '만물을 회복할 때'는 그리스도의 재림으로 메시야 왕국이 성취될 때를 가리킨다. 모세가 말하되 주 하나님이 너희를 위하여 너희 형제 가운데서 나 같은 선지자 하나를 세울 것이니 너희가 무엇이든지 그의 모든 말을 들을 것이라(신 18:15-16,19). 예수님은

모세와 같은 선지자시다(22-23절). 누구든지 그 선지자의 말을 듣지 아니하는 자는 백성 중에서 멸망 받으리라 하였고(신 18:15, 16, 19). 또한 사무엘 때부터 이어 말한 모든 선지자도 이 때를 가리켜 말하였느니라. 사무엘은 다윗에게 기름을 부어 그의 왕국이 설 것이라 했다(삼상 13:14, 15;28). 다윗에게 주어진 약속들이 온전히 성취되었다(행 13:24),

8) (너희는 언약의 자손이다) 너희는 선지자들의 자손이요 또 하나님이 너희 조상과 더불어 세우신 언약의 자손이라. 이스라엘은 선지자들과 같은 민족이요 언약아래 있는 아브라함의 자손이란 말이다. 아브라함에게 이르시기를 땅 위의 모든 족속이 너의 씨로 말미암아 복을 받으리라(창 12:3, 22:18, 26:4, 28:14) 하셨다. '씨(sperma, the seed)' 는 이삭으로 예표 된 그리스도를 가리킨다. 하나님이 그 종을 세워 복 주시려고 너희에게 먼저 보내사 너희로 하여금 돌이켜 각각 그 악함을 버리게 하셨느니라. 예수님은 아브라함에게 약속한 대로 온 인류에게 복을 가져다 주셨다.

제4장

붙잡혔다 풀려난 베드로와 요한, 기도와 전도에 힘쓰는 제자들

1. 붙잡힌 베드로와 요한(1-22절)

유대종교지도자들은 예수만 죽이면 모든 것이 끝날 줄 알았다. 그러나 제자들은 전보다 더 능력 있고 담대해졌다. 그들은 예수의 능력으로 앉은뱅이를 일어나게 했고, 예수 안에 죽은 자의 부활이 있다며 담대히 예수를 전했다.

그 때 전도를 싫어한 유대지도자들, 곧 제사장들과 성전 맡은 자와 사두개인들이 다가와 사도들을 체포했다. 제사장들은 당시 성전에서 봉사하던 사람들로 유대의 실질적인 지도계층이었다. 성전 맡은 자는 성전 경비 책임자(the captain of the temple guard)를 가리킨다. 사두개인(Sadducees)은 바리새파, 열심당원(Zealots), 에세네파(the Essenes)와 함께 유대 4대 종파에 속하며 제사장 가문으로 성전을 관리했다. 그들 모두 강력한 힘을 가진 사람들이었다. 붙잡았지만 이미 날이 저물어갔다. 오후에 희생제사가 끝나면 오후 4시쯤 되었다, 그 무렵 성전 문들이 닫혔다. 결국 사도들을 이튿날까지 가두게 되었다. 사도들의 말을 들은 사람 중에 믿는 자가 많았는데, 남자의 수만도 약 오천이나 되었다. 이 수는 오순절 성령강림 때 믿은 삼천 명보다 훨씬 많은 수다.

이튿날 관리들(대제사장들)과 장로들(원로 지도자들)과 서기관들(직업적 율법사 바리새인들), 곧 산헤드린 공회(council)의 구성원들이 예루살렘에 모였다. 대제사장들과 대제사장의 문중이 다 참여했다. 안나스(Annas)는 6-16년까지, 가야바(Caiaphas)는 18-36년까지 대제사장이었다. 이 당시 로마가 인정한 공식적인 대제사장은 가야바였지만 유대인들은 가야바의 장인 안나스를 실질적인 대제사장으로 여겼다. 요한(John)은 안나스의 아들로 36-37년 대제사장이었다. 알렉산더(Alexander)는 안나스 가문 또는 대제사장 가문의 일원으로 추측된다. 산헤드린 공회는 대제사장을 의장으로, 사두개인들(주로 제사장들), 장로들, 서기관들(주로 바리새인들) 등 71명으로 구성된다. 이곳에서 종교문제와 정치문제를 의결하고 재판했다. 하지만 사형 집행권은 총독에게 있었다.

그들은 사도들을 공회 가운데 세우고 물었다. "너희가 무슨 권세와 누구의 이름으로 이 일을 행하였느냐?" 신 13:1-3에 여호와 이외에 다른 신의 이름으로 기적이 일어날 수 없다고 되어 있다. 그들은 이 말씀을 염두에 두고 질문을 한 것이다.

이에 베드로가 성령 충만한 가운데 말했다. 이것은 성령의 능력으로 두려움 없이 그리스도를 증거했다는 말이다.

1) "백성의 관리들과 장로들아. 만일 병자(앉은뱅이)에게 행한 착한 일에 대하여 이 사람이 어떻게 구원(치료)을 받았느냐고 오늘 우리에게 질문한다면 너희와 모든 이스라엘 백성들은 알라 너희가 십자가에 못 박고 하나님이 죽은 자 가운데서 살리신 나사렛 예수 그리스도의 이름으로 이 사람이 건강하게 되어 너희 앞에 섰느니라." 예수의 이름을 힘입어 나았다는 말이다.

2) "이 예수는 너희 건축자들의 버린 돌로서 집 모퉁이의 머릿돌이 되었느니라(시 118:22)." 예수는 집짓는 사람들, 곧 여러분에게 버림을 받았지만 모퉁이의 머릿돌(capstone)이 되신 분이다. 구약에서 '건축자들의 버린 돌(the stone

you builders rejected)' 은 주변 이방 나라들에 의해 버려진 이스라엘을 하나님이 구원의 목적을 이루시기 위해 선택하셨다는 의미로 사용되었다. 그러나 구원의 그 궁극적인 목적이 그리스도에게서 성취되었기 때문에, 예수님과 초기 교회는 이 말씀을 그리스도의 부활과 승천, 영광의 주 되심을 표현하는 말로 사용했다(눅 20:17, 벧전 2:7).

3) "다른 이로써는 구원을 받을 수 없나니 천하사람 중에 구원을 받을 만한 다른 이름을 우리에게 주신 일이 없음이라." 이분을 힘입지 않고는 아무도 구원받을 수 없다. 사람에게 주신 이름 가운데 우리를 구원할 수 있는 이름은 이 이름밖에는 없다.

베드로는 "나사렛 예수 그리스도의 이름으로"라고 담대히 말했다. 그 이름에 능력이 있기 때문이다. 나아가 다른 이로서는 구원을 얻을 수 없다 했다. 구원은 오직 예수 그리스도를 통해 얻을 수 있다는 것이다. 제자들은 확신을 가지고 담대히 믿음을 증거 했다.

베드로와 요한이 담대하게 말하는 것을 보자 본래 학문 없는(unschooled) 범인으로 알았다가 이상히 여겼다. 유대지도자들은 예수의 제자들을 학문도 없고 겁이 많은 사람으로 알았다. '학문이 없다'는 것은 문맹이라는 뜻이 아니라 율법이나 유대 법에 무지하다는 뜻이다.

그러나 제자들은 이미 달라졌다. 성령이 그들과 함께 하심으로 그 입을 열어 자신 있게 증거 할 수 있었고, 겁도 나지 않았기 때문이다. 게다가 전에 예수와 함께 있던 줄도 알고 또 병 나은 사람이 그들과 함께 서 있는 것을 보고 비난할 말이 없었다.

유대지도자들은 제자들을 향해 "공회에서 나가라" 했다. 그리고 서로 의논했다. "이 사람들을 어떻게 할까 그들로 말미암아 유명한 표적 나타난 것이 예루살렘에 사는 모든 사람에게 알려졌으니 우리도 부인할 수 없는지라. 이것이 민간에 더 퍼지지 못하게 그들을 위협하여 이 후에는 이 이름으로 아무에게도 말하지 말게 하자."

의견을 모은 다음 제자들을 불러 경고했다. "도무지 예수의 이름으로 말하지도 말고 가르치지도 말라." 산헤드린은 사도들이 병자를 고친 기적을 부인할 수도 없었고 또 시인할 수도 없었다. 그 일 때문에 벌을 줄 수도 없었다. 나아가 사도들에게 계속 복음을 전하도록 허락할 수도 없었다. 따라서 이 경고는 결국 스스로 자신들의 연약함을 드러낸 꼴이 되었다.

사단은 예수의 이름을 부르지 못하게 한다. 대제사장 일행이 예수의 이름으로 말하지도 말고 가르치지도 말라 함으로써 스스로 사단 쪽에 서 있음을 보여준다. 그러자 베드로와 요한이 대답했다.

"하나님 앞에서(in God's sight) 너희의 말을 듣는 것이 하나님의 말씀을 듣는 것보다 옳은가 판단하라. 우리는 보고 들은 것을 말하지 아니할 수 없다." 그들은 성령님이 오신 뒤로 용기 있는 사람으로 변했다. 주님이 잡히시던 밤, 예수를 모른다고 세 번이나 부인하던 베드로가 더 이상 아니다.

관리들은 백성들 때문에 그들을 어떻게 처벌할지 그 방법을 찾지 못했다. 결국 다시 위협하며 놓아 줄 수밖에 없었다. 모든 사람이 그 된 일, 곧 베드로와 요한이 미문에서 행한 표적을 보고 하나님께 영광을 돌리고 있었기 때문이었다. 누가는 병 나은 이 사람의 나이가 40이 넘었다고 밝혔다.

2. 풀려난 사도들과 기도와 전도에 힘쓰는 제자들(23-31절)

풀려나자 베드로와 요한은 다락방 동료들(their own people)을 찾아가 제사장들과 장로들이 한 말을 다 알려주었다. 그러자 그들이 듣고 한마음으로 하나님을 향해 소리 높여 기도했다. 어려움에 처하자 함께 기도하기 시작한 것이다. 이것은 우리가 위기에 처할 때 두려워하거나 낙심하거나 절망에 빠질 것이 아니라 먼저 기도해야 할 것을 가르쳐준다. 그들의 기도 내용은 다음과 같다.

1) "대주재여 천지와 바다와 그 가운데 만물을 지은 이시요(출 20:11, 시 146:6)." 대주재는 통치하시는 주님(Soverign Lord)을 뜻한다. 그 주님은 하늘과 땅과 바다와 그 안에 모든 것을 창조하신 주님 (출 20:11, 시 146:6)이심을 고백했다. 이것은 이 기도가 하나님께 향해 있음을 가르쳐 준다.

2) "또 주의 종 우리 조상 다윗의 입을 통하여 성령으로(by the Holy Spirit) 말씀하시기를 '어찌하여 열방이 분노하며 족속들이 허사를 경영하였는고(plot in vain)(시 2:1-2)' 세상의 군왕들이 나서며 관리들이 함께 모여 주와 그의 그리스도를 대적하도다 하신이로소이다." 다윗의 시편을 인용한 기도다. 자신들이 겪은 일들이 이 시편 말씀을 성취한 것으로 본 것이다. 여기서 열방은 유대인 이외의 이방인들을, 족속들은 유대인들을, 세상의 군왕은 헤롯 안디바를, 관리는 로마 총독을 가리킨다.

3) "과연 헤롯과 본디오 빌라도는 이방인과 이스라엘 백성과 합세하여 하나님께서 기름 부으신 거룩한 종 예수를 거슬러 하나님의 권능과 뜻대로 이루려고 예정하신 그것을 행하려고 이 성에 모였나이다." 여기서 이방인은 예수님의 사형을 집행했던 로마인들을, 이스라엘 백성은 예수를 십자가에 못 박으라 외쳤던 사람들을 가리킨다. '이루려고 예정하신 그것' 은 예수님을 대적하는 이 모든 행위는 하나님이 미리 정해놓으신 일이었다는 것이다.

4) "주여 이제도 그들의 위협함을 굽어보시옵고 또 종들로 하여금 담대히

하나님의 말씀을 전하게 하여 주시오며 손을 내밀어 병을 낫게 하시옵고 표적과 기사가 거룩한 종 예수의 이름으로 이루어지게 하옵소서."

'이제도 그들의 위협함을 굽어보시옵고(consider their threats)'는 '지금 그들의 위협을 받고 있는 우리를 살피시고'라는 뜻이다. 이것은 원수들을 아예 없애달라는 것이 아니라, 원수들의 방해로 인한 어려움 속에서도 용기 있게 하나님의 뜻을 따르게 해달라는 것이다. 위기에 처해있음을 하나님께 말씀드린 것이다. 하나님께 아룀으로써 그 모든 위험은 하나님께 맡겨졌다. 하나님이 이 일을 담당하신다.

'하나님의 말씀을 전하게 하여 주시오며(enable your servants to speak your word with great boldness).' 제자들은 이러한 위협 속에서도 복음을 담대해 전할 수 있기를 기도했다. 그들은 자기들이 처한 위험을 넋두리로 끝내지 않고, 이러한 상황에서 제자로서 할 일이 무엇인가를 찾았다. 이것은 우리의 기도가 소극적인데서 보다 적극적인 곳으로 나가야 한다는 것을 보여준다.

그들의 적극적인 기도는 크게 세 가지로 나타난다. "담대히 하나님의 말씀을 전하게 하여 주옵소서." "손을 내밀어 병을 낫게 하옵소서." "표적과 기사가 예수의 이름으로 이루어지게 하옵소서."

제자들은 유대지도자들이 그토록 강하게 나오므로 저들의 힘을 능가하는 영적인 힘을 달라고 기도했다. 우리는 어려움에 처해 있을수록 하나님을 위해 할 수 있는 것이 무엇인가를 살펴보고 그것을 할 수 있도록 간구해야 한다.

제자들은 전도하기 어려운 때임에도 불구하고 오히려 복음 전할 기회를 찾았다. 구원받을 수 있는 길은 오직 예수를 믿는 믿음에서 나오기 때문이다. 세월이 좋았을 때 전도하지 않았던 우리의 모습과 그들의 모습을 비교해 보고 회개해야 한다.

기도를 마치자 나타난 세 가지 현상이 나타났다. 그 첫째가 바로 그들이 모였던 땅이 진동한(shaken) 것이다. 일종의 지진현상이다. 이 진동은 하나님이 그들과 함께 하신다는 외적인 표, 임재의 표이다. 구약에서 지진은 신의 현현을 나타내는 표적이었다. 하나님은 때로 밝은 빛, 바람, 무지개, 진동으로 임재를 표시하신다. 하나님은 진동으로 즉각 응답하셨다. 황금의 입이라는 별명을 가진 설교자 크리소스톰은 이를 가리켜 "이 진동으로 그들을 더욱 흔들리지 않게 하셨다"고 했다. 그 진동은 오히려 하나님을 신뢰하고 더욱 견고한 믿음을 갖게 만들었다는 것이다. 다시 말해 성령님의 능력을 현시하여 제자들에게 힘과 용기를 주기 위해 나타난 것이다. 그러나 여기서 주의할 것이 있다. 은사운동을 하는 사람들이 기도할 때 몸이 떨리는 것을 '진동의 은사'라며 그 근거로 이 말씀을 인용한다. 이것은 잘못된 적용이다.

두 번 째 현상은 모두 성령 충만(filled with the Holy Spirit)한 것이다. 성령 충만은 성령께서 내적으로 임재 하셨음을 의미한다. 새로운 영적 충만이다. 땅의 진동이 외적인 표라면 성령 충만은 내적인 표이다. 이런 의미에서 성령 충만은 영적 진동이다.

세 번째 현상은 담대히 말씀을 전하게 된(spoke the word of God boldly) 것이다. 외적인 표와 내적인 표로 인해 하나님이 함께 하신다는 확신을 갖게 된 그들은 되었다. 담대히 하나님의 말씀을 전했다. 영적인 능력을 가진 사람은 그 능력을 하나님이 기뻐하시는 일에 활용해야 한다. 하나님이 기뻐하시는 것 가운데 제일은 복음을 전하는 것이다.

3. 은혜 받은 성도들의 생활(32-35절)

이 단락은 초대 교회의 공동생활 면모를 소개하고 있다.

첫째, 모두가 한 마음 한 뜻(one in heart and mind)이 되어 모든 물건을 서로 통용했다(shared everything they had). 모든 것을 공동으로 사용했다는 것은 물질적 공동생활의 모습을 보여준다. 아무도 자기 재물을 조금이라도 자기 것이라 하는 이가 없었다. 놀라운 하나 됨(amazing unity)이다. 성령이 그들의 삶을 감화시켜 비이기적인 인간으로 만들었다.

둘째, 사도들은 큰 권능으로(with great power) 놀라운 기적을 나타내며 주 예수의 부활을 증언했다. 예수 부활의 능력이다. 이것은 성도들이 큰 은혜를 받음으로 가능했다. 은혜를 받을수록 위대해진다. 특별한 능력(special power)이다. 우리는 부활의 사람들이다. 주님은 우리 안에 살아계신다. 예수 부활의 능력이 매일 우리 안에 살아 움직이도록 해야 한다.

셋째, 성도들 가운데 가난한 사람은 하나도 없었다(no needy persons among them). 초대교회에는 가난한 사람이 많았었다. 그런데 성령을 받자 땅이나 집을 가진 사람들이 그것을 팔아서 그 돈을 사도들 앞에 가져다 놓고 '각 사람의 필요를 따라,' 저마다 쓸 만큼 나누어 주었다. 서로 가진 것을 팔아 가난한 사람들을 구제했다는 말이다. 이로 인해 모두 평등한 삶을 누리게 돼 가난한 사람이 없었다는 것이다. 이것은 믿음이 아니면, 성령의 사람이 아니고서는 이룰 수 없는 놀라운 자비(wonderful generosity)다. 신 15:4에 "하나님의 백성 중에는 가난한 자가 없으리라"는 말씀이 있다. 이 말씀이 일시적이나마 초기 교회에서 이루어졌다. 진정한 성령 충만은 기도와 설교 뿐 아니라 이웃사랑과 관대한 마음에서 그 열매가 맺는 법이다(신 15:7-11).

4. 밭을 팔아 사도들 앞에 바친 바나바(36-37절)

성도들 가운데 구브로(Cyprus)에서 태어난 레위 족 사람이 있었다. 디아스포라 유대인인 그의 이름은 요셉이었다. 사도들은 그를 '바나바(Barnabas)'

라 했다. 요셉이 예수를 영접한 뒤 바나바가 된 것이다. 바나바는 '위로의 아들(Son of Encouragement)' 이라는 뜻을 가지고 있다. 다락방의 주인인 마가는 그의 생질이다(골 4:10).

무엇보다 바나바는 자기의 재산인 밭(a field)을 팔아 그 돈을 사도들 앞에 가져다 바쳤다. 자발적으로 도움을 주는 손이 된 것이다. 구약시대 때 레위지파는 율법으로 토지를 가지지 못하게 되어 있었다. 하지만 이 율법은 1세기경에 폐지되었고, 해외에 사는 디아스포라 유대인에게는 적용되지 않았다. 바나바는 공동의 유익을 위해 기꺼이 그것을 내놓았다. 자기 재산을 팔아 사도들에게 내놓은 모범 사례로 제시된 것을 볼 때 그의 행동이 공동체에 얼마나 위로를 주었는가를 보여준다. 그의 행동은 다음 장에서 거론될 아나니아와 삽비라와 비교된다. 바나바의 행동은 교회에 '큰 위로(great encouragement)' 가 되었다. 교회는 격려로 자란다. 격려의 말을 하고, 힘을 주는 행동을 해야 한다.

제 5 장

아나니아와 삽비라 사건과 공회에 선 사도들

1. 아나니아와 삽비라(1-11절)

제 5장은 아나니아(Ananias)와 삽비라(Sapphira) 부부 얘기로 시작된다. 이 부부는 인정을 받고 싶어 소유(땅, a piece of property)을 팔아 헌금을 했다. 그런데 판 값 가운데 일부를 감추고도 다 내놓은 것처럼 행세했다. 악한 본보기가 된 것이다. 이것은 제4장에서 언급한 바나바의 선한 본보기와 대조된다.

아나니아가 그의 아내 삽비라와 더불어 자기 소유인 땅을 팔았다. 서로 의논한 끝에 그 돈의 일부는 빼 돌리고 나머지만 사도들 앞에 가져다 바쳤다. 어떤 사람도 아나니아에게 재산을 갖다 바치라고 강요한 사람은 없다. 그것은 모두 자발적인 행위였다. 그러나 아나니아의 행위는 형제를 돕고자 하는 순수한 마음에서 자발적으로 행동한 것이 아니다. 그는 공동체 안에서 보다 좋은 평판을 얻고자 하는 유혹에서 그렇게 한 것이었다.

이에 베드로가 물었다. "아나니아야 어찌하여 사단이 네 마음에 가득하여 네가 성령을 속이고 땅 값 얼마를 감추었느냐?" 왜 사단에게 마음을 빼앗겨 성령을 속이고 땅 판 돈의 일부를 빼돌렸느냐는 말이다. 성령께 대한 죄는 사함 받지 못한다(마 12:31). 사단은 하나님의 일을 방해하는 자요 인간을 유혹하여 하나님을 대적하게 하는 자다.

이어 그는 "땅이 그대로 있을 때에는 네 땅이 아니며 판 후에도 네 마음대로 할 수가 없더냐." 물었다. 팔기 전에도 그 땅은 당신 것이었고 판 뒤에도 그 돈은 당신 마음대로 할 수 있었던 것이 아니냐는 것이다. 그런데 "어찌하여 이 일을 네 마음에 두었느냐?" 어쩌자고 그런 생각을 품었는가. 그리고 그것은 사람을 속인 것이 아니라 하나님을 속인 것이라 했다. 이 말이 떨어지자 아나니아는 그 자리에 거꾸러져 숨지고 말았다. '혼이 떠나니(ekpsucho)'는 '마지막 숨을 쉬었다(breathe one's last)' 는 것으로 의사 누가가 사용한 의학적 용어다. 그의 죽음은 하나님의 심판이었다. 이 사건에 대해 말을 들은 사람들은 모두 크게 두려워하였다.

젊은이들이 들어 와 그의 시체를 싸 가지고 내어다 묻었다. 세 시간쯤 지나 그의 아내가 그동안 무슨 일이 일어났는지 알지 못하고 들어왔다. 베드로가 그 여인에게 "당신들이 땅을 판 돈이 이게 전부인가?" 물었다. 그러자 그것이 전부라고 대답했다.

베드로는 목소리를 높여 "너희가 어찌 함께 꾀하여 주의 영을 시험하려 하느냐?" 했다. 당신들은 서로 짜고 주의 성령을 떠보는 거냐는 것이다. 아나니아 부부의 죄악이 묵인될 경우 심각한 문제가 발생할 수 있다. 즉 성령께서도 사람에게 속을 수 있다는 잘못된 시그널을 줄 수 있기 때문이다. 그렇게 되면 신앙생활에 대혼란을 가져올 수 있다. 하지만 성령께서는 인간의 거짓에 결코 속지 않으신다(약 1:13).

그리곤 당신의 남편을 묻고 돌아오는 사람들이 지금 막 문 밖에 왔는데 이번에는 당신을 메고 갈 차례라고 했다. 그러자 그 여인도 베드로의 발 앞에 거꾸러져 숨지고 말았다. 젊은이들이 그 여인을 떠메고 나가 남편 곁에 묻었다. 온 교회는 물론이고 다른 사람들도 이 말을 듣고 모두 다 크게 두려워하였다. 여기에서 교회, 곧 '에클레시아(ekklesia)' 라는 말이 처음 나온다. 그리스 세계에서 에클레시아는 '시민집회(citizen assembly)' 라는 뜻을 가지고 있었다. 그러나 이 단어가 예수를 믿는 이들의 공동체, 곧 교회라는 의미로 사용되었다.

아나니아와 삽비라는 자기 명예를 생각하고 나쁜 의도로 바친 인물들이라는 점에서 바나바와 다르다. 그들은 진정성 있는 헌금을 한 것이 아니라 자신을 남에게 보여주기 위해 헌금했다. 땅을 팔아 바침으로써 자신들도 믿음이 있다는 것, 자기도 모든 것을 내놓았다는 것, 그리고 가난한 자에게 줌으로써 자기들도 얼마나 인정이 넘치는 사람인가를 보여주고 싶었다. 그것을 사람에게 보여주어 사람들로부터 인정을 받고자 한 것이다. 아나니아 부부는 결국 하나님께 거짓말하는 자가 되었다. 교회일, 곧 하나님의 일에 대해 정직하지 못했기 때문이다. 그것은 하나님을 기쁘게 하지 못했다. 그리스도인으로서의 품성(integrity)을 파괴한 것이다. 이로 인해 그 부부는 죽었다. 그들에게만 문제가 있을까? 아니다. 그들보다 훨씬 정직하지 못한 우리는 아직도 살아있다. 하나님의 은혜가 아닐 수 없다. 아나니아 부부의 사례는 하나님 앞에서나 사람 앞에서 그리스도인으로서의 정직성이 얼마나 중요한가를 보여준다.

2. 믿는 자도 많아지고 병 나은 자도 많아지다(12-16절)

그 무렵 사도들은 사람들 앞에서 많은 기적과 놀라운 일들을 베풀었다. 그러자 믿는 사람들이 다 마음을 같이 하여 솔로몬 행각에 모였다. 성도들은 한 몸이 되어 있었다. '그 나머지,' 곧 다른 사람들은 감히 성도들의 모임에 끼어들 생각을 하지 못했다. '그 나머지' 가 누구인가는 확실하지 않다. 하지만 신자와 구별되는 사람들임은 확실하다. 불신자, 종교지도자나 관원들을 가리킨다는 주장도 있다. 참 그리스도인이 아니면서 그리스도인인 체 하거나 내키지 않는 마음으로 사도들을 따르던 자들은 아나니아와 삽비라가 죽은 것을 보고는 감히 자신들을 신자들과 동일시할 수 없었을 것이다. 하지만 사람들은 그들을 칭찬했다.

남녀 할 것 없이 믿고 주께 나아오는 자의 수가 날로 늘어났다. 사람들은 심지어 병자들을 길거리에 메고 나가 들것(beds)이나 요(mats) 위에 눕혀 놓고 베드로가 지나갈 때 행여나 그 그림자만이라도 그 몇 사람에게 스쳐 지나갔으면 할 정도였다. 신유의 은사를 받고자 한 것이다. 베드로의 그림자(Peter's shadow)는 예수님의 옷자락처럼 신유의 능력을 나타냈다(마 9:20, 행 19:2). 훗날 사람들은 바울의 손수건으로도 병 고침을 받았다(행 19:12). 예루살렘 부근 성읍에 사는 많은 사람들도 병든 사람과 더러운 귀신에게 괴로움 받는 사람을 데리고 왔다. 복음전도의 사역이 예루살렘뿐 아니라 그 부근 성읍까지 확장되었음을 보여준다. 베드로에게 나아온 병자들은 다 고침을 받았다.

3. 옥에 갇힌 사도들과 옥문을 연 주의 사자(17-26절)

이 단락은 사도들이 받은 두 번째 박해를 다루고 있다. 믿는 자도 많아지고 병 나은 자도 많아지자 대제사장과 그의 일당인 사두개인들의 마음에 시기가 가득했다. 그들이 들고 일어나 사도들을 잡아다가 자기네 감옥에 처넣었다.

그런데 하나님은 주의 사자, 곧 천사를 보내 밤에 옥문을 열고 사도들을 데리고 나오게 하셨다. 놀라운 신적 개입이다. 하나님은 그를 믿는 사람들이 위급할 때나 그가 긴급한 명령을 내려야 했을 때마다 자신의 사자를 보내셨다. 천사는 사도들에게 "가서 성전에 서서 이 생명의 말씀을 다 사람들에게 전하라." 했다. 하나님이 옥에 갇힌 사도들을 구출하신 것은 사도들에게 용기를 북돋아주고 그들이 하나님의 보호아래 있음을 알게 할뿐 아니라 구원의 복음을 모든 사람에게 전하기 위함임을 알 수 있다. 이 말을 듣자 사도들은 이른 아침에 성전으로 가서 가르치기 시작했다.

한편 대제사장과 그의 일당(all his associates)은 산헤드린 공회와 이스라엘 족속의 원로들을 소집했다. 원로들은 중요한 일이 있을 때 공회에 배석하여 의견을 말하곤 했다. 그들은 관원들(officers)을 옥에 보내 사도들을 데려오게 했다. 경비병들이 옥을 지키고 있었지만 사도들의 모습이 보이지 않았다. 그들은 돌아 와서 옥문은 단단히 잠겨 있고 문마다 지키고 있었는데 문을 열어 보니 안에는 아무도 없었다고 보고했다. 늦게 서야 사도들이 사라진 것을 알게 된 것이다.

성전 맡은 자, 곧 성전 경비대장과 제사장들이 이 보고를 받고 "도대체 그들이 어떻게 해서 없어졌을까, 또 앞으로 무슨 새로운 일이 일어날까" 어리둥절하고 있을 때 한 사람이 달려 와 일러주었다. "당신들이 감옥에 가두어 둔 사람들이 지금 성전 뜰에 서서 사람들을 가르치고 있습니다." 놀라운 일이 아닐 수 없다. 경비대장과 경비원들이 함께 가서 사도들을 데려 왔다. 사도들은 세 번째 체포된 셈이다. 하지만 백성들이 자기들을 돌로 칠까 두려워 폭력은 사용하지 않았다. 사도들이 행한 기적을 실제 목격했던 백성들이 반발할까 두려웠던 것이다.

4. 다시 공회 앞에 선 사도들과 율법교사 가말리엘의 충고(27-42절)

사도들은 공회 앞에 세워졌다. 대제사장이 그들을 심문했다. "우리가 예수의 이름으로 가르치지 말라 엄히 말했는데도 너희들은 어쩌자고 온 예루살렘에다 너희 가르침을 퍼뜨리는 것인가? 예수의 피에 대한 책임을 우리에게 뒤집어씌울 작정인가." '너희 가르침(your teaching)'은 예수님에 관해 사도들이 전한 가르침을 말한다. 예수님의 죽으심, 부활, 승천, 재림, 회개와 세례, 성령세례, 예수의 이름으로 베풀어지는 기적과 병 고침 등이다.

이에 베드로와 사도들이 대답했다. "사람보다 하나님께 순종하는 것이 마땅하니라." 사람에게 복종하는 것보다 하나님께 복종해야 하는 것은 당연하다는 것이다. 최고의 권위자는 인간이 아니라 하나님이시다. "너희가 나무에 달아 죽인 예수를 우리 조상의 하나님이 살리시고." 하나님께서 예수를 다시 살리셨다는 것이다. 나무에 달린 자는 저주 받은 자인데(갈 3:13) 예수님이 부활하심으로 십자가의 저주를 반전시키셨다. "이스라엘에게 회개함과 죄 사함을 주시려고 그를 오른손으로 높이사 임금과 구주로 삼으셨느니라." 이제 이스라엘은 회개하고 죄를 용서받아야 한다는 것이다. 임금(Prince)은 지배자라는 뜻으로, 예수님이 이스라엘의 지도자이심을 말한다. "우리는 이 일에 증인이요 하나님이 자기에게 순종하는 사람들에게 주신 성령도 그러하니라." 자신들뿐 아니라 성령님도 이 모든 일의 증인이라 했다.

이 말을 들은 그들은 격분했다. 그리고 사도들을 죽이고자 했다. 이 때 바리새인이자 율법교사로 존경을 받는 가말리엘(Gamaliel)이 일어나 사도들을 잠깐 밖에 내보내게 했다. 그는 유대 최고의 랍비인 힐렐(Hillel) 학파에 속한 자도자로 바울의 스승이기도 하다. 그는 공회원들에게 말했다.

"이스라엘 사람들아 너희가 이 사람들에게 대하여 어떻게 하려는지 조심하라." 이 사람들을 조심스럽게 다루는 것이 좋겠다는 것이다. "이 전에 드다가 일어나 스스로 선전하매 사람이 약 사백 명이나 따르더니 그가 죽임을 당하매 따르던 모든 사람들이 흩어져 없어졌다." 드다(Theudas)는 헤롯 대왕이 죽은 후 혼란기를 틈타 자신을 메시야로 자처한 사람들 중 하나였다. 그는 자기 명령에 따라 요단강이 갈라질 것이라 했다가 총독이 파견한 군대에 의해 죽임을 당한 것으로 알려져 있다. “그 후 호적할 때에 갈릴리의 유다가 일어나 백성을 꾀어 따르게 하다가 그도 망한즉 따르던 모든 사람들이 흩어졌느니라.” A.D. 6년 세금을 거둘 목적으로 유대 지방을 대상으로 호구 조사를 하자 갈릴리 사람 유다(Judas the Galilean)가 로마에 대항해 반란을 일으켰다. 그는 이스라엘의 왕은 오직 하나님이시므로 가이사에게 조공을 바치는 것은 하나님에 대한 반역이라며 백성을 선동했다. 그의 반란은 진압되어 그를 따르던 자들도 다 흩어졌다. 하지만 열심당이 그의 정신을 이어 로마에 대항했다.

“이제 내가 너희에게 말하노니 이 사람들을 상관하지 말고 버려두라 이 사상과 이 소행이 사람으로부터 났으면 무너질 것이다.” 그래서 그가 지금 말하고자 하는 것은 이 사람들에게서 손을 떼고 내버려 두라는 것이다. 만일 이 사람들의 계획이나 행동이 사람의 생각에서 나온(of human origin) 것이라면 앞서 두 경우와 마찬가지로 망할 것이기 때문이다. “만일 하나님께로부터 났으면 너희가 그들을 무너뜨릴 수 없겠고 도리어 하나님을 대적하는 자가 될까 하노라.” 그러나 이것이 하나님께로부터 온(from God) 것이라면 그들을 없앨 수 없다. 무너뜨리면 오히려 하나님을 대적하는 자가 될 수 있다는 것이다. 매우 현명한 제안이었다.

공회원들은 그의 권고를 옳게 여기고 받아들였다. 공회는 사도들을 다시 불러들이고 매질한(flogged) 다음 예수의 이름으로 말하는 것을 금하고 놓아주었다. 예수의 이름으로는 아무 말도 하지 말라는 것이다.

사도들은 예수의 이름으로 모욕당하게 된 것을 특권으로 생각하고 기뻐하면서 공회를 물러 나왔다. 그들은 날마다 성전에 있든지 이 집 저 집 다니든지 쉬지 않고 예수가 그리스도임을 가르치고 선포했다.

제 6 장

일곱 집사의 선택과 스데반의 붙잡힘

1. 일곱 집사의 선택(1-7절)

이 무렵 예루살렘의 신도들의 수가 점점 늘어났다. 헬라파 유대인들(the Grecian Jews), 곧 그리스 말을 하는 유대인들이 히브리파 유대인(the Hebraic Jews), 곧 본토 유대인을 원망하기 시작했다. 헬라파의 과부들이 매일의 구제, 곧 그날그날의 식량을 배급받을 때마다 빠지는(overlooked) 등 푸대접을 받았기 때문이다. 분배에서 제외될 때마다 공정하지 못하다 생각했을 것이다. 교회가 갈등에 휩싸이게 된 것이다.

과부의 구제문제로 나타난 두 파의 갈등은 예루살렘 교회가 초기부터 다문화, 다언어적 공동체였음을 보여준다. 일부 학자들은 두 파가 따로 예배를 드렸을 것으로 추측하기도 한다. 두 개의 공동체가 있었을 가능성이다. 히브리파 유대인은 아람어나 히브리어를 말하는 유대계 그리스도인임에 비해 헬라파 유대인들은 그리스어를 말하는 디아스포라 출신으로 예루살렘에 거주했다가 기독교를 받아들인 유대계 그리스도인을 말한다.

열두 사도가 모든 제자, 곧 신도들을 불러 놓고 말했다. “우리가 하나님의 말씀을 제쳐 놓고 접대를 일삼는 것이 마땅하지 아니하다.” 여기서 접대는 ‘상을 섬기다(serve tables)’ 는 뜻이다. 재정출납을 맡고 식탁 봉사, 곧 식량

배급하는 것을 말한다. 이런 일에 매이게 되면 하나님 말씀을 전하는 일이 지장을 받게 된다. "형제들아 너희 가운데서 성령과 지혜가 충만하여 칭찬 받는 사람 일곱을 택하라 우리가 이 일을 그들에게 맡기고 우리는 오로지 기도하는 일과 말씀 사역에 힘쓰리라."

사도들은 신자들에게 일곱 사람을 택하는 기준을 제시했다. 성령이 충만하고 지혜가 있는(full of the spirit and wisdom) 사람이어야 하며, 사람들로부터 평판이 좋아야 한다는 것이다. 이 자격은 인간적인 재능이나 실력, 재산보다는 신앙과 인간됨이 어떠냐에 달려있다. 이것은 예루살렘 교회가 조직 상 교회의 질서를 바로 세움에 있어서 획기적인 전환점을 맞았음을 의미한다. 예루살렘 교회에서 사도들은 말씀전파와 기도에 전념하고, 집사들은 분배 사역에 전념하도록 함으로써 분업적 관리 체제가 확립되기에 이른다는 점에서 획기적이다. 이 모든 사역의 중심에는 이른바 권한을 위임하고 분리해줌으로서 각자의 전문성을 살리는 임파워링(empowering) 작업이 교회 경영에 있어서 얼마나 중요한가를 보여준다.

온 무리가 이 말을 기뻐했다. 찬동한 것이다. 그리하여 믿음과 성령이 충만한(full of faith and of the Holy Spirit) 일곱 사람을 택했다. 스데반, 빌립, 브로고로, 니가노르, 디몬, 바메나, 그리고 안디옥 사람으로 유대교로 개종한 니골라였다. 스데반(Stephen)은 기독교 최초의 순교자이다. 열두 사도의 머리가 베드로인 것처럼 일곱 집사의 머리는 스데반이었다. 빌립(Philip)은 사마리아 지방을 전도하고, 에디오피아 내시에게 전도했으며, 가이사랴에 거주했다. 브로고로(Procorus)는 요한복음의 대필자로 신약의 외경인 '요한행전' 의 저자이고 니코메디아의 감독이 되었다. 안디옥에서 순교했다. 니가노르(Nicanor)는 70인 제자 중 하나였다. 디몬(Timon)은 보스트라의 감독이 되어 순교(화형)했다. 바메나(Parmenas)는 트라야누스 황제 때 빌립보에서 순교했다. 니골라(Nicolas)는 이방인으로 유대교에 입교했지만 예수를 믿게 되었다. 훗날 니골라 당(Nicolatians)을 창시했다는 견해가 있으나 확실치는 않다. 동명이인일 가능성도 있기 때문이다.

우리는 이들을 '집사(deacon)' 라 부른다. 집사는 헬라어로 '디아코노스(diakonos)' 로 '종(servant)' 또는 음식 시중을 드는 사람이라는 뜻을 가지고 있다. 일곱 집사를 세운 목적은 구제하는 일을 맡기기 위함이었다. 교회의 직분은 일의 분담이라는 차원에서 이루어진 것이지 계급적 발상에서 유래된 것이 아니다. 구제사역이 말씀과 기도사역보다 낮은 수준에 속한 것이기 때문에 집사를 세운 것은 결코 아니다. 교회의 모든 직분은 그리스도의 종 된 정신, 곧 섬김과 봉사의 정신에 기반을 두고 있다.

일곱 집사의 이름이 헬라 이름들이다. 헬라파 유대인들 중에 상당수가 사도들의 기준에 합당한 인물이 많았음을 보여준다. 교회 내 분쟁을 선히 해결하기 위한 노력도 있었을 것이다.

일곱 사람을 뽑아 사도들 앞에 세우자 사도들이 기도하고 그들에게 안수했다. 구약에서 안수는 축복할 때, 죄와 불의를 속죄한다는 의미에서 번제물과 자신을 일치시킬 때, 계승자를 세울 때 거행했다. 사도들은 계승자를 세운다는 의미로 안수하고, 그들에게 책임을 맡겼다.

그 후 하나님의 말씀이 점점 왕성해졌다. 널리 퍼진 것이다. 예루살렘 교회의 신도 수가 부쩍 늘어났다. 계속 발전한 것이다. 이것도 큰 이적 중 하나이다. 나아가 수많은 제사장의 무리도 예수를 믿게 되었다. 제사장들이, 그것도 많은 수가 그리스도인이 된 것은 처음 있는 일이다. 하나님의 강력한 역사가 아니면 불가능한 일이다. 이것은 당시 예루살렘 교회가 얼마나 부흥했는가를 보여준다.

교회 부흥의 바탕에는 일곱 집사를 택함으로써 분업체제가 성공을 거두었다는 점도 있다. 성공했다는 증거는 갈등해결로 교회에 불만이 사라지고, 교회가 날로 발전했다는 것이다. 이 배후에는 스데반을 비롯한 집사들이 제 역할을 충분히 해냈다는 증거이기도 하다. 그들에게 관리능력을 주신 이는 성령님이시다. 우리도 그들을 본받아 주어진 일을 잘 수행할 수 있는 능력을 길러야 한다.

2. 스데반이 붙잡히다(8-15절)

스데반이 하나님의 은혜와 권능이 충만하여(full of God's grace and power), 다시 말해 성령의 힘이 충만한(full of the Holy Sprit) 가운데 큰 기사와 표적을 행했다. 사도들뿐 아니라 스데반과 빌립도 기적했을 행했다(행 8:6). 그 때 '자유민들의 회당(the Synagogue of the Freedmen)' 에 소속된 구레네인과 알렉산드리아 사람들과 길리기아와 아시아에서 온 사람들이 일어나 스데반과 논쟁을 벌였다.

자유민은 로마의 포로로 잡혀갔다가 나중에 자유인이 된 디아스포라 유대인들을 가리킨다. B.C. 63년 폼페이우스에 의해 로마로 포로 되어 갔던 유대인의 후손일 가능성이 높다. 로마 황제 티베리우스가 A.D. 20년 경 로마에서 유대인을 추방할 때 노예에서 풀려난 사람들이 각 지역에 흩어져 디아스포라 유대인으로 살았다. 구레네(Cyrene)는 북아프리카 도시로 알렉산드리아와 카르타고 중간에 있다. 알렉산드리아(Alexandria)는 당시 이집트 북부 항구도시로 유대인들이 많이 살았었다. 길리기아(Cilicia)는 소아시아 남동부 지방으로 수도는 다소였다. 다소에서 바울이 태어났다. 바울도 헬라파 유대인이었다. 아시아(Asia)는 소아시아 서부지역으로 수도는 에베소였다. '자유민들의 회당'

은 구레네인, 알렉산드리아인을 위한 회당과, 길리기아인, 아시아인을 위한 회당 등을 말한다. 당시 예루살렘에는 480여 개의 회당이 있었는데, 그 가운데 여러 지방에서 온 헬라파 유대인들의 회당이 있었다.

스데반은 같은 헬라파 유대인이었지만 그리스도인이 되었다. 스데반은 그들의 회당에서 복음을 전하다가 반대자들과 변론을 하게 된 것이다. 반대자들은 지혜와 성령을 받아 말하는 스데반을 도저히 당해낼 재간이 없었다.

그래서 그들은 사람들을 매수해 "이 사람이 모세와 하나님을 모독하는 말을 하는 것을 우리가 들었노라" 며 거짓 증언을 하게 했다. 교사한 것이다. 하나님을 모독한 죄는 사형에 해당한다(신 13:6-10). 또한 백성과 원로들과 율법학자들을 선동하여 스데반을 잡아 공회로 끌어 오게 했다. 그들은 공회에서도 거짓증인들을 내세워 "이 사람은 언제나 이 거룩한 곳과 율법을 거슬러 말하고 있다. 우리는 이 사람이 나사렛 예수가 이 성전을 헐고 또 모세가 전해준 규례를 뜯어 고치겠다고 하는 말을 들었다." 말하게 했다. 사형을 내리려면 두 명 이상의 증인이 필요했다(신 17:6, 19:15). 이 때 공회 중에 앉은 사람들의 시선이 다 스데반에게 쏠렸다. 그의 얼굴은 마치 천사의 얼굴과 같았다.

일곱 집사들은 모두 사도들의 가르침을 받은 사람들이다. 그 중 스데반은 예수의 길을 그대로 따르다 순교하게 된다. 헬라파 유대인들은 예수의 말씀과 행적, 교회의 선포와 신앙을 그리스어로 번역하고, 기독교를 도시 종교로 전환시키는 데 큰 역할을 한 사람들이었다.

제7장

스데반의 설교와 그의 순교

1. 스데반의 변증 설교(1-53절)

스데반은 집사 중 첫째요, 변증자 중 첫째이며 예수님 부활하신 이후 순교자 중 최초의 인물이다. 반대자들이 거짓증인을 내세우며 공격하자 대제사장이 그에게 물었다. "이 사람들의 말이 사실이냐?" 사실이라면 중죄에 해당한다는 말이다.

이에 스데반의 변증이 시작된다. 그의 변증은 한 편의 설교이다. 성경에 능한 공회원 앞에서 행하는 이 설교는 그 어느 때보다 성격이 다르다. 사도행전 7장 전체는 스데반이 공회 앞에서의 어떻게 복음을 변증했는가를 자세히 기록하고 있다. 이것은 최초의 복음적 전도설교이자 반증과 변호를 의도한 변증학적 설교(apologia)이다. 그의 변증설교는 복음의 성경 신학적 당위성을 맨 처음 논리적으로 변호했다는 점에서 매우 의미 있다.

그의 변증은 아브라함으로부터 시작하여 야곱, 요셉, 모세, 광야교회, 다윗, 예수 사건에 이르기까지 이른바 성경신학에 입각해 있다. 사도행전 7장은 60절이라는 긴 절을 할애하며 그의 변증 설교를 소개하고 있다. 그의 설교가 얼마나 길었고, 변증에 충실했는가를 보여주는 것이다. 그의 변증 설교는 여러 부분으로 나뉘어 있다.

1) 아브라함(2-5절)

스데반은 "부형 여러분"이라 외치며 자기 말을 들어보라 했다. 그는 이스라엘 조상 아브라함 얘기부터 시작했다. 아브라함이 하란에 자리 잡기 전에 메소포타미아에 살고 있었다. 메소포타미아는 '두 강 사이에 있는 땅'이라는 뜻을 가지고 있다. 유프라테스와 티그리스 강 사이에 있는 비옥한 지역을 말한다. 그곳에 우르(Ur)가 있었다.

그 때에 영광의 하나님(God of glory, 하나님의 영광된 모습을 강조한 거룩한 이름)이 그에게 나타나셨다. 그리고 "네 고향과 친척을 떠나 내가 네게 보일 땅(내가 일러 주는 땅, 지시한 땅)으로 가라(창 12:1)." 하셨다. 아브라함이 우르에서 부르심을 받은 것이다.

그는 갈대아 지방을 떠나 하란에서 자리 잡고 살았다. 그의 아버지가 죽자 하나님께서 그를 하란에서 지금 우리가 살고 있는 이 땅으로 옮겨 주셨다. 그러나 여기서 발붙일 만한 땅(손바닥만 한 땅)도 유업으로 주지 아니하시고 다만 그와 그의 후손에게 이 땅을 소유로 주시겠다고 약속하셨다. 그 때는 아직 아브라함에게 자손이 없었던 때이다(창 17:8).

스데반은 하나님이 아브라함을 보일 땅으로 부르셨지만 그에게는 발붙일 만큼도 유업을 주지 아니하시고 다만 이 땅을 아직도 자식도 없는 저와 저희 씨에게 소유로 주신다고 약속하셨다고 말함으로써 기독교는 언약에 바탕을 둔 종교임을 말해주었다. 언약은 금방 이뤄지는 것이 아니라 하나님의 때에 이루어진다. 우리도 하나님의 약속을 바라보는 신앙을 가져야 한다.

하나님은 또 그 후손이 400년 동안 남의 땅에서 나그네이자 그 땅 사람의 종으로 학대 받게 될 것을 말씀하셨다(창 15:13). 땅에 대한 언약의 성취는 400년의 기다림이 필요하다는 말씀이다. 그 기간도 고통의 기간이다. 그러나 약속을 기다린 자에게는 언제나 소망이 있다.

하나님은 종삼은 나라를 심판하고 그들을 돌아오게 하여 여기에서 예배하게 하겠다고 하셨다(창 15:14, 출 3:12). 소망의 약속이다. 하나님의 일에는 하나님의 시간이 있다. 하나님은 이 언약의 표로서 할례 법, 곧 할례의 언약(the covenant of circumcision)을 세우셨다. 이 언약에 따라 아브라함은 이삭을 낳고 여드레 만에 할례를 베풀었다. 이삭도 자기 아들 야곱에게, 또 야곱은 자기 열 두 아들, 곧 우리 조상들에게 할례를 베풀었다. 그의 후손들이 할례를 받은 것은 하나님을 믿는 믿음의 표현이자 하나님의 백성을 나타내는 것이다. 할례를 받음으로 하나님의 언약이 확실히 이루어지리라는 믿음을 가졌고, '나는 네 하나님이 되고, 너는 내 백성이 되리라' 는 하나님의 말씀을 확신했다.

2) 요셉(9-16절)

이 선조들은 동생 요셉을 시기한 나머지 이집트에 팔아 버렸다. 그러나 하나님께서는 요셉과 함께 하셨다. 모든 어려움에서 그를 건져내셨고 은총과 지혜를 주셔서 이집트 왕 바로의 총애를 받게 하셨다. 왕은 요셉을 이집트의 총리로 세워 자기의 온 왕가를 다스리게 했다.

그 때 이집트와 가나안 온 지역에 흉년이 들어 사람들이 모두 큰 환난을 겪었다. 우리 조상들도 먹을 것이 없었다. 야곱이 이집트에 곡식 있다는 소문을 듣고 먼저 우리 조상들을 그리고 보냈다. 두 번째 다시 보냈을 때 요셉은 형제들에게 자기가 누구인지 알렸다. 그래서 요셉의 가족 관계가 바로에게 드러나게 되었다. 요셉은 사람을 보내어 아버지 야곱과 일흔 다섯이나 되는 친족을 모두 모셔 오게 했다(창 46:27, 출 1:5). 야곱이 이집트로 내려 가 거기에서 살다가 죽었고 우리 조상들도 죽을 때까지 거기에서 살았다. 그들의 유해는 세겜(Shechem)으로 운반되어 그 곳 묘지에 묻혔다. 그곳은 전에 아브라함이 세겜에서 살던 하몰 자손에게 은전을 주고 사 둔 것이다. 세겜은 에발산과 그리심 산 사이에 있는 성읍으로, 이스라엘 민족에게 중요한 종교, 정치 중심지가 되었다.

3) 모세(17-45절)

하나님은 자신의 시간에 맞게 일할 자를 세우신다. 400년이 지나 하나님의 시간이 가까워왔다. 하나님이 아브라함에게 약속하신 때가 가까워 온 것이다. 이스라엘 백성이 이집트에서 번성해 그 수도 많아졌다. 왕조가 바뀌어 요셉을 알지 못하는 새 임금이 왕위에 오르자 교활한 정책을 써서 조상들을 괴롭게 했다. 예를 들어 갓난아이들을 내버려 하나도 살아남지 못하게 한 것이다. 그때에 바로 모세가 태어났다. 그는 하나님 보시기에 아름다웠다. 하나님의 은총을 받은 귀여운 아이란 말이다. 그는 석 달 동안 그의 아버지의 집에서 자라다가 나일 강가에 버려졌다. 그러나 바로의 딸이 그를 데려다가 양자로 삼아 길렀다. 바로의 딸은 제18왕조 투트 모세 1세의 딸 핫셉수트(Hatshepsut)를 가리킨다.

스데반은 모세의 생애를 40, 40, 40으로 3등분하여 그 과정에서 하나님이 어떻게 작용하셨는가를 보여주었다.

첫 40년은 스스로 컸다고 생각하며 자만하는 모세이다. 그는 바로 왕가에서 자라면서 이집트 사람의 모든 학문을 다 배워 말과 행동이 뛰어나게 되었다. 교육을 잘 받았고, 말 못하는 모세가 아니라는 말이다.

그의 나이 사십이 되었을 때 그 형제 이스라엘 자손을 돌보아 주기로 마음먹었다. 고난 받는 동족에 대해 관심을 갖게 된 것이다. 어느 날 자기 동족 한 사람이 이집트 사람에게 원통한 일 당함, 곧 학대받는 것을 보고 이집트 사람을 죽였다. 압박받은 동족을 위해서 앙갚음을 한 것이다. 그는 적어도 그의 형제들이 하나님께서 자기의 손을 빌어 동족을 구해내려 하신다는 것을 깨달으리라고 기대했다. 그러나 그것이 아니었다.

이튿날 이스라엘 사람끼리 싸울 때에 모세가 화해시키려 했지만 오히려 모세를 떼밀며 "누가 너를 관리와 재판장으로 우리 위에 세웠느냐 어제는 이집트 사람을 죽이더니 오늘은 나를 죽일 셈이냐"며 대들었다. 동족으로부터 그 말을 들었을 때 그는 할 말을 잃었을 것이다. 그는 그 길로 도주하여 미디안 땅에 가서 살았고 거기서 아들 둘을 낳았다. 자기 힘으로 유대민족을 구해보려는 마음을 가지고 조금 행동을 취했지만 아직 하나님의 구원의 때는 이르지 아니했고, 그 또한 하나님의 종으로 준비되지 못한 것이다.

두 번째 40년은 도망자 모세이다. 그는 그 기간에 철저히 낮아졌다. 스스로 어찌 할 수 없다는 것을 알게 되었다. 40년 동안의 기다림과 그동안 철저히 낮아지게 됨은 우리도 하나님의 계획과 구원의 때를 기다려야 한다는 것을 일깨워 준다. 이 과정에서 모세 스스로 낮아진 것이 아니라 하나님이 그를 낮추셨음을 주목할 필요가 있다.

세 번째 40년은 그의 나이 80세에서 120세 사이에 해당한다. 구원의 때가 왔고, 이제 모세에게 소명을 주며, 일하게 하는 기간이다. 하나님은 그를 배척하던 동족의 생각과는 달리 해방자로 보내신 것이다. 낮아진 모세는 '나는 입술이 둔한 자' 라고 말한다. 말을 못한다는 것이다. 말 잘하는 그가 말 못한다고 하는 것은 그만큼 낮아졌음을 의미한다. 하나님의 일을 할 수 있는 자격자가 되었다는 말이다. 하나님은 말 잘하는 모세를 원치 않으신다. 하나님의 입이 되어 하나님이 그를 통해 말씀하기를 원하신다. 즉 하나님이 말씀하시기를 원하신다. 스스로 나서는 모세보다 하나님의 때에 순복하는 모세를 원하셨다. 하나님은 모세를 지도자로 세우셨다. 이제 지시할 땅을 유업으로 받기 위한 행군이 시작된다.

사십 년이 지난 어느 날 모세는 시내 산 광야 있었다. 한 천사가 가시나무 떨기 불꽃 가운데서 그에게 나타났다. 천사는 여호와의 사자로, 일반 천사가 아니라 하나님 자신의 나타나심을 가리킨다. 이 광경을 보고 깜짝 놀라 더 자세히 보려고 가까이 가는데 주님의 음성이 들려 왔다. “나는 네 조상의 하나님, 곧 아브라함과 이삭과 야곱의 하나님이라.” 이 조상들은 하나님의 언약과 관계된다. 하나님은 그들과 맺은 언약을 기억하시고 지키시는, 살아계신 하나님이시라는 말씀이다. 이 음성에 모세는 두려워서 감히 바라보지도 못했다(출 3:6, 15).

주님은 “네 발의 신을 벗으라 네가 서 있는 곳은 거룩한 땅이니라(출 3:5-10).” 이곳을 거룩한 땅(holy ground)이라 하신 것은 그 땅이 원래 거룩한 것이 아니라 지금 하나님이 이곳에 임재 하셨기 때문이다. 경건의 표시로 신을 벗도록 하셨다. “내 백성이 이집트에서 학대 받는 것을 똑똑히 보았고, 그들의 탄식 소리도 들었다. 그래서 나는 그들을 구원하려고 내려온 것이다. 이제 내가 너를 이집트로 보내리라.” ‘누가 너를 관리와 재판장으로 세웠느냐’ 거절당했던 모세였다. 하지만 하나님은 천사를 가시나무 떨기 가운데 나타나게 하시고 그의 손을 빌어 모세를 관리(their ruler, 이스라엘 백성의 지도자)와 속량하는 자(deliverer, 해방자, 구원자)로서 보내려 하신 것이다. 하나님의 때가 온 것이다. 모세는 이집트에서뿐 아니라 홍해를 건널 때, 그리고 광야 사십 년 동안 여러 놀라운 일과 기적을 행하면서 자기 백성을 이집트에서 구해냈다.

하나님이 이스라엘 자손에 대하여 ‘너희 형제 가운데서 나와 같은 선지자를 세우리라’ 하던 자가 바로 모세이다(신 18:15, 18). 그는 이스라엘이 광야 교회(the assembly in the desert)에 있었을 때 시내 산에서 말하던 그 천사와 우리 조상들 사이에 중보자가 되어 생명의 말씀을 받아 우리에게 전해 주었다. 광야교회는 이집트를 떠나 모세의 언약아래 있던 이스라엘민족, 곧 광야에 있던 이스라엘 총회를 가리킨다. '총회'를 '교회'라 한 것은 구약의 이스라엘 총회가 신약 교회에 대한 그림자이기 때문이다. 이 두 집단은 하나님의 백성이요 순례자의 삶을 산다는 특징을 가지고 있다(히 12:18-24). 하지만 이스라엘은 그의 말을 들으려 하지 않고 그를 거절했다. 그들의 마음은 도리어 이집트에 돌아가 있었다.

그들은 아론에게 "우리를 인도할 신들을 만들어 주시오. 우리를 위하여 이집트에서 우리를 인도하던 모세는 어떻게 되었는지 알지 못하노라" 했다(출 32:1). 그들은 송아지 모양의 우상을 만들어 그 우상 앞에 제사하며 자기 손으로 만든 것을 섬기며 즐거워했다. 송아지 숭배는 이스라엘이 이집트에서 배운 것이다. 소는 힘과 풍요를 상징한다.

하나님은 그들을 외면하시고 하늘의 군대(the heavenly bodies, 하늘의 해, 달, 별들)을 섬기게 내버려 두셨다(천체숭배). 선지자의 책(the book of the prophets)에 이렇게 기록된 말씀이 있다. "이스라엘의 집이여 너희가 광야에서 사십 년간 희생(희생물)과 제물을 내게 바친 일이 있었느냐? 너희는 몰록신의 장막(shrine of Molech)과 레판신의 별(star of god Rephan)을 떠메고 다녔다. 몰록은 암몬의 주신이며 아이들을 불살라 제물로 바쳤다. 밀곰, 밀감으로도 알려져 있다. 레판은 바벨론 사람들이 섬긴 토성(土星)이다. 그것들은 너희가 섬기려고 만든 우상이었다. 그러므로 나는 너희를 바벨론 저편으로 쫓아 버리리라(70인역 암 5:25-27)."

스데반은 이스라엘이 오랜 세월 동안 우상을 섬겨왔음을 신랄하게 비판했다. 이스라엘은 결국 바벨론 포로가 되었다. 스데반은 암 5:27의 '다메섹' 대신 '바벨론'을 사용하였다. 이것은 남쪽 유다가 포로로 잡혀간 것이 바벨론에 의한 것임을 염두에 두었기 때문이다.

이스라엘이 광야에 있을 때에 증거의 장막(tabernacle of the Testimony)을 곧 회막을 가지고 있었다. 그것은 모세가 하나님의 지시를 받고 만든 것이다. 하나님은 모세에게 모형을 보여 주시며 그대로 만들라고 분부하셨다. 이것은 이스라엘이 이집트에서 나올 때 하나님이 그들과 함께 계신다는 것을 상징하는 것으로 이스라엘이 옮길 때마다 함께 이동해 언제 어디서나 하나님이 그들과 함께 계심을 증거 하였다. 이스라엘이 이 장막을 물려받았다. 하나님이 여호수아 때 이방인들을 몰아내시고 그 땅을 차지하게 하자 그 장막을 그리로 가지고 들어갔고, 그것을 다윗의 시대까지 물려주었다.

4) 다윗(46-50절)

다윗이 하나님의 은혜를 받은 사람으로 야곱의 후손을 위하여 하나님의 처소, 곧 성전을 짓게 해달라고 간구했다. 하지만 성전을 지은 사람은 솔로몬이었다. 그러나 지극히 높으신 이는 사람의 손으로 지은 집(성전)에 계시지 아니하신다. 선지자는 말했다. "주께서 이르시되 하늘은 나의 보좌요 땅은 나의 발등상(발판)이니 너희가 나를 위하여 무슨 집을 짓겠으며 나의 안식할 처소가 어디냐 이 모든 것이 다 내 손으로 지은 것이 아니냐(사 66:1-2)."

다윗과 솔로몬에 이르러서 스데반은 교회를 언급했다. 솔론몬이 하나님을 위하여 성전을 지었지만 '지극히 높으신 이는 손으로 지은 곳에 계시지 아니하시나니' 라고 하였다. 솔로몬도 성전을 지은 다음 "하나님이 참으로 땅에 거하시리이까 하늘과 하늘들의 하늘이라도 주를 용납하지 못하겠거든 하물며 내가 건축한 이 성전이오리이까(왕상 8:27)." 말하기도 했다. 이방 우상들은 신당에 가두어둘 수 있지만 하나님은 그렇게 할 수 없다. 스데반이 여기에서 이것을 언급한 것은 하나님이 거할 처소를 건물 성전에 한정시키지 않았음을 강조하고자 한 것이다. 이 말은 예루살렘 성전 중심의 유대 지도자들에게는 충격적인 것이었다. 스데반의 설교는 한 마디로 유대교, 특히 성전에 대한 비판의식을 보여준다. 이것은 헬라파 유대인들이 박해를 받는 직접적인 원인이 되었다.

5) 목이 곧고 마음에 할례 받지 못한 자들에 대한 경고(51-53)

이 부분은 스데반의 결론 부분으로 바리새인에 대한 예수의 공격과 유사하다(마 23). 스데반은 성령을 거슬린 자들에게 가차 없이 고한다. "목이 곧고 마음과 귀에 할례를 받지 못한 사람들아." 여기에서 할례는 마음으로부터 교만함과 죄악을 제거해 버리는 것을 의미한다. 스데반은 그들을 향해 육체적으로 할례를 받았지만 할례를 받지 못한 이방인들처럼 율법을 거슬려 생각하고 행동하는 사람들, 이교도의 마음과 귀를 가진 이 완고한 사람들이라 했다.

"너희도 너희 조상과 같이 항상 성령을 거스리는도다." 당신들도 언제나 성령을 거역하고 있다는 것이다. "너희 조상들이 선지자들 중의 누구를 박해하지 아니하였느냐?" 조상들이 박해하지 않은 선지자가 한 사람이나 있었느냐고 묻는다. "의인(the Righteous One)이 오시리라 예고한 자들을 그들이 죽였고 이제 너희는 그 의인을 잡아 준 자요 살인한 자가 되나니." 조상들은 의로운 분이 오시리라고 예언한 사람들을 죽였지만 당신들은 바로 그 의인(예수 그리스도)을 배반하고 죽였다고 했다. "너희는 천사가 전한 율법을 받고도 지키지 아니하였도다." 그리고 당신들은 천사들에게서 하나님의 율법을 받고도 그 규례를 지키지 않았다고 선언했다.

이것은 하나님이 보낸 선지자를 보낸 죽인 조상들, 그리고 예수를 죽게 한 공의회 사람들에 대한 경고를 담고 있다. 그들은 51절의 표현대로 목이 곧고 마음과 귀에 할례를 받지 못한 사람들이다. 그들은 성령을 거슬린 사람들이다.

그들이 예수를 죽였다. 율법을 주어도 지키지 않는 그들이 메시야로 오신 예수를 질시한 나머지 죽게 했음을 당당하게 지적했고, 그들의 마음은 찔릴 수 밖에 없었다. 선지자들이 이런 말을 할 때 순교를 감수한 것처럼 그도 이미 순교를 각오했다.

2. 스데반의 순교(54-60절)

공회원들은 스데반의 말을 듣고 마음에 찔렸다. 충격을 받은 것이다. 반면 자신들의 정체를 폭로한 것에 대해 화가 치밀러 올라 이를 갈았다. 회개 대신 복수의 기회를 엿본 것이다.

그 때 스데반이 성령 충만한 가운데 하늘을 우러러 보니 하나님의 영광과 하나님 우편(the right hand of God)에 서 계신 예수님이 보였다. 그래서 그는 소리쳤다. "보라 하늘이 열리고 인자가 하나님 우편에 서신 것을 보노라." 스데반은 그 위기에 순간에 그를 지켜보고 계시는 그리스도의 환상을 보게 되었다. 하늘이 열리며 하나님 오른편에 사람의 아들(the Son of Man), 곧 예수님이 서 계신 것을 본 것이다. 하나님 우편이란 하나님의 오른 쪽을 말하는 것이 아니라 그의 위엄과 영광과 수권을 상징하는 단어다. 인자는 그리스도의 고난과 영광을 동시에 지칭하는 칭호이다.

그러자 사람들은 크게 소리를 지르며 귀를 막았다. 그리고 스데반에게 한꺼번에 달려들어 성 밖으로 끌어내고 돌로 치기 시작했다. 성 밖으로 끌어낸 것은 부정에 물들지 않기 위함이다. 율법에 여호와의 이름을 훼방하고 저주한 자는 진 밖으로 끌고 가 돌로 치도록 했다(레 24:14). 스데반이 당한 돌 처형은 유대인에게 있어서 가장 가혹한 형벌 방법으로 신성모독과 우상숭배자에게 내리는 종교적 처형방법(신13:9-10, 17:5-7)이다. 스데반의 경우 재판의 법적 절차 없이 공개처형으로 곧장 이어졌다. 원래 판결 투표와 처형에 앞서 로마총독에 양해를 구해야 하는 모든 과정을 생략하였다. 처리과정에 대해 문제가 생기면 종교문제로 인한 시민 폭동이었다고 말하려 했을 것이다.

거짓증인들은 겉옷을 벗어 사울(Saul)이라 하는 청년의 발 앞에 두었다. 그에게 옷을 맡긴 것이다. 사울이 그들의 옷을 취했다는 것은 "스데반은 죽어도 좋은 죄인이다. 내가 증인이다"는 뜻을 담고 있다. 사울은 바울의 히브리 식 이름이다. 바울은 로마식 명칭이다. 이 때 그의 나이는 29-30세쯤 되었다.

사람들이 돌로 스데반을 치자 그는 부르짖었다. "주 예수여 내 영혼을 받으시옵소서(receive my spirit)." 예수님이 "아버지여 내 영혼을 아버지 손에 부탁하나이다(눅 23:46)"라고 하신 것처럼 스데반도 자기의 마지막을 주님께 의탁하였다. 성령의 사람은 최후의 순간에도 자기를 주님께 맡긴다.

그리고 무릎을 꿇고 큰 소리로 외쳤다. "주여 이 죄를 저 사람들에게 돌리지 마옵소서(do not hold this sin against them)." 그는 죽어가면서도 자기를 향해 돌을 던지는 자를 용서했다. 이 용서는 십자가상에서 "아버지여 저희를 사하여 주옵소서 자기의 하는 것을 알지 못함이니이다(눅 23:34)"라고 하신 예수님의 용서와 닮았다. 그 용서는 도저히 용서할 수 없는 사람들을 용서했다는 점에서 위대한 용서이다. 인간적으로는 도저히 용서할 수 없는 그들을 용서할 수 있도록 만드는 분은 성령이다. 스데반은 끝까지 성령으로 충만한 인격, 성령에 의해 강력히 통제된 인격을 우리에게 보여준 위인이다.

스데반은 이 말을 남기고 눈을 감았다. 스데반은 '면류관'이라는 뜻을 가졌다. 그는 기독교 역사상 첫 번째로 순교의 면류관을 썼다. 사도행전 8장 2절은 경건한 사람들이 스데반을 장사하고 위하여 크게 울었다고 기록하였다. 스데반의 죽음은 예루살렘 교회의 큰 타격이었다. 하지만 지역 교회를 흩어 세계 교회로 만드는 데 초석이 되었다. 스데반의 순교가 오늘의 교회가 있게 했기 때문이다. 이런 점에서 하나님의 뜻과 계획은 우리가 이해할 수 있는 차원을 넘는다.

스데반의 위대한 변증설교는 여기서 막을 내리지 않는다. 교회사적으로 볼 때 스데반이 이루지 못한 변증은 바울에 의해 집대성된다. 바울은 스데반을 죽이는 데 앞장섰던 인물이다. 그는 스데반의 순교 과정을 지켜보면서 많은 것을 느꼈을 것이다. 아우구스티누스는 '만일 스데반이 그렇게 기도하지 않았다면 교회는 바울을 얻지 못했을 것이다' 라고 했다. 그만큼 영향을 주었다는 말이다.

바울은 철저히 예수님을 변증하는 인물이 되었다. 성경에 나오는 바울의 모든 서신은 예수를 그리스도로 힘 있게 증거하는 변증서이다. 스데반의 죽음으로 예루살렘 교회는 대표적인 변증자를 잃었지만 사도 바울을 태어나게 했다는 점에서 오히려 축복이 되었다. 스데반이 변증의 원형이라면 바울은 그 완성이다. 예수님은 제자들을 향해 주님을 위한 증인이 될 것을 예언하셨다. 증인이란 순교자란 뜻을 가지고 있다. 스데반이 순교자 가운데 첫 번째 인물이 되었고, 바울도 순교자가 되었다.

제 8 장

빌립의 사마리아 전도와 에티오피아 내시의 회심

1. 스데반의 장사와 사울의 교회 박해(1-3절)

사울은 스데반 죽이는 일을 당연한 것으로 여겼다. 그 날부터 예루살렘 교회는 심한 박해를 받기 시작했다. 스데반 사건으로 교회는 새로운 상황을 맞게 되었다. 유대교가 기독교를 공식적으로 박해하기 시작한 것이다. 그래서 사도들만 남고 모두 다 유대와 사마리아 여러 지방으로 흩어지게 되었다. 사마리아는 갈릴리와 유대 사이에 있는 지방이다. 스데반 사건은 이방인들을 위한 선교가 본격적으로 시작되는 계기가 되었다. 교회는 핍박을 통해서 오히려 성장한다. 사도들만 예루살렘에 남은 것은 예루살렘에 머물러 있으라는 주님의 명령 때문이었다는 주장도 있다.

경건한 몇 사람들(Godly men)이 스데반을 장사 지내고 크게 통곡하며 그의 죽음을 슬퍼하였다. 경건한 사람들이 누구인지는 밝히지 않았다. 하지만 아리마데 요셉이나 니고데모처럼 유대인으로 그리스도의 은밀한 제자가 된 사람을 가리킨다는 견해가 있다.

한편 사울은 교회 진멸 작전에 들어갔다. 교회를 쓸어버리기 위해 집집마다 돌아다니며 남녀를 가리지 않고 끌어냈다. 그리고 그들을 옥에 투옥시켰다. 당시 산헤드린은 종교적 법률을 사용하여 해롭다고 판단된 종파들을 징계할 수 있었다. 그들에게 있어서 교회는 거슬린 종파에 불과했다.

2. 빌립의 사마리아 전도와 마술사 시몬(4-13절)

예루살렘 교회에 핍박이 일자 사도 외에는 모두 유대와 사마리아 모든 땅으로 흩어지게 되었고, 그들이 각 곳에 흩어져 전도하게 되었다. 빌립은 사마리아 성에 내려가 그리스도를 백성에게 전파했다. 하나님 나라와 예수 그리스도의 복음을 전한 것이다. 그리고 병자들을 고쳤다. 성령이 강하게 역사한 것이다. 그곳 사람들이 빌립의 말과 그가 행하는 표적을 보며 한 마음으로 믿기 시작했다. 사마리아 성에 기쁨이 넘쳤다.

흩어진 사람들이 여러 지방을 두루 다니며 복음을 전했다. 빌립은 사마리아에 있는 한 성(a city)으로 가서 사람들에게 그리스도를 전파했다. 사람들이 빌립의 말도 듣고 그가 행하는 기적을 보고는 모두 한마음으로 그가 하는 말에 귀를 기울였다. '한마음으로' 는 '하나같이' '열심히' '주의 깊게(paid close attention)' 들있음을 의미한다. 많은 사람에게 붙어있던 더러운 귀신들이 크게 소리를 지르며 나갔고 또 많은 중풍병자들과 불구자들이 깨끗이 나았다. 이것을 보며 그곳 사람들 모두 기뻐하였다.

사마리아에 복음이 전파되어 예루살렘 교회와 하나 되었다. 이것은 실로 놀라운 일이다. 본래 유대인과 사마리아인은 북이스라엘이 앗수르에 의해 멸망당한 이래 인종적, 종교적, 역사적인 이유로 서로 반목했다. 그러나 이제 복음 안에서 하나 된 것이다. 복음 안에서는 인종적, 사회적, 민족적 구별을 뛰어넘어 성령과 말씀 안에서 하나 될 수 있다.

예수님은 사마리아에 대해 특별한 애정을 가지고 있었다. 주님은 사마리아의 수가라는 동네에서 사마리아 여인을 만나 영원히 목마르지 아니하는 생수가 자신으로부터 나온다는 것을 말씀해주셨고, 그 말씀을 믿은 여인이 동네에 나가 그리스도를 전함으로써 사람들이 믿기 시작했다. 주님은 강도만난 자의 비유에서도 사마리아 사람을 선한 인물로 부각시키셨다. 그리고 제자들에게 유대와 사마리아와 땅 끝까지 복음을 전하라 하셨다.

역사적으로 볼 때 사마리아와 유대는 서로 적대의식을 가지고 있었고 서로 자기의 예배가 진실하다고 주장했다. 유대는 예루살렘에서의 예배를, 사마리아는 그리심 산에서의 예배가 진짜라고 주장해왔다. 그들은 자기들의 주장을 굽히지 않고 수백 년간 싸워왔다.

하나님은 장차 이스라엘이 가나안을 정복하면 그들이 하나님께 예배할 장소를 정해 주시리라 말씀하셨다(신 12:5;16:2;26:3). 그러나 모세 오경에는 구체적인 지명에 대해 어떤 언급이 없었다. 유대인들은 역대하(6:6;7:12)와 시편(78:68)을 내세워 그곳이 예루살렘이라 주장해왔다. 하지만 오경만을 경전으로 믿는 사마리아인들은 이것을 인정하지 않았다.

사마리아 사람들은 유대인과는 달리 신명기(27:4)를 근거로 그곳이 바로 세겜 땅 그리심 산이라 믿고 주전 400년경에 이곳에 성전을 세웠다. 하지만 주전 129년경에 파괴되었다.

그 성에 전부터 마술사 시몬(Simon)이 살고 있었다. 그는 마술로 사마리아 사람들을 놀라게 하며 스스로 큰 자(위인) 행세를 하고 있었다. 순교자 유스티누스에 따르면 마술사 시몬은 사마리아 출신으로 이집트에 가서 철학과 마술를 배운 자로 '대 시몬' 이라 불리었다. 교부 테르툴리아누스는 시몬이 자신을 '지극히 높은 아버지' 라 했고, 제롬은 그가 자신을 '하나님의 대변자' 라 했다고 했다. 신분이 낮든 높든 모두 그를 따르며 '이 사람이야말로 사람들이 위대하다 일컫는 하나님의 힘이다' 라고 말할 정도였다. 사람들의 마음이 그에게 쏠린 것은 그가 오랫동안 마술로 사람들을 매혹시켰기 때문이다.

빌립이 하나님 나라와 예수 그리스도의 이름을 전하자 남자 여자 할 것 없이 모두 그의 말을 믿고 세례를 받았다. 마술사 시몬의 영향아래 있던 사람들을 개종시키는 놀라운 일이 벌어진 것이다. 그리고 마침내 시몬도 예수를 믿게 되었다. 세례를 받은 다음 그는 힘써 빌립을 따라다녔다. 많은 기적과 놀라운 일들이 일어나는 것을 보고 깜짝 놀랐다. 시몬이 세례를 받은 것은 빌립이 전한 복음에 진심으로 응답했다기보다 그가 행한 하나님의 능력에 일시적으로 놀랐기 때문이다.

3. 두 사도의 사마리아 전도 참여와 성령을 돈으로 사려한 시몬 (14-25절)

유대인과 사마리아인 사이의 적대의식은 제도나 교리로 고칠 수 없었다. 하나님은 이들이 그리스도 안에서 의견이 일치하도록 사도들이 도착하기까지 그 때를 기다리셨다. 성령이 임하시면 변할 것을 아셨기 때문이다.

예루살렘에 있는 사도들이 사마리아도 하나님의 말씀을 받아들였다는 말을 듣고 베드로와 요한을 대표로 파견했다. 예루살렘 교회가 새롭게 전개되는 전도활동과 새 신자들의 공동체를 살펴볼 책임을 가지고 있었기 때문이다. 사마리아에 요한이 온 것은 의미가 크다. 요한은 전에 엘리야처럼 하늘에서 불을 내려 사마리아를 멸망시키자고 말하던 사람이다(눅 5:54). 그런 그가 사마리아에 와서 복음으로 인해 크게 변화된 것을 눈으로 보게 된 것이다.

베드로와 요한이 사마리아 성에 도착하여 형편을 살펴본 결과 그들은 신앙고백을 했음에도 불구하고 성령은 받지 못하고 오직 세례만 받았음을 알게 되었다. 두 사도는 사마리아 사람들이 성령을 받도록 기도했다. 두 사도는 성령의 임함이 얼마나 중요한가를 말해주었을 것이다. 성령을 체험하면 얼마만큼 달라진다는 것을 그 누구보다 알았던 그들이다.

그들은 '주 예수의 이름으로' 세례는 받았다. 하지만 아직 성령은 받지 못했다. 초기에는 '주 예수의 이름으로' 세례를 주었다. 후대에는 성부, 성자, 성령의 이름으로 세례를 주었다. 예수님도 그렇게 세례를 주도록 하셨다(마 28:19).

사마리아 사람들도 성령을 사모하게 되었다. 베드로와 요한이 그들에게 손을 얹어 안수하자 성령이 임했고, 그들도 성령을 받게 되었다. 사도들이 안수했다고 해서 안수가 성령을 받기 위해 꼭 필요한 절차라고 생각해서는 안 된다. 고넬료의 경우 말씀을 듣는 중에 성령을 받았다(행 10:44). "애써 구하는 자에게 성령을 주시지 않겠느냐"(눅 11:13) 하신 말씀이 이뤄진 것이다.

이 사마리아 사건은 예수님께서 말씀하신 그대로의 성취다. 왜 그런가? 사마리아 여인과 대화할 때 주님의 말씀으로 돌아가 보자.

> "여자여 내 말을 믿으라 이 산(그리심산)에서도 말고 예루살렘에서도 말고 너희가 아버지께 예배할 때가 이르리라 [--] 아버지께 참되게 예배하는 자들은 영과 진리로 예배할 때가 오나니 곧 이 때라 아버지께서는 이렇게 자기에게 예배하는 자들을 찾으시느니라 하나님은 영이시니 예배하는 자가 영과 진리로 예배할지니라(요 4:21-24)."

주님이 말씀하신 이 때는 언제일까. 바로 사마리아에 복음이 전파되고 성령이 임할 때, 곧 하나님의 때이다. 그 때 성령은 분리된 곳을 하나로 만드시고 참된 예배, 곧 영과 진리로 예배하도록 하신다. 사마리아에 성령이 임한 이 사건의 기록은 그 날이 오리라 하신 요한복음 4장의 성취다. 주님은 오늘도 말씀하신 바를 성령을 통해 하나씩 이루어 가신다. 오늘 그 이루심을 기뻐하자. 성령의 기름 부으심을 사모하자.

시몬이 사도들이 손을 얹어 성령을 받는 것을 보고 사도들에게 돈을 내면서 말했다. "나에게도 그런 권능을 주어 내가 안수하는 사람마다 성령을 받을 수 있게 해 주십시오." 이것은 그의 믿음이 거짓이었음을 말해준다. 그는 하나님의 선물인 성령을 돈을 주고 사서 자신의 이득을 보고자 한 것이다. 이로 인해 그의 이름에서 '성직 매매'를 뜻하는 사이모니(simony)라는 단어까지 나왔다.

한국 개신교 초기에 '쌀 신자'가 있었다. 이 신자는 복음에 감동, 감화되어 그리스도인이 된 사람이 아니다. 교회를 이용해 자신의 이익을 취하고자 입교한 사람들이다. 선교사들이 운영하는 병원에서 치료를 받기 위해서나 선교사의 정치적 힘에 의지해 생명이나 재산을 보호할 목적으로 교회를 조직하고 선교사를 초빙했다. 가짜 교회를 세우고 선교사를 이용해 주민들로부터 돈을 갈취하려 한 것이다.

이에 베드로가 대답했다. "네가 하나님의 선물을 돈 주고 살줄로 생각하였으니 네 은과 네가 함께 망할 지어다." 성령은 하나님께서 임의로 거저 주시는 것이지 돈으로 살 수 있는 것이 아니다. 성령의 은사를 돈으로 사려는 것은 성령을 모독한 것으로, 이런 죄는 죽게 된다(마 12:31, 행 5:9). "하나님 앞에서 네 마음이 바르지 못하니 이 도에는 네가 관계도 없고 분깃 될 것도 없느니라."

분깃(share)은 '제비'를 뜻한다. 이스라엘 백성이 토지를 나눌 때나 전리품을 나눌 때 제비를 뽑아 그 분배할 몫을 정한 것과 연관이 있다. 시몬은 하나님 보시기에 마음이 바르지 못하므로 하나님의 은혜에 전혀 참여할 수 없다는 것이다.

"그러므로 너의 이 악함을 회개하고 주께 기도하라 혹 마음에 품은 것을 사하여 주시리라." 회개를 촉구한 것이다. 아나니아의 죄는 결코 용서받을 수 없는 것으로 선언되었다. 하지만 시몬의 경우 회개하면 용서받을 수 있는 여지를 남겨두었다. 시몬은 구원과 멸망의 중간 상태에 있는 것이다. "내가 보니 너는 악독(bitterness)이 가득하며 불의에 매인 바(captive to sin) 되었도다." 자신이 보기에 시몬은 죄에 얽매여 마음이 고약해졌기 때문에 그것부터 고쳐야 한다는 것이다. 베드로의 눈에 비친 시몬의 모습은 악에 결박되어 가련했음을 보여준다.

이에 당황한 시몬이 간청했다. "나를 위하여 주께 기도하여 말한 것이 하나도 내게 임하지 않게 하소서." 베드로가 한 말이 자신에게 미치지 않도록 기도해달라는 것이다. 사본에 따라서는 이 구절 끝에 "크게 통곡하며 슬퍼하니라"는 말이 덧붙여있다. 그렇다면 그가 진정 회개했을까? 순교자 유스티누스에 따르면 마술사 시몬은 영지주의 교사로, 베드로를 반대하여 로마에까지 따라가 그를 비방했다. 그 후 로마에서 시몬교를 창시하였다. 이것은 그가 회개하지 않았음을 보여준다.

두 사도가 주의 말씀을 전하며 증언한 뒤 예루살렘으로 돌아갔다. 그리고 가는 길에 사마리아인의 여러 마을에서도 복음을 전파했다. 유대인이면 누구나 접촉하기를 꺼려한 사마리아인들에게 담대히 복음을 전하는 두 사도의 모습을 생각해보라. 성령을 받으면 이처럼 달라진다. 성령의 능력이 임하지 않으면 불가능한 일이다.

4. 에티오피아 내시의 회심(26-40절)

그 때 주의 사자가 빌립에게 나타나 말했다. "여기를 떠나 예루살렘에서 가자로 내려가는 남쪽 길로 가라." 이것은 빌립이 하나님의 인도하심을 받았다는 것을 의미한다. 그 길은 인적이 없는 광야 길이었다. 가서 에티오피아 사람 하나를 만났다. 그는 에티오피아 여왕 간다게의 내시(eunuch)로 그 여왕의 모든 재정을 관리하는 고관이었다. 에티오피아는 구스 족속의 후손이 세운 나라이다(사 11:11). 구약에는 '스바' 로도 알려져 있다.

간다게(Candace)는 개인의 이름이 아니라 메로에 왕국의 왕 칭호이다. 내시는 궁내 대신으로 국고를 책임지고 있었다. 예배하러 예루살렘에 왔다가 돌아가는 길이었다. 유대 율법에 고자는 예배에 참석할 수 없었다(신 23:1). 따라서 그는 하나님을 경외하는 이방인으로 이스라엘의 큰 절기를 맞아 순례 차 온 것으로 간주된다. 그는 마차(his chariot)에 앉아 선지자 이사야의 글을 읽고 있었다.

그 때 성령이 빌립에게 그 마차에 가까이 나아가라 하셨다. 빌립이 달려가 보니 그는 선지자 이사야의 글을 읽고 있었다. 빌립은 그를 향해 물었다. "지금 읽으시는 것의 뜻을 아시겠습니까?" 그러자 지도해 주는 사람이 없으니 어찌 깨달을 수 있느냐 하였다. 설명이 필요하다는 것이다. 말씀을 깨닫고자 한 그의 열망이 얼마나 큰가를 보여준다. 내시는 빌립을 향해 올라와 곁에 앉으라 했다. 이제 성경공부 시간이 되었다.

그가 읽던 성경 구절은 다음과 같았다. "그가 도살자에게로 가는 양과 같이 끌려갔고 털 깎는 자 앞에 있는 어린 양이 조용함과 같이 그의 입을 열지 아니하였도다(사 53:7-8)." 도살장으로 끌려가는 양처럼 털 깎는 자 앞에서 잠잠한 어린 양, 그는 바로 예수 그리스도다. 고난의 종에 관한 이사야의 예언이다.

"그가 굴욕을 당했을 때 공정한 재판도 받지 못하였으니 누가 그의 세대를 말하리요 그의 생명이 땅에서 빼앗김이로다." 예수님은 정당한 재판을 받지 못하고 굴욕만 당하셨다. 왜 공정한 재판을 받지 못했는가(deprived of justice)? 공회는 낮에 모여 죄의 유무를 자세히 따지는 것이 관례다. 그런데 예수님은 밤에 재판을 받으셨다. 재판이 아니라 굴욕을 줄뿐이었다. 이것은 예수가 받은 재판이 불법이었음을 단적으로 보여준다. 그가 굴욕을 당하고 억울한 판결을 받아 세상에서 그의 생명을 빼앗겼으니 누가 그 세대의 악함을 말로 다 표현할 수 있겠는가.

내시는 빌립에게 물었다. "선지자가 이 말한 것이 누구를 두고 한 말인가? 자기를 두고 한 말인가? 다른 사람을 두고 한 말인가?" 빌립은 이 성경 말씀을 비롯하여 여러 가지 말씀을 풀어 예수에 관한 복음을 전했다.

그들이 같이 길을 가다가 물 있는 곳에 이르자 내시가 말했다. "보라 물이 있으니 내가 세례를 받음에 무슨 거리낌이 있느냐?" 지금 여기서 세례를 받겠다는 것이다. 이어지는 37절은 '없다' 고 되어 있다.

하지만 어떤 사본에는 37절에 다음과 같은 말이 있다. 빌립이 "당신이 마음을 다하여 믿는다면 세례를 받을 수 있습니다."라고 하자 내시가 "예수 그리스도가 하나님의 아들이심을 내가 믿습니다." 고백했다는 것이다. 신앙고백을 하자 세례 받음을 주저할 이유가 없다. 내시는 마차를 멈추게 하고 빌립과 함께 물로 내려갔다. 빌립은 그에게 세례를 주었다.

이것은 초대교회 시대에 세례절차를 엿볼 수 있는 대목이다. 내시는 에티오피아 사람으로는 처음으로 세례를 받고 하나님의 교회에 참여하는 자가 되었다. 이것은 또한 빌립이 성령의 이끄심을 받아 효과적으로 쓰임 받는 종이 되었음을 보여준다.

율법에 따르면 내시는 하나님의 백성이 될 수 없었다. 그러나 이사야 56:3-8에는 메시야 시대에 그들도 구원을 얻을 것이라 예언되어 있다. 그러므로 내시의 구원은 예언의 성취이다. "구스인은 하나님을 향하여 그 손을 신속히 들리로다(시 68:31)." 내시의 구원은 마술사 시몬의 경우와 극명하게 비교된다.

그들이 물에서 올라오자 주의 영이 빌립을 어디론가 이끌어가셨다. 사역만

하고 가도록 한 것이다. 내시는 그를 볼 수는 없었지만 기쁨으로 갈 길을 갔다. 그 뒤 빌립은 아스돗(Azotus)에 나타나 여러 동네를 다니며 복음을 전하다가 마침내 가이사랴에 이르렀다.

제9장

사울의 회심과 베드로의 치유사역

1. 다메섹 도상에서 사울에게 나타나신 예수님(1-9절)

제9장은 역사적으로 중요한 사울의 회심 과정을 기록하고 있다. 사울은 스데반이 죽은 뒤에도 여전히 살기가 등등했다. 그는 주의 제자들을 위협하기 위해 대제사장을 찾아갔다. 가야바를 찾아갔을 것이다. 그는 다마스쿠스(Damas-cus)에 있는 여러 회당에 보내는 공문(letters)을 요청했다. 예수를 믿는 사람은 남녀 할 것 없이 결박해 예루살렘으로 잡아오려는 것이었다. 다마스쿠스는 헬라가 세계를 제패하기 전 수리아(아람)의 수도로, 세계에서 가장 오래 된 도시들 중 하나였다.

사울은 길리기아(Cilicia) 다소(Tarsus) 출신으로 정통적인 유대 가문에서 엄격한 율법교육을 받으며 성장했다. 예루살렘뿐 아니라 그리스도인이 있는 곳이면 어디든 쫓아가 잡아들이려 한 것은 유대교에 대한 그의 열심을 보여준다.

사울이 길을 떠나 다메섹 가까이 이르렀을 때 갑자기 하늘에서 빛(a light from heaven)이 번쩍이며 그를 둘러 환히 비추었다. 훗날 바울은 이 빛을 하나님의 계시의 빛으로 '예수 그리스도의 얼굴에 있는 하나님의 영광을 아는 빛(고후 4:6)'이라 했다. 태양보다 더 밝은 빛을 보자 그는 자신이 하나님 면전에 서 있음을 깨달았다. 그가 땅에 엎드러지자 음성이 들려 왔다. "사울아,

사울아, 네가 왜 나를 박해하느냐?" 사울은 "주여 누구십니까?" 물었다. '주(Kyrie, Lord)' 는 단순한 존칭이 아니라 하나님께 적용되는 존칭이다. 주님은 "나는 네가 박해하는 예수다" 라고 하셨다. 그리고 "너는 일어나 시내로 들어가라 네가 행할 것을 네게 일러 줄 사람이 있느니라." 하셨다.

사울과 동행하던 사람들도 그 음성을 들었다. 다른 사람도 이 음성을 들었다는 것은 단지 환상이 아니라 주님과의 실제적인 만남이었음을 보여준다. 하지만 눈에는 아무것도 보이지 않아 아무 말도 못하고 서 있을 수밖에 없었다. 사울은 땅에서 일어났다. 눈은 떴지만 앞이 보이지 않았다. 사람들이 그의 손을 끌고 다마스쿠스로 들어갔다. 그는 사흘 동안 앞을 못 보고 먹지도 않고 마시지도 않았다.

2. 사울에게 세례를 베푼 아나니아(9-18절)

그 때 다마스쿠스에 아나니아(Ananias)라 하는 제자가 살고 있었다. 아나니아는 '하나님은 은혜로우시다' 는 뜻을 가지고 있다. 주께서 환상 중에 그를 부르셨다. "아나니아야." "주여, 내가 여기 있나이다. 말씀하옵소서." 주님은 "일어나 직가(直街, straight street)라 하는 거리로 가서 유다의 집에서 다소 사람 사울이라 하는 사람을 찾으라 그가 기도하는 중이니라." 하셨다. 직가는 '곧은 거리' 라는 뜻으로, 다마스쿠스를 동서로 꿰뚫는 길고 곧은 길 이름이다. (이 거리는 지금도 아나니아의 무덤과 함께 남아있다.) 그곳에 있는 유다의 집에 가서 사울을 찾으라는 것이다. "그가 아나니아라 하는 사람이 들어와서 자기에게 안수하여 다시 보게 하는 것을 보았느니라." 그가 기도하는 중에 환상으로 보여주었기 때문에 기다리고 있다는 말씀이다.

이에 아나니아가 놀라 대답했다. "주여 이 사람에 대하여 내가 여러 사람에게 듣사온 즉 그가 예루살렘에서 주의 성도에게 적지 않은 해를 끼쳤다 하더니 여기서도 주의 이름을 부르는 모든 사람을 결박할 권한을 대제사장들에게서 받았나이다." 그도 사울에 대한 여러 소문(many reports)을 익히 듣고 있었다는 말이다. 더욱이 예수를 믿는 사람들을 잡아갈 권한을 가지고 왔으니 두렵지 않을 수 없다.

그 때 주님은 아주 놀라운 말씀을 하셨다. "가라 이 사람은 내 이름을 이방인과 임금들과 이스라엘 자손들에게 전하기 위하여 택한 나의 그릇이라." 사울은 이방인과 여러 왕들과 이스라엘 백성들에게 널리 복음을 전하기 위해 주님이 '택한 그릇(my chosen instrument)' 이라는 것이다. "그가 내 이름을 위하여 얼마나 고난을 받아야 할 것을 내가 그에게 보이리라." 앞으로 그가 주님을 위해 많은 고난을 받게 될 것도 예고하셨다. 그러니 두려워말고 가라는 것이다.

아나니아가 주님의 말씀을 듣고 그 집을 찾아가 그에게 안수하며 말했다. "형제 사울이어. 나는 주의 보내심을 받고 이곳에 왔습니다." 그는 사울을 향해 형제라 불렀다. 형제는 '아델포스(adelphos)' 로 '델포스' 는 '자궁' 이라는 뜻을 가지고 있다. 같은 어머니에서 태어난 친 형제로 생각해 부르는 것이다. 이제 영적인 가족으로 그를 대한 것이다. 그는 그동안 사울에 대해 편견을 가지고 있었다. 해치는 자로 보았다. 하지만 주님에게 있어서 사울은 이방인을 위해 택한 그릇이었다. 주님이 말씀하실 때 나의 고집과 편견을 과감히 버려야 한다.

"그분은 당신이 여기 오는 길에 나타나셨던 예수님이십니다. 그분이 나를 보내시며 당신의 눈을 뜨게 하고 성령을 가득히 받게 하라고 분부하셨습니다." 눈을 뜨게 하는 것은 물론 성령으로 충만하게 하신다는 것이다. 변화는 하나님으로부터 시작된다.

그러자 즉시 사울의 눈에서 비늘(scales) 같은 것이 떨어지면서 다시 보게 되었다. 성령의 능력이 나타난 것이다. 더 이상 무엇을 주저하랴. 그는 그 자리에서 일어나 세례를 받았다. 예수님이 주님이심을 고백하는 자를 잡아가 둔 자가 예수님이 주님이심을 고백하는 자가 되었다. 그리고 음식을 먹고 기운을 회복하였다. 예수님은 강권적으로 사울을 사로잡았다. 사울은 자의로 예수의 사람이 된 것이 아니라 주님께 강권적으로 붙잡힌바 되었다. 그 붙잡힘이 그에게는 놀라운 은혜였다. 직가에서 일어난 이 사건은 사울의 삶을 완전히 바꾼 계기가 되었다. 직가는 똑바른 길이다. 즉각적이고 올바르게 순종의 길로 나서야 한다는 것을 상징적으로 보여준다. 우리도 주님이 만나 주시는 자리로 나가야 한다. 그리고 우리에게 주신 사명을 다해야 한다.

2. 사울의 다마스쿠스 회당 전도(19-22절)

음식을 먹자 사울은 곧 힘을 되찾게 되었다. 회심한 사울은 며칠 동안 다메섹에 있는 제자들, 곧 예수를 믿는 성도들과 함께 지냈다. '며칠' 이 얼마인지는 확실하지 않다. 하지만 그들과 함께 하면서 영적 교류를 충분히 했을 것이다. 그 다음 '즉시로' 다마스쿠스에 있는 각 회당을 찾아가 예수가 하나님의 아들이심을 전파했다.

사울이 복음을 전하자 듣는 사람이 다 놀라 말했다. "저 사람은 예루살렘에서 예수를 이름을 부르는 사람을 멸하려던 자가 아니냐 여기 온 것도 그들을 결박하여 대제사장들에게 끌어가고자 함이 아니냐." 이해할 수 없다는 말이다. '놀라다' 는 것은 충격을 받아 미칠 지경이 되었다는 뜻이다.

그러나 사울은 더 힘 있게 전도하며 '예수가 그리스도다' 증거 했다. '힘을 더 얻어' 는 얻고 더 얻었다는 말이다. 위로부터 오는 능력으로 더 힘을 얻게 되었다. 그의 메시지는 다메섹에 사는 유대인들을 당혹하게 만들었다(baffled).

누가는 여기서 사울이 '며칠 동안' 다마스쿠스 제자들과 함께 했고, 그 '즉시로(20절)' 전도했다고 했다. 그러나 바울은 갈라디아서 1:11-24에서 다마스쿠스 도상에서 회심을 경험한 뒤 아라비아로 가서 3년을 지난 후 다시 다마스쿠스로 돌아왔으며 그 후 예루살렘을 방문했다고 했다. 누가는 여기서 바울의 아라비아 방문 사실을 생략했다. 어떤 이는 사도행전 9:23의 '며칠'을 아라비아에서 지낸 3년을 의미하는 것으로 해석하기도 한다. 이 3년 동안 그는 기도하며 하나님을 만나는 깊은 침묵의 시간을 가졌을 것이다. 또한 구약과 함께 예수의 가르침에 대해 깊이 연구했을 것이다. 우리 삶에도 아라비아 광야가 필요하다.

3. 사울을 죽이려 한 다마스쿠스 유대인과 사울의 피신(23-25절)

그 뒤 여러 날이 지나자 유대인들이 사울을 죽일 모의를 했다(conspired). 그 음모가 사울에게도 알려졌다. 유대인들은 사울을 죽이고자 밤낮을 가리지 않고 사방의 성문을 지키고 있었다. 그래서 그의 제자들이 어느 날 밤을 틈타 사울을 광주리에 담아 성벽 창(an opening in the wall)에서 달아 내렸다.

갈라디아서의 말씀을 따라 재구성한다면 이 사건은 바울이 아라비아에 있다 다마스쿠스로 돌아오자마자 유대인들이 그를 죽이려 한 것으로 보인다. 그를 붙잡기 위해 아레다(Aretas) 왕의 방백들이 성문을 밤낮으로 지켰다(고후 11:32). 아레다 왕은 당시 나바티아(the Nabateans)로 통하던 아라비아의 왕으로 다마스쿠스를 통치했다. 바울은 그의 동료들의 도움으로 성벽 쪽에 나있는 창을 통해 탈출할 수 있었다. 광주리를 타고 위험을 모면한 예로 다윗(삼상 19:12)과 여리고성 정탐꾼들(수 2:15)이 있다.

4. 사울이 예루살렘에 가다(26-31절)

그 뒤 사울은 예루살렘으로 올라가 제자, 곧 예수를 믿는 사람들과 사귀고 싶어 했다. 하지만 그들은 사울이 개종한 것을 믿으려 하지 않고 모두 그를 무서워하였다. 그 때 사울은 바나바를 알게 된다. 바나바도 여러 목격자들로부터 사울에 관한 얘기를 들었다. 바나바는 사울을 데리고 사도들을 찾아가 그가 다마스쿠스 도상에서 어떻게 주님을 뵙고 주님의 말씀을 들은 것과 다마스쿠스에서 예수의 이름으로 대담하게 전도한 일들을 낱낱이 설명해 주었다. 바나바가 중재자가 된 것이다.

그 때부터 사울은 예루살렘에서 제자들과 함께 지냈다. 갈라디아서 1:17-19에 따르면 사울은 아라비아에서 3년 있은 후 다마스쿠스로 돌아와 예루살렘을 방문하게 된다. 3년만의 방문이다. (이것을 바울이 회심한 후의 1차 예루살렘 방문이라 한다.) 15일간 베드로와 함께 있으면서 야고보를 만났다.

그는 자유로이 다니면서 예수님의 이름으로 대담하게 전도했다. 그리고 헬라파 유대인들과 함께 예수에 대해 말하며 변론했다(debated). 헬라파는 원래 변론을 좋아했고, 사울 역시 헬라파 유대인이라 변론에 능했다. 그러자 그 사람들은 사울을 죽이려고 했다. 논쟁에서 사울을 이길 수 없자 그냥 놔둘 수 없다며 죽이려 한 것이다. 그 사실을 안 교우들은 그를 항구도시 가이사랴로 데리고 내려가서 그곳에서 다시 그의 고향 다소로 보냈다. 육로와 해로 모두 가능하지만 해로를 택한 것으로 보인다. 다소는 길리기아의 수도이자 문학과 철학으로 유명해 학자들이 많이 배출된 곳이다.

그러는 동안 유대와 갈릴리와 사마리아 온 지방에 선 교회가 안정되고 든든히 서 갔다. 흩어진 각 교회들이 견고히 서간 것이다. 여기서 누가는 교회들을 '교회(ekklesia),' 곧 단수명사로 사용했다. 여러 지역에 흩어져 있지만 주 안에서 하나의 유기체로 연합해 있음을 말해준다. 이 때는 교회가 일시적으로 평온했다. 갈리굴라 황제가 예루살렘 성전에 자신의 신상을 세우려 하자 유대인들이 그것을 반대하느라 그리스도인들에게 관심을 두지 않았기 때문이다. 그러는 가운데 교회는 주를 경외하며(the fear of the Lord) 살아가는 가운데 성령의 위로를 받아(encouraged by the Holy Spirit) 그 수가 더욱 많아졌다. 교회의 발전은 주를 경외함과 성령의 위로에 있다. 고난 가운데 오직 주님을 바라볼 때 교회는 발전한다.

5. 베드로가 애니아의 병을 고치다(32-35절)

그 때 베드로가 여러 지방을 두루 다니다가 룻다(Lydda)에 가서 그곳에 사는 성도들을 방문하게 되었다. 예루살렘을 떠나 이방 사람들에게 간 것이다. 룻다는 욥바 동쪽에 있는 곳으로, 구약에서는 '롯' 이라 불렀다. 그곳에는 8년 동안이나 중풍병으로 자리에 누워있는 애니아(Aeneas)라 하는 사람이 있었다. 애니아는 헬라식 이름으로 '칭찬 받는 사람' 이라는 뜻을 가지고 있다.

베드로는 그를 보고 명령했다. "애니아야, 예수 그리스도께서 너를 낫게 하시니 일어나 네 자리를 정돈하라." 주님께서 병을 고쳐 주셨으니 자리를 걷고 일어나라는 것이다. 그러자 애니아가 벌떡 일어났다. 이것을 보고 룻다와 사론(Sharon)에 사는 사람들이 다 주께 돌아와 믿음 생활을 하게 되었다. 샤론은 항구도시 욥바에서 가이사랴에 이르는 비옥한 평원을 말한다. 아름다운 꽃밭으로 유명하다. 이 사건은 사울의 회심과 마찬가지로 이방에 복음을 전파하는 주춧돌이 되었다.

6. 베드로가 다비다를 살리다(36-43절)

한편 욥바에 다비다(Tabitha)라 하는 여제자가 살고 있었다. 그 이름은 헬라어로 '도르가(Dorcas)'로 아름다운 눈을 가진 사슴이라는 뜻을 가지고 있다. 다비다는 히브리어 이름이다. 그녀는 선행과 구제사업을 많이 한 사람이었다. 그 무렵 병이 들어 죽자 그 시신을 깨끗이 씻어 다락방, 곧 이층 방에 눕혀 놓았다. 당시 장례를 치르기 위해 죽은 사람의 몸을 씻고, 장례 치르기 전까지 다락에 놓는 일은 관습이었다. 예루살렘 안에서 사람이 죽었을 경우 당일에 장례를 치러야 하지만 예루살렘 밖에서는 3일장을 치러도 되었다.

룻다가 욥바에서 가까운 곳이어서 베드로가 욥바에 있다는 말을 들은 신도들이 그에게 두 사람을 보내 지체 말고 와 달라 청했다. 베드로는 곧 그들을 따라 나섰다. 베드로가 욥바에 이르자 사람들이 그를 다락방으로 안내하였다. 그러자 과부들이 모두 베드로에게 몰려와 울며 도르가가 살아 있을 때에 그들을 위해 만들어 준 속옷과 겉옷을 보여 주었다. 여기서 과부들은 다비다의 은혜를 입었던 여인들을 말한다. 다비다는 이들을 위해 속옷과 겉옷을 지어주었다. 속옷은 통으로 짜서 입는 옷이다. 그가 과부들을 돌보아주었다는 것은 과부를 불쌍히 여기는 하나님의 마음을 닮았다는 것을 보여준다. 귀감이 되는 인물임이 드러난다.

베드로가 사람을 방에서 다 내보냈다. 그리고 무릎을 꿇고 기도했다. 온전히 주님의 능력을 의지하기 위함이다. 기도한 뒤 그는 시체 쪽으로 돌아서며 큰 소리로 외쳤다. "다비다야 일어나라." 그러자 다비다가 눈을 뜨고 베드로를 바라보며 일어나 앉았다. 베드로가 그 여인의 손을 잡아 일으켜 세웠다. 그리고 성도들과 과부들을 불러 들여 다시 살아난 도르가를 보여 주었다. 이 모습은 과거 예수님이 기적을 행하신 것과 매우 유사하다는 특징을 가지고 있다.

이 소문이 온 욥바에 알려지자 많은 사람이 주를 믿게 되었다. 그 뒤 베드로는 한동안 욥바에 있으면서 무두장이 시몬(Simon)의 집에 머물러 있었다. 무두장이(tanner)는 가죽제품을 만드는 사람, 곧 동물의 가죽을 벗겨 파는 사람을 말한다. 무두장이는 죽은 동물의 가죽을 다루며 부정한 동물을 상대하는 직업이라 시몬은 사람들로부터 멸시를 당했다. 그럼에도 불구하고 베드로가 무두장이 집에 머물렀다는 것은 당시의 관습을 깨는 것으로 놀라운 일이 아닐 수 없다. 베드로는 믿음으로 유대인의 편견, 곧 유대주의적 율법을 극복하고 이방 선교의 길에 섰음을 보여준다.

제10장

기도 응답을 받은 백부장 고넬료

1. 고넬료가 본 환상(1-8절)

누가는 제10장을 통해 한 이방인의 회심 사건을 기록하고 있다. 이 사건은 하나님의 전적 개입을 통해 이루어졌고, 나아가 차별의식을 가진 유대 신자들의 편견을 깨우쳐 주셨다는 점에서 의미가 있다.

가이사랴에 고넬료(Cornelius)라 하는 사람이 있었다. 그는 그곳에 주둔하고 있던 로마 군부대의 백부장이었다. 고넬료라는 이름은 그 당시로부터 약 100년 전 코르넬리우스 술라(Cornelius Sulla)라는 사람이 만 명의 노예를 해방시킨 적이 있어 그 후로 이 이름을 따는 일이 많았다. 고넬료의 이름도 그 유래를 딴 것으로 생각된다.

당시 가이사랴는 팔레스타인에 대한 로마 통치의 중심지였다. 로마의 군대를 누가는 '이탈리아 부대' 라고 표현하고 있다. 당시 1개 부대는 1개 군단의 10분의 1로서 약 600명으로 추산되고 있다. 그는 이 부대에서 백부장의 지위에 있었다.

그는 경건한 사람이어서 온 가족과 함께 하나님을 경외하며 유대인들에게 많은 자선을 베풀고 하나님께 늘 기도했다. 그는 유대교로 완전히 개종한 사람은 아니었지만 여호와 하나님이 참 하나님인 것을 알고 구약의 가르침을 따르던 사람이었다. 당시 이방인들 가운데는 이처럼 하나님을 믿고 따르며 몇 가지 규례들을 자신의 것으로 삼기도 한 사람들이 있었다. 고넬료도 이 부류에 속하지만 남다른 데가 있었다. 누가는 그 점을 특히 지적하고자 했다. 복음을 맨 처음 받아들인 이방사람이 하나님을 경외하는 사람이었다는 것은 매우 중요하다. '늘' 기도했다는 것은 그는 '규칙적으로' 기도했음을 말한다. 습관적으로 기도한 것이다. 습관은 때로 지적을 당하지만 기도하는 습관은 칭찬받을 일이다.

하루는 제9시, 곧 오늘의 오후 3시쯤 되어 환상 중에 하나님의 사자가 집에 들어와 "고넬료야" 부르는 것을 보았다. 제9시는 유대인들이 기도하는 시간이다. 그는 기도하는 중에 천사를 보게 되었다.

천사를 본 고넬료가 두려워하며 "주여 무슨 일이니이까?" 물었다. 천사는 "네 기도와 구제가 하나님 앞에 상달되어 기억하신 바가 되었다" 했다. 이것은 기도만 상달되는 것이 아니라 구제 등 우리의 행위 모두가 상달 대상임을 알 수 있다. 구제는 자기 집이나 자기 교회만 잘 되면 된다는 사고를 벗어난다. 이 일로 그의 가정은 하나님이 기억하는 가정, 하나님이 인정하는 가정이 되었다. 그리고 "지금 사람들을 욥바에 보내어 베드로라 하는 시몬을 청하라" 했다. 그리고 베드로가 해변에 있는 무두장이 시몬의 집에 머물고 있다는 것도 가르쳐 주었다.

천사가 이 말을 남기고 사라지자 고넬료는 하인 두 사람과 경건한 병사 하나를 불러서 이 모든 일을 말해 준 다음 욥바로 보냈다. 그는 자기 집 식구들만 경건한 생활을 하도록 했을 뿐 아니라 자기집 하인과 부하들까지도 하나님을 경외하도록 했다. 이것은 그가 얼마나 모범적인 신앙생활을 했는가를 보여주고 있다.

2. 베드로가 본 환상(9-23절)

이튿날 그들이 길을 가다가 욥바 가까이 갔다. 그 때에 베드로가 기도하려고 옥상에 올라갔다. 근동 지방의 집들은 평평한 지붕으로 되어 있어 휴식과 기도에 적합했다. 때는 제6시, 곧 낮 12시였다. 베드로가 시장기가 들어 무엇을 좀 먹고자 하니 사람들이 점심 준비에 들어갔다. 그 때 베드로는 황홀한 가운데 환상을 보았다. 고넬료가 환상을 본 것처럼 베드로도 기도 시간에 환상을 본 것이다. 성령의 특별한 방법으로 환상을 본 것이다. 이것은 하나님께서 이방 전도에 특별히 관여하셨음을 보여준다.

하늘이 열리며 큰 보자기(a large sheet) 같은 한 그릇이 네 귀퉁이(its four corners)에 끈이 달려 땅으로 내려오는 것이 보였다. 점심때의 식욕을 통해 하나님이 베드로에게 자기의 뜻을 나타내고 계신다. 네 귀퉁이에 끈이 달린 것은 유대인과 이방인 구별 없이 전 세계 모든 백성이 복음에 참예하는 것을 가리킨다. 그 안에는 땅에 있는 각종 네 발 가진 짐승과 기어 다니는 짐승과 하늘의 날짐승이 들어있었다. 여기에 언급된 짐승들은 율법에서 불결하다고 규정된 것들이다. 구약시대에 음식물을 정결한 것과 부정한 것으로 구별한 것은 이스라엘과 이방인과의 구별을 확실히 하기 위함이었다.

그 때 음성이 들려왔다. "베드로야, 일어나 잡아먹어라." 이에 베드로가 "주여, 그럴 수 없나이다. 저는 속되고 깨끗하지 아니한 것을 결코 먹지 않았습니다." 라고 대답했다. 베드로도 유대인이기 때문에 불결한 짐승을 먹을 수 없다는 것을 잘 안다. 그래서 단호하게 거절한 것이다. 예수님은 이미 음식에 관한 율법을 폐지할 수 있는 근거를 제공하셨다(마 15:11, 히 9:10, 7:12). 예수님의 가르침(막 7:19)에도 불구하고 낡은 관습을 버리지 못한 것이다.

그러자 "하나님께서 깨끗하게 하신 것을 네가 속되다 하지 말라"는 음성이

다시 들려왔다. 베드로에게 음식물을 구별하지 않도록 하신 것은 민족적인 구별을 폐하셨음을 말해준다. 하나님이 깨끗하게 하신 음식을 불결하다고 할 수 없듯 복음의 시대에 믿음으로 깨끗함을 받은 이방 사람들을 불결하다고 말할 수 없다. 이런 일이 세 번 있은 후 그 그릇이 곧 하늘로 올려져갔다.

베드로가 그 환상이 무슨 뜻인지 속으로 의아해 하고 있던 차에 마침 고넬료가 보낸 사람들이 시몬의 집을 찾아왔다. 그들은 문 밖에 서서 사람을 불러내 물었다. "베드로라는 시몬이 여기에 머물러 있는가?" 베드로가 평정한 정신상태로 돌아와 환상의 뜻을 파악하고자 고민하고 있을 때 마침 고넬료가 보낸 사람들을 통해 해결의 열쇠를 찾게 된다.

베드로가 아직도 그 환상에 대하여 생각하고 있을 때 성령께서 그에게 말씀하셨다. "두 사람이 너를 찾으니 일어나 내려가라. 의심하지 말고 그들과 함께 가라. 내가 그들을 보내었느니라." 예수님은 공생애중 제자들에게 '너희는 가서 모든 족속으로 제자를 삼으라(마 28:19).' 하셨다. 그럼에도 불구하고 이 명령이 아직 잘 지켜지지 않음을 알 수 있다.

베드로가 내려가 그 사람들을 보고 물었다. "당신들이 찾고 있는 사람이 바로 나요. 무슨 일로 왔습니까?" 그들은 "백부장 고넬료의 심부름으로 왔습니다. 그는 의인이요 하나님을 경외하는 사람입니다. 모든 유대인에게 존경을 받고 있습니다. 그가 거룩한 천사로부터 당신을 그 집으로 모셔다가 말씀을 들으라는 지시를 받고 우리를 보낸 것입니다." 라고 대답했다. 고넬료의 하인과 부하 모두 그의 성품에 감동하고 있음을 보여준다. 더구나 천사의 지시를 따른 것 아니겠는가.

베드로는 그들을 맞아들여 그 날 밤을 그곳에서 묵게 했다. 베드로는 이방인과 교제하는 것이 율법을 어기는 일인 줄 알면서도 자기를 찾아온 사람들을 멀리 하지 않고 흔쾌히 받아들였다. 환상의 의미를 깨달은 것이다. 이튿날 베드로는 일어나 그들과 함께 길을 떠났다. 갈 때 욥바의 몇몇 형제들도 함께 갔다. 이들은 6명이고(행 11:12), 모두 할례 받은 유대 신자들이었다(행 10:45).

3. 베드로와 고넬료의 만남(24-33절)

그 다음 날 베드로가 가이사랴에 도착하자 고넬료가 그의 친척과 가까운 친구들을 모아 베드로 일행을 기다리고 있었다. 고넬료는 베드로에게서 구원의 말씀을 듣게 되리라는 것을 천사로부터 계시 받았기 때문에(행 11:14) 자신만 이 귀한 기회를 친척 및 친구들과 함께 하고자 한 것이다. 자기뿐 아니라 자기 식구, 종들, 부하들, 친구들 모두 구원이 필요하기 때문이다.

마침 베드로가 들어올 때에 고넬료가 마중을 나가 그 앞에 무릎을 꿇고 절했다. 베드로를 하나님이 보낸 사람으로 알고 정중하게 존경과 겸손의 표시를 한 것이다. 그러자 베드로가 그를 일으켜 세우며 말했다. "일어나십시오. 저도 역시 사람입니다." 베드로는 자신이 피조물 이상의 경배를 받는다는 오해를 주지 않기 위해 그의 인사를 정중하게 거절했다. 인간은 결코 숭배의 대상일 수 없다는 말이다. 베드로의 겸손이 엿보인다. 베드로는 고넬료와 함께 이야기하면서 집으로 들어갔다.

그곳에 많은 사람이 모인 것을 보고 베드로가 말했다. "잘 아시다시피 유대인이 이방인과 어울리거나 가까이 하는 것은 위법입니다." 하나님은 이스라엘이 이방의 풍습을 따라 우상숭배와 더러운 습관에 빠질까 하여 이방인과의 불결한 교제나 혼인, 동맹을 금지하셨다(레 18:24-30, 신 7:3-11). 이에 따라 유대인들은 이방과의 모든 접촉을 피하고, 심지어 우호적인 친분마저 가지려 하지 않았다. 베드로는 고넬료를 만나 유대인으로서 이방인과 가까이 하고 교제하는 것은 위법임을 새삼 일깨워 주었다. 그가 고넬료의 집을 방문할 때 할례를 받은 신자 두어 사람과 같이 갔기 때문에 이것을 더 강조한 것으로 생각된다.

"그러나 하나님께서 저에게 지시하사 아무도 속되다 하거나 불결하게 여기지 말라 하셨습니다." 유대인이나 이방인이나 구별 없이 구원의 기회가 모두에게 주어졌다는 말이다. "그래서 사람들이 저를 부르러 왔을 때 사양하지 아니하고 따라왔습니다." 환상의 의미를 잘 이해하고 말씀에 순종했다는 것이다. "그런데 무슨 일로 나를 오라 하셨습니까?" 초청 이유가 궁금하다는 말이다.

이에 고넬료가 자초지종을 말했다. "나흘 전 이맘때쯤 제가 집에서 오후 3시 기도를 드리고 있었습니다. 그 때 갑자기 빛난 옷을 입은 한 사람이 제 앞에 나타나 '고넬료야 하나님이 네 기도를 들으시고 네 구제를 기억하셨으니 사람을 욥바에 보내어 베드로라 하는 시몬을 청하라 그가 바닷가 무두장이 시몬의 집에 유숙하느니라 하시기로 제가 곧 선생님께 사람을 보낸 것인데 오셨으니 잘하셨습니다. 이제 우리는 주께서 선생님에게 명하신 모든 말씀을 듣고자 하여 다 하나님 앞에 있나이다." 빛난 옷을 입었다는 것은 천사에 대한 일반적인 묘사다. 하나님 앞에 있다는 것은 자신들이 하나님의 명령에 따라 이 자리에 모였고, 이제 주께서 베드로에게 지시하신 말씀을 기다리고 있다는 말이다.

하나님께서는 고넬료를 부르심으로, 그리고 베드로에게는 기도가운데 환상을 보여주심으로 두 사람의 만남을 준비시키셨다. 사람은 알지 못하지만 하나님께서는 준비하고 계신다. 이 사건은 하나님의 놀라우신 섭리가 우리를 향해 있음을 일깨워 준다.

4. 베드로의 설교(34-43절)

베드로가 말하기 시작했다. 이것은 베드로의 다섯 번째의 설교로 초대교회가 전했던 복음의 내용이 무엇인가를 단적으로 보여준다. 그의 설교 내용은 다음과 같다.

첫째, (**차별이 없으신 하나님**) 하나님은 사람을 차별하지 않으시고, 하나님을 두려워하며 올바르게 사는 사람이라면 어느 나라 사람이든 다 받아주신다는 것을 깨달았다. 하나님은 사람의 외모, 민족성, 소유 등을 보고 그 사람을 편애하여 구원을 주시지 않는다는 것이다. 하나님은 사람의 중심을 보시며 그 사람의 행위대로 판단하신다. 하나님은 편애(favoritism)하지 않으신다. 하나님은 유대인들만의 하나님이 아니다.

둘째, (**화평의 복음**) 하나님께서는 이스라엘 백성에게 당신의 말씀을 전해주셨다. 그것은 만유(만민)의 주이신 예수 그리스도를 통해 선포하신 화평의 복음(the good news of peace)이다. 이것은 요한이 세례를 선포한 이후 갈릴리에서 시작하여 온 유다 지방에 두루 전파된 것이다. 이 화평은 예수 그리스도를 말미암은 화평으로, 이것은 하나님과 사람 사이의 화평, 이에 근거한 사람과 사람, 유대인과 이방인 사이의 화평이다.

셋째, (**성령이 함께 하신 예수님의 활동**) 하나님이 나사렛 예수에게 성령과 능력을 기름 붓듯 부어주시고 그분과 함께 하셨다. 그래서 그분은 두루 다니시며 선한 일을 행하시고 마귀에게 눌린 모든 사람을 고쳐주셨다. 우리는 유대 지방과 예루살렘에서 그가 행하신 모든 일을 목격한 사람이다. 나사렛 예수는 그리스도의 인성을 강조하는 칭호다. 예수님은 하나님의 기름부음을 받은 메시야이시며, 자신에게 맡겨진 구원 사역을 두루 행하셨다.

넷째, (예수님의 죽으심과 부활) 사람들이 그분을 십자가에 달아 죽였지만 하나님께서는 그분을 사흘 만에 다시 살리시고 우리에게 나타나게 하셨다. 그분은 모든 사람에게 나타나신 것이 아니라 하나님께서 증인으로 미리 택하신 우리에게 나타나셨다. 그분이 죽었다가 다시 살아나신 뒤에 우리는 그분과 함께 먹기도 하고 마시기도 하였다. 이것은 예수의 부활이 실제이고 사실임을 보여준다. 예수님은 제자들에게 보이시면서 하나님 나라의 가르침을 전하라 명령하셨다.

다섯째, (**심판자 예수와 죄의 용서**) 그분은 우리에게 하나님께서 자기를 살아있는 자와 죽은 자의 심판자로 정하셨다는 것을 사람들에게 선포하고 증언하라 하셨다. 주님은 재림 시에 살아남은 자와 죽은 자를 함께 심판하신다(고전 15;51). 이에 대해 모든 선지자들도 이 예수를 믿는 사람은 누구든지 그분의 이름으로 죄를 용서받을 수 있다고 증언하였다(사 53장). 예수님은 심판자이기도 하지만 그를 믿는 사람들의 죄를 용서해 주기도 하신다.

5. 이방인들이 성령을 받다(44-48절)

베드로가 이렇게 말을 하고 있는 동안 성령이 말씀 듣는 모든 사람, 곧 이방인들에게 내려오셨다. 성령세례는 하나님의 말씀을 받고 믿을 때 임한다는 것을 보여준다. 이 사건을 '이방 세계의 오순절 성령강림' 이라 하기도 한다. 하나님께서 동일한 방법으로 이방인들에게도 성령을 체험케 한 사건이다.

베드로와 함께 왔던 유대인 신자들은 이방인들에게도 성령을 부어주시는 것을 보고 깜짝 놀랐다. 이방인들도 방언(glossa), 곧 기이한 언어로 말하며 하나님을 높이 찬양하는 것을 들었기 때문이다. 하나님은 아직도 차별의식을 버리지 못한 베드로 뿐 아니라 함께 방문한 할례신자들을 놀라게 함으로써 그들의 생각을 고치게 하셨다. 고넬료는 이미 참되신 하나님을 경배했지만 그리스도에 대한 신앙은 없었다. 이제 그는 베드로를 통해 예수 그리스도에 대한 믿음을 갖게 된 반면 베드로는 유대교의 편견과 율법주의에서 벗어나는 계기가 되었다.

이에 베드로가 말했다. ""이 사람들이 우리처럼 성령을 받았으니 이들이 물로 세례 베풂을 누가 막을 수 있겠는가?" 베드로는 이방사람들이 세례를 받고 그리스도 안에서 모든 믿는 이들과 더불어 화평을 누리는 것을 하나님이 허락하셨다는 사실을 인정했다. 베드로는 자기를 따라온 형제들을 향해 "예수 그리스도의 이름으로 세례를 베풀라" 하였다. 이것은 우리가 흔히 물세례 받은 다음에 성령세례를 받는 것으로 생각하는 것을 불식시키고 있다. 물세례 받음과 성령세례 받음에 어떤 순서가 있는 것은 아니다. 그들은 베드로에게 자기들과 함께 며칠 더 머물러 달라고 간청하였다.

제11장

베드로의 고넬료 사건 보고와 안디옥 교회의 설립

1. 베드로의 고넬료 사건보고(1-18절)

유대에 있는 사도들과 신도들이 이방인들도 하나님의 말씀을 받아들였다는 소식을 들었다. 베드로가 예루살렘에 올라갔을 때에 그리스도를 믿으면서도 할례를 주장하는 파 사람들이 그를 비난했다. "왜 당신은 할례 받지 않은 사람들의 집에 들어가서 그들과 함께 음식까지 나누었는가?" 그들은 하나님이 이방인들에게도 성령님을 보내어 영적으로 통일된 그리스도의 몸, 곧 교회를 이루고자 하시는 뜻(고전 12:13)을 깨닫지 못했다.

베드로는 오해를 없애기 위해 그동안 일어났던 일에 대해 처음부터 차근차근 빠짐없이 설명해주었다. 사도행전 10장 내용 그대로다.

자기가 욥바에서 기도할 때 황홀한 가운데 환상을 보았다. 큰 보자기 같은 그릇이 네 귀퉁이에 끈이 달려 하늘로부터 내려오다가 자기 앞에 멈추었다. 자세히 들여다보니 땅에 네 발 가진 짐승과 들짐승과 기는 짐승과 하늘의 날짐승이 있었다. 그리고 "베드로야 일어나 잡아먹으라."는 소리를 들었다. 그래서 "주님 그럴 수 없나이다 속되거나 깨끗하지 아니한 것은 결코 내 입에 들어간 일이 없나이다."하며 거부했다. 그런데 하늘에서 두 번째 소리가 들려왔다. "하나님이 깨끗하게 하신 것을 네가 속되다고 하지 말라." 이런 일이 세 번이나 오고 간 후에 그것들은 모두 다시 하늘로 들려올라갔다.

바로 그 때 가이사랴에서 보낸 세 사람이 자기가 유숙하던 집에 찾아 왔다. 성령께서 "아무 의심 말고 함께 가라" 명하셨다. 그래서 여기 있는 신도 여섯 형제와 함께 그들을 따라 고넬료의 집에 들어갔다. 그 때 고넬료가 우리 일행에게 이런 말을 들려주었다. 자기 집에 천사가 나타나더니 욥바에 사람을 보내어 베드로라 하는 시몬을 청하라는 것이다. 그가 너와 네 온 집안(all your household, 가족뿐 아니라 하인을 포함한 모든 사람들)이 구원받을 말씀(a message)을 해 줄 것이라는 것이다.

내가 말을 시작하자 성령이 처음에 우리에게 내려 오셨던 것과 같이 그들 위에도 내려 오셨다. 그 때 나는 요한은 물로 세례를 베풀었지만 너희는 성령으로 세례를 받으리라 하신 주님의 말씀이 생각났다. 이와 같이 하나님께서 주 예수 그리스도를 믿은 우리에게 주신 것과 같은 선물(성령 세례)을 그들에게도 주셨는데 내가 누구이기에 감히 그 하시는 일을 막겠는가. 이방인에게 복음의 문이 열리게 된 것은 인간의 뜻이 아니라 하나님의 결정이라는 말이다. 그 일을 막을 사람은 아무도 없다.

베드로의 이 같은 보고를 듣고 잠잠해졌다. 그리고 "하나님께서 이방인에게도 회개하고 생명에 이르는 길을 주셨도다." 하며 하나님께 영광을 돌렸다. '생명을 얻는 회개(repentance unto life)' 는 죄를 향하던 삶의 태도를 바꾸어 하나님께 돌아서면 영원한 생명을 얻게 된다는 말이다. 참된 회개는 심정의 변화뿐 아니라 삶 자체가 하나님 앞에서 올바른 방향으로 변화하게 한다. 이것이 생명의 회개다.

2. 안디옥 교회의 설립(19-30절)

1) 안디옥 교회의 탄생(19-21절)

안디옥 교회의 탄생과 부흥은 엄청난 희생을 치른 전도자들이 있었기에 가능했다. 이 안디옥(Antioch)은 수리아에 있는 안디옥(Syrian Antioch)이다. 알렉산더 대왕의 장군으로 셀류시드 제국의 설립자인 셀류커스(Seleucus I Nicator)가 B.C. 4세기 말 자기의 아버지인 안티오커스(Antiochus)의 영예를 기리기 위해 건설한 16개 도시 중 하나이다. 당시는 실크로드로 이어지는 세계 제일의 화려한 도시였다. 로마 시대에는 로마, 알렉산드리아를 이어 로마의 3대 도시가운데 하나로 손꼽히는 도시였다. 당시 안디옥의 인구가 50만으로 추정되고 있으며, 각국 사람들이 많이 모여 영적으로는 문제가 많은 도시였다. A.D. 526년에 지진으로 파괴되었다. 터키와 시리아 국경 지역 오론테스 강(Orontes River) 동쪽에 위치해 있으며 지금의 터키 '안타캬(Antakya)' 가 그곳이다. 수리아 안디옥은 사도행전 13장에서 바울이 선교지로 갔던 비시디아 안디옥(Pisidian Antioch)과는 다른 곳이다.

스데반 사건으로 인해 큰 핍박이 있었고, 그로 인해 사도를 제외한 교인들이 온 땅으로 흩어졌다. 스데반의 순교는 복음이 세계로 퍼져가는 계기가 되었다. 엄청난 핍박을 피해 온 예루살렘 교인들은 베니게(Phoenicia)와 구브로(Cyprus)와 안디옥까지 가서 유대인들을 대상으로 열심히 복음을 전했다.

그들 중에 구브로 사람과 구레네(Cyrene) 사람도 있었다. 구레네는 당시 북아프리카 리비아의 수도로(행 2:10) 십자가를 대신 진 시몬의 고향이다(막 15:21). 그들은 안디옥으로 가서 헬라인에게도 말씀을 전하고 주 예수의 복음을 전파(euangelizomenoi, proclaim the gospel)했다. 유대인전도에만 치중했던 기존 전략을 벗어나 헬라인(이방인)에게 복음을 전하는 차별화된 전도 전략을 수행한 것이다. 유대인들에게 전하던 그들이 이방인들을 붙들고 예수의 복음을 더 선명하게 전함으로써 '주 예수를 전파하는 교회' 가 된 것이다. 이것은 이방인에 대한 그들의 편견을 버렸음을 의미한다. 그동안 그들의 눈은 유대인에게만 고정되었다. 유대인에게만 구원이 필요하지 다른 민족에게는 구원의 대상에서 제외시켰다. 그러나 그런 유대인들이 이방인들에게 복음을 전한 것은 그동안 고정관념의 벽이 무너졌음을 보여준다. 신앙적으로 소외된 소수에 대해 관심을 갖게 되었다는 것은 매우 중요한 변화이다.

주의 손이 그들과 함께 하시니 많은 사람들이 믿고 주께 돌아왔다. 안디옥교회는 '주의 손이 함께 하는 교회' 였다. 주의 손은 하나님의 임재, 성령의 함께 하심을 상징한다. 성령이 함께 하심으로 많은 사람이 믿고 돌아왔다. 예루살렘교회가 회개, 찬양, 물건을 통용, 구제한 것이 특색이었다면 안디옥 교회는 '핍박가운데 성장한 교회' 라는 특색이 있다.

믿고 돌아온 사람들 가운데도 누가가 있었던 것으로 추측하고 있다. 당시 그가 안디옥에 있었기 때문이다. 누가는 안디옥에서 복음을 듣고 교인이 되었고, 바울의 주치의 역할을 함은 물론 누가복음과 사도행전을 기록했다는 것이다.

이로써 안디옥 교회가 세워지고 교세가 확장되었다. 안디옥 교인들도 10만에 달한 것으로 추정되고 있다. 안디옥교회는 유대인의 기독교를 세계 속의 기독교로 만드는 전진기지가 되었다. 핍박받고 흩어져서 세운 교회가 세계의 중심교회가 된 것이다.

2) 예루살렘 교회가 바나바를 파송하다(22-24절)

예루살렘 교회가 그들에 대한 소식을 듣고 바나바를 안디옥 교회에 파송해 교회를 돕도록 했다. 바나바는 그들에게도 하나님의 은총이 내린 것을 보고 기뻐했다. 그는 모든 교인들에게 굳건한 마음으로 주님을 의지하라 격려했다.

이것은 바나바가 신앙적으로 어떤 인물인가를 보여준다.

첫째, 그는 하나님의 은혜(charis, grace)를 본 사람이다. 그는 교회에 하나님의 은총이 충만함을 보았다. 보았다는 것은 '증거를 보았다(saw the evidence)' 는 뜻이다. 안디옥 교인들 속에서 하나님의 은혜를 발견하는 자가 된 것이다. 이것은 스스로도 주의 은혜를 사모한 자임을 보여준다. 세상을 불평하고 불만하면 그 은혜를 볼 수 없다. 그리스도의 눈으로 다른 사람을 포용하고 감쌀 때 볼 수 있다. 우리도 은혜의 눈으로 보는 그리스도인이 되어야 한다.

둘째, 기뻐했다. 이 기쁨은 단순한 joy가 아니라 기뻐 자신도 어찌할 수 없는 기쁨(echare, rejoice)이다. 안디옥 교회의 신앙적 성장모습에 자신의 것 이상으로 기뻐할 수 있는 것은 마음이 그만큼 착해야 가능한 일이다. 요한3서에 가이오 장로와 디오드레베가 나온다. 가이오는 마음이 열려 있어 남 대접하기를 잘한다. 그러나 디오드레베는 자기만 잘 난체 하고 접대하기를 싫어하며 남 잘되는 꼴을 보지 못한다. 그리스도인은 신앙적으로 남이 잘 되는 것을 기뻐할 수 있어야 한다.

셋째, 모든 사람에게 신앙적으로 권했다(encourage). 바나바의 '바' 는 아들이요 '나바' 는 남에게 용기를 준다는 뜻을 가지고 있다. 즉 위로자이다. 그는 교인들에게 '굳건한 마음으로 주와 함께 머물러 있으라' 격려했다. '머물러 있으라(prosmeno, abide)' 는 '기쁨으로 자원하는 마음' 과 '진설병처럼 붙어있다' 는 뜻을 합한 것이다. 그리스도인은 성전의 진설병처럼 자원하는 마음으로 하나님께 붙어있어야 한다는 것이다. 격려하면 사람을 살리지만 격려하지 않으면 죽게 만든다. 격려하는 혀(encouraging tongue)를 가지라.

바나바는 착한 사람이자 성령과 믿음이 충만한 사람이었다. 그래서 많은 사람이 주님께 나오게 되었다. 누가는 바나바의 인물됨에 대해 언급하였다. '착한 사람(a good man)' 이라는 단어는 성경에 바나바에게만 사용되었다. 착한 사람이란 열린 마음을 가진, 온유한 자라는 뜻이다. 자연인격도 훌륭하다는 말이다. 게다가 성령 충만하고 믿음 충만한 인물이었다. 그는 말씀에 근거해 생활한 믿음 충만한 인물이요 하나님의 은혜를 늘 공급받아 산 성령 충만한 사람이었다. 즉, 신앙인격도 아주 좋았다는 말이다.

이것을 볼 때 바나바는 자연인격과 신앙인격 두 가지가 완벽하게 조화를 이루었던 인물임을 보게 된다. 자연인격이 좋으면 우리는 그를 가리켜 법 없이도 살 사람이라 말한다. 신앙인격이 좋으면 은혜를 사모하며 사는 사람인 것을 알게 된다. 그리스도인은 바나바처럼 두 인격 모두 조화를 이루어야 한다. 신앙인격은 좋은 데 자연인격이 좋지 않다던가(세상 사람이 이런 그리스도인을 얼마나 싫어하는가), 자연인격은 좋은 데 신앙인격이 좋지 않으면(사람은 좋은데 믿음 생활을 게을리 하고 은혜 받는 자리는 피하면) 지탄을 받게 된다.

그는 성령이 충만한 인물이었다. 성령은 우리가 알아야 할 것을 알게 하시고, 인도해 주신다. 그러므로 성령이 충만하면 하나님의 뜻을 알고 그 뜻을 따라 살고자 한다. 교회에서는 성령이 떠난 사람이 가장 힘든 사람이고, 성령 충만한 사람이 함께 일하기 쉽다. 그리고 그는 믿음이 충만한 사람이었다. 이 믿음은 하나님에 대한 충만한 믿음을 가리킨다.

3) 사울을 안디옥 교회로 초빙한 바나바(25-26절)

그 뒤 바나바는 사울을 찾으러 다소에 갔다. 자기 혼자서는 안디옥 교회를 감당할 수 없다고 생각했기 때문이다. 그리고 그를 안디옥으로 데려왔다. 사울의 인물됨을 알아본 것이다. 그는 사울로 인해 2인자가 되는 것도 개의치 않았다. 오직 복음이 전파되는 것이 기쁨이었다. 두 사람은 안디옥 교회에서 일 년 간 그 곳 신도들과 함께 지내면서 많은 사람들을 가르쳤다. 말씀 가르치는 일에 전무한 것이다. 바나바는 사울을 신뢰하고 배려했다. 그 신뢰와 배려로 인해 사울은 예수를 변증하는 큰 인물로 성장할 수 있었다. 바나바는 자신의 부족한 점을 인정하고 이것을 채울 수 있는 사울을 모셔와 팀 목회를 했다.

이 때부터 안디옥에 있는 신도들이 처음으로 '그리스도인(Christianous, Christians)' 이라 불리게 되었다. 그리스도인이란 "그리스도를 따르는 사람"을 의미한다. 예수를 닮은 사람들, 영적으로 도덕적으로 성결한 삶을 사는 사람들이었다는 것이다. 이것은 안디옥 교회가 믿지 않은 사람들로부터도 인정을 받게 되었음을 의미한다. 교인들을 작은 그리스도를 보는 것 같아 이 이름을 주었을 것이다. 이것은 교인들도 그리스도인이라는 별명을 얻게 되기까지는 얼마나 그리스도인다운 생활을 했는가를 보여준다. 이 뒤에는 성령님의 함께 하심, 바나바와 바울의 기도와 헌신이 배어있다. 가장 가치 있는 분, 가장 뛰어난 이름은 예수 그리스도시다. 그리스도인은 그를 믿고, 삶에서 그를 닮아가는 사람에게 부여하는 위대한 이름이다. 하지만 때로는 조소 섞인 별명으로 사용되기도 했다(행 26:28).

4) 구제에 앞장 선 안디옥 교회(27-30절)

안디옥 교회 교인을 '그리스도인' 이라 한 데는 다 이유가 있다. 안디옥 교회는 전도로 예수님을 증거 하는 교회였고, 구제로 세상에 사랑을 펼치는 교회였기 때문이다. 누가는 그 보기 가운데 하나를 소개하고 있다.

바나바와 사울이 열심히 교회를 섬기고 있을 때 선지자 몇 사람이 예루살렘에서 안디옥으로 왔다. 그 중에 아가보(Agabus)라 하는 사람이 성령의 감동을 받아 일어나 "천하에 큰 흉년이 들리라." 예언을 했다. '천하' 는 당시의 로마제국 전체를 가리킨다. 글라우디오(Claudius) 황제 때에 그렇게 되었다. 예언이 적중한 것이다. 이 황제 때 큰 흉년이 네 번이나 있었다. 44-47년에 유대에 흉년이 들었는데, 특히 46년에는 큰 흉년이 들어 예루살렘 주민들이 굶주림에 시달렸다. 아가보는 훗날 바울의 투옥을 예언하기도 했다(행 21:10).

그래서 안디옥 교회 성도들이 힘닿는 대로 헌금(diakonia, gift)을 모아 유대에 사는 교우들을 돕기로 작정하고 이를 실행에 옮겼다. 안디옥도 어려웠을 것이다. 그럼에도 불구하고 유대에 사는 교우들이 어렵다는 소식을 듣자 정성어린 헌금을 모은 것이다. 그리스도인은 고통당하는 형제와 함께 한다. 더욱이 유대에 있는 교회는 자신들에게 복음을 전해준 터전이 아니던가. 이렇게 모금한 것을 그들은 바나바와 사울 편에 예루살렘으로 보내 그곳 장로들(elders)에게 전달되었다. 초대교회에서 장로는 교회를 다스리고 감독직을 수행했었다. 이 일은 사울의 제2차 예루살렘 방문 때 이루어졌다. 안디옥 교회는 '구제하는 교회' 였다. 안디옥 교회는 전도뿐 아니라 그리스도인의 삶을 행동으로 옮긴 모범적인 교회였다.

제12장

야고보의 순교와 베드로의 투옥 및 탈출 사건

1. 야고보의 순교와 베드로의 투옥(1-5절)

이 무렵 헤롯 왕이 손을 들어 교회 중에서 몇몇 사람을 해하였다. 이 왕은 헤롯 대왕의 손자이며 아리스토불루스의 아들인 헤롯 아그립바 1세를 가리킨다. 그는 세례 요한을 목 베어 죽이고 예수님을 심문했던 헤롯 안디바의 조카이다. 안디바가 유배를 당했을 때 아그립바는 분봉 왕이 되면서 빌립과 루사니아가 다스린 영토까지 다스리게 되었고, 41년에는 유다와 사마리아가 그의 영토로 들어왔다. 그는 시리아 남부와 갈릴리, 베뢰아, 유대를 포함한 광범위한 지역을 통치했다. 막강한 힘을 갖게 된 것이다. 사도행전에 나오는 드루실라, 아그립바 2세, 버니게는 이 사람의 자녀들이다. 헤롯 왕은 당시 예루살렘의 유대인들이 기독교에 대해 반감을 가지고 있다는 것을 알고 그들의 환심을 사 자기의 정치적 기반을 굳게 하기 위해 교회의 주요 지도자들을 죽이고자 했다.

그는 먼저 요한과 형제간인 야고보(James)를 칼로 죽였다. 야고보는 세베대의 아들로 사도 요한의 형제다. 그는 예수님이 부활하신 뒤 약 10년 후에 헤롯에 의해 죽임을 당했다. 예수님은 일찍이 그의 죽음을 예고하셨다(마 20:23). 그는 예수님의 12제자 중 첫 번째 순교자가 되었다.

유대인들이 이 일을 기뻐하자 이번에는 베드로를 잡아 오라 했다. 그 때는 무교절(the Feast of Unleavened Bread) 기간이라 그는 베드로를 잡아 옥에 가두었다. 네 사람으로 편성된 네 패의 경비병에게 맡겨 지키게 했다. 당시 간수들은 4명이 한 조였다. 2명은 각기 한 쇠사슬로 죄수와 연결시켜 죄수 양측에서 지켰고, 나머지 2명은 각각 첫째 문인 옥문과 큰 쇠문 곁에서 지켰다. 4개조가 3시간씩 교대로 근무했다(6, 10절). 그리고 유월절이 지나면 유대인들 앞에 끌어낼 속셈이었다. 이렇게 되어 베드로는 옥에 갇혔고 교회는 그를 위하여 간절히 하나님께 기도를 드렸다. 고난 중에서도 베드로에게 힘주실 것과 하나님이 이 모든 일에 역사하시기를 기도했을 것이다.

2. 감옥에서 풀려나온 베드로(6-19절)

이 단락은 하나님이 교회의 기도를 들으시고(약 5:16) 베드로를 구해내신 사건을 기록하고 있다. 이 사건은 헤롯이 베드로를 잡아내려고 하는 그 전날 밤에 일이 일어났다. 베드로가 두 개의 쇠사슬에 묶인채 군인 두 사람 사이에서 잠을 자고 있었다. 옥문 앞에서는 경비병들이 지키고 있었다. 그런데 갑자기 주의 천사(an angel of the Lord)가 나타난 것이다. 천사가 나타나자 환한 빛이 감방을 비추었다. 천사가 베드로의 옆구리를 찔러 깨우며 "빨리 일어나라" 하는 것이었다. 그리고 쇠사슬이 그의 손목에서 벗겨졌다. 놀라운 일이 아닐 수 없다. 하나님은 인간이 생각하기에 가장 불가능한 것도 쉽게 타파할 수 있음을 보여준다.

천사는 "허리띠를 띠고 신을 신으라" 했다. 베드로가 그대로 따랐다. 그러자 천사는 "겉옷을 입고 나를 따라오라" 했다. 베드로는 천사를 따라 나가면서도 천사가 하는 일이 실제가 아니고 환상을 보는 것이려니 했다. 그들이 첫째 초소와 둘째 초소를 지나 거리로 통하는 철문 앞에 다다르자 문이 저절로 열렸다. 천사와 함께 밖으로 나와 거리의 한 구간을 지나자 천사는 곧 사라져 버렸다.

그제야 정신이 든 베드로는 "내가 이제야 참으로 사실을 알았다. 주님께서 그의 천사를 보내어 나를 헤롯의 손에서 건지시고 유대인들이 기대하는(anticipating) 모든 것으로부터 벗어나게 하시는 구나" 하였다. 환상에서 벗어나 실제임을 깨달은 것이다.

이 사실을 깨달은 그는 '마가(Mark)라 하는 요한' 의 어머니 마리아의 집으로 갔다. 요한은 유대식 이름이고, 마가는 헬라식 이름이다. 그의 삼촌이 바나바다. 마가는 바울과 베드로의 조수로 활동했다. 그는 베드로에게서 얻은 사료를 바탕으로 마가복음을 기록했다. 바울은 그를 가리켜 '나의 동역자,' '위로자' 라 하였다.

여러 사람이 그 집에 모여 기도를 드리고 있었다. 베드로가 대문을 두드리자 로데(Rhoda)라 하는 여자 아이(a servant girl, 어린 여종, 하녀)가 문간으로 나왔다가 베드로의 목소리를 알아들었다. 로데는 너무 기쁜 나머지 열어 줄 생각도 않고 안으로 달려 들어가 베드로가 대문 밖에 와 있다고 알려 주었다. 그 말을 듣고 사람들은 모두 "네가 미쳤구나."라 했다. 로데는 힘써 베드로가 정말 대문 밖에 와 있다고 했다. 그래도 사람들은 "그렇다면 베드로를 지켜 주는 천사겠지."라고 대꾸했다. 유대인들은 각 사람에게 자기를 지키는 천사가 있다고 믿었다. 그들은 천사가 때로 그가 지키는 사람의 모습과 음성을 가지고 사람들에게 나타난다고 생각했다.

베드로가 계속 문을 두드리자 그들은 문을 열어 주었다. 정말 베드로가 온 것을 보고 모두 놀랐다. 베드로가 그들에게 '조용히 하라' 손짓한 다음 주께서 자기를 이끌어 감옥에서 인도해내신 경위를 말해주었다. 그리고 이 소식을 예수의 형제 야고보와 다른 교우들에게 전하라 하고 다른 곳으로 떠나갔다.

날이 밝자 군인들은 베드로가 없어진 것을 놓고 어떻게 되었는지 알지 못해 큰 소동이 일어났다. 헤롯이 부하를 풀어 베드로를 찾으려 하다 끝내 찾지 못하자 경비병들을 문초한 다음 그들을 처형시켰다. 당시 법으로는 죄수가 탈출하면 그 담당 간수가 탈출한 죄수 대신 사형을 당해야 했다. 이 일이 있은 뒤 헤롯은 유대를 떠나 가이사랴로 가서 얼마 동안 머물러 있었다. 헤롯이 주로 거주한 곳이 예루살렘이었다. 하지만 황제를 기념하기 위한 경기를 주재하기 위해 가이사랴로 갔었다.

3. 헤롯의 죽음(20-25절)

한편 두로(Tyre)와 시돈(Sidon) 사람들은 헤롯에게 몹시 미움을 사고 있었다. 두로는 베니게의 항구도시로 시돈과 함께 상업과 무역이 활발했다. 헤롯의 노여움은 무역으로 인한 마찰 때문인 것으로 보인다. 하지만 그들이 사는 지방은 헤롯의 영토인 갈릴리에서 나는 식량을 공급받고 있었기 때문에 뜻을 모아 헤롯을 찾아 갔다. 우선 그의 시종 블라스도(Blastus)를 설득한 다음 그 힘을 이용해 헤롯에게 화평을 청하였다.

헤롯이 정한 날이 오자 사람들이 모였다. 요세푸스에 따르면 헤롯이 로마 황제 글라우디오의 생일을 축하하기 위해 가이사랴에서 축제를 벌였다고 한다. 그는 왕복(royal robes)을 입고 옥좌에 앉아 사람들에게 연설을 하였다. 요세푸스는 헤롯이 그 날 은빛이 찬란한 옷을 입고 백성들 앞에 나왔는데, 그 옷이 햇빛에 반사되어 두려움과 경외심을 불러일으켰다고 한다. 그러자 사람들이 "이것은 사람의 소리가 아니라 신의 소리다"라고 외쳤다. 요세푸스는 백성들이 헤롯을 신처럼 여기고 "우리에게 은혜를 베푸소서. 지금까지는 우리가 당신을 한 인간으로 존경해왔지만 앞으로는 신적인 존재로 여기겠나이다." 외쳤다고 기록했다.

결국 헤롯은 스스로 신의 행세를 하며 하나님께 돌릴 영광을 자기가 받으려 했다. 영광(doxa)은 인간의 영예를 묘사하기 위해 사용될 때도 있다(마 3:8, 6:29). 하지만 이 단어는 주로 하나님의 성품과 임재, 곧 지극히 높으신 하나님의 선하심, 전능하심, 위엄을 나타내는 데 사용되는 말이다. 따라서 영광은 오직 하나님께만 돌려져야 한다. 헤롯이 그 영광을 하나님께 돌리지 않자 주의 천사가 곧 헤롯을 내리쳤다. 이리하여 그는 벌레에게 먹혀 죽고 말았다. 이에 대해서는 여러 견해가 있다. 요세푸스에 따르면 헤롯이 복통을 일으켜 5일간 앓다가 죽었다고 한다. 신성모독으로 인해 하나님의 징벌을 받아 죽은 실례는 성경 여러 곳에서 소개되고 있다(삼하 24:15, 왕하 19:35, 사 37:36). 교회를 박해했던 헤롯 아그립바는 하나님의 영광을 모독하고 교회를 대적했기 때문에 하나님께 심판을 받았다. 하나님의 섭리와 간섭에 의한 심판이었다.

이런 가운데서도 하나님의 말씀은 더욱 흥왕했다. 더욱 널리 퍼져 나가고 믿는 사람이 많아졌다. 바나바와 사울은 유대 교회에 헌금 전하는 일을 마치고 마가라 하는 요한을 데리고 예루살렘에서 안디옥으로 다시 돌아왔다.

제13장

바울과 바나바의 구브로, 비시디아 안디옥 선교

1. 바나바와 사울의 선교사 파송(1-3절)

사도행전은 크게 두 부분으로 나눌 수 있다. 하나는 1-12장으로, 누가는 여기서 그리스도의 복음이 예루살렘 교회를 중심으로 하여 팔레스타인에서 안디옥까지 전해진 과정을 다루고 있다. 다른 하나는 13-28장으로, 안디옥에서 시작하여 로마까지 복음이 전해진 과정을 다루고 있다.

안디옥 교회에 선지자들과 교사들이 있었다. 바나바, 니게르라 하는 시므온(Simeon), 구레네 사람 루기오, 분봉 왕 헤롯의 젖동생 마나엔, 그리고 사울이었다.

니게르라 하는 시므온에서 '니게르(niger)'는 피부색이 '검다'는 뜻으로 그가 흑인임을 가리킨다. 흑인은 천민취급을 받았지만 교회에서는 그렇게 하지 않았다. 이 사람이 십자가를 대신 진 구레네 시몬이며 알렉산더와 루포의 아버지(막 15:21)라는 주장도 있다. 바울은 로마서에서 '루포의 어머니는 곧 나의 어머니(롬 16:13)'라고 했는데 이것은 바울이 안디옥에 있을 때 루포의 집에 거했음을 보여주는 대목이다. 그러나 이 시몬이 십자가를 대신 진 시몬인지는 확실하지 않다.

구레네 사람 루기오에서 구레네(Cyrene)는 아프리카 리비아의 수도를 가리키며 루기오(Lucius)는 라틴식 이름이다. 루기오는 안디옥에 있는 이방인들에게 맨 처음으로 복음을 전한 사람들 중의 하나이다(행 11:20).

분봉왕 헤롯의 젖동생 마나엔(Manaen)에서 젖동생이란 어린 시절 왕궁에서 왕자나 공주와 함께 자란(brought up) 것을 가리킨다. 어릴 적 친구라는 말이다. 마나엔은 헤롯 안디바(Herod the tetrarch)와 함께 자랐다. 마나엔의 할아버지인 에세네파 마나헴은 헤롯 대왕에게 왕이 되리라 예언한 인물이다. 헤롯 대왕의 아들 헤롯 안디바와 마나엔은 어릴 적부터 궁중에서 같이 자라게 되었다. 이것은 그가 귀족 출신임을 보여준다. 하지만 교회에서는 귀천이 없다. 왕족과 천민이 하나 된다.

그들이 단식을 하며(fasting) 주님께 예배드리고(worshiping) 있을 때 성령께서 말씀하셨다. "내가 불러 시키는 일을 위하여 바나바와 사울을 따로 세우라." 그 두 사람에게 맡기기로 정해 놓은 일, 곧 이방 선교의 일이 있다는 말씀이었다. 따로 세운다(set apart)는 것은 구별된 일을 위한 것이다. 이 두 사람을 선교사로 파송하겠다는 것이다. 바나바와 사울을 파송하신 분은 성령님이시다. 교회는 성령의 도움 없이 성장하거나 나아갈 수 없다. 이들은 교회에서 가장 필요한 사람들이었다. 이것은 선교를 필수로 생각했음을 보여준다.

이에 다시 금식하며 기도했다. 이것은 금식하고 기도하며 결정했다는 말이다. 그들의 금식과 기도는 하나님의 뜻을 구하고 하나님의 인도하심을 바랐음을 보여준다. 그들은 이를 통해 하나님의 뜻에 순복하고자 했다. 하나님의 뜻을 구하는 것은 내 계획이 아니라 하나님의 계획을 찾고자 하는 것이다. 그리스도인의 삶은 이처럼 자기부인의 삶이 되어야 한다. 조용히 이름도 없이 기도하는 사람이 많을수록 건강한 교회이다.

그 후 두 사람에게 안수하고 떠나보냈다. 이로써 수리아 안디옥 교회는 최초로 선교한 교회가 되었다. 이 교회는 이방 전도의 근거지가 되었다. 이방교회들로서는 모체가 되는 교회다. 특히 바나바와 사울은 그 교회에서 담임과 같은 지도자였다. 교회는 성령의 지시에 따라 그 지도자들을 파송한 것이다. 교인들은 하나님께 이 사람들만큼은 안 된다고 하지 않았다. 순종하고 따랐다. 그들을 안수하고 파송했다. 파송은 파송 받는 자와 하는 자가 하나가 되어야 한다. 파송하는 교회가 성장한다. 이로써 안디옥 교회는 가장 소중한 것을 드린 교회가 되었다. 그리고 그들을 위해 계속 기도했을 것이다. 하나님의 축복이 따랐다.

2. 구브로 선교: 바울의 제1차 전도여행 시작(4-12절)

바울은 세 번에 걸쳐 전도여행을 하게 되는 데 이제부터 제1차 전도여행(A.D. 45-49)이 시작된다. 바나바와 사울 두 사람은 성령께서 보내시는 대로 갔다. 그들은 안디옥에서 가까운 항구도시 실루기아(Seleucia)로 내려가서 거기서 배를 타고 구브로(Cyprus)로 갔다. 구브로는 지금의 사이프로스 섬이다. 그는 그 섬의 동부 도시인 살라미(Salamis)로 가 그곳에 있는 여러 유대인 회당에서 하나님의 말씀을 전했다. 그 때 마가도 수행원(helper)으로 그들을 따라 다니며 일을 도왔다. 마가도 함께 전도한 것이다.

그들이 그 섬을 가로질러 서부도시 바보(Paphos)에 도착했다. 그곳에서 한 유대인 마술사(Jewish sorcerer)를 만나게 되었다. 그는 바예수(Bar-Jesus)라 하는 거짓 선지자였다. 그런데 그런 그가 그곳 총독인 서기오 바울(Sergius Paulus)의 시종(an attendant)이었다.

총독은 지혜 있는 사람이어서 바나바와 사울을 불러 하나님의 말씀을 듣고자 했다. 그러나 자신의 이름을 헬라어로 '엘루마(Elymas)라 번역해서 부르기도 하는 마술사(궁중 점성가)가 총독으로 하여금 예수를 믿지 못하게 두 사

제1차 전도여행 (행 13:4-14:28)

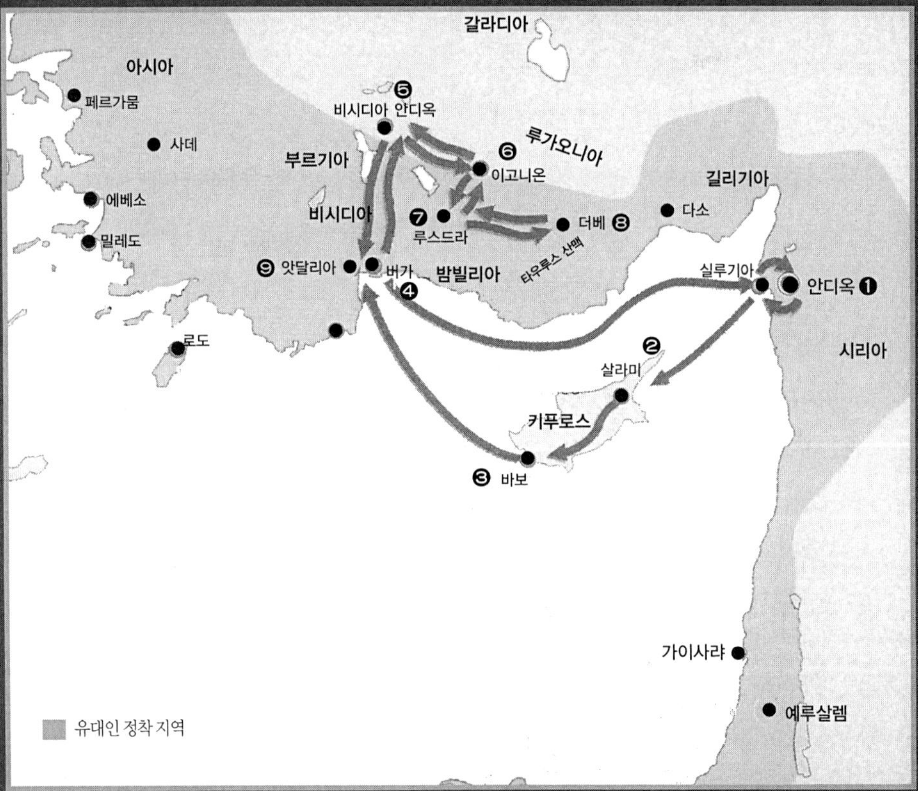

도를 방해했다. 총독에게 복음을 전하는 도중인데 훼방을 놓은 것이다. 바예수는 '구원의 아들'이라는 뜻을 가지고 있다. 그런데 지금 그의 이름과는 달리 하나님을 대적하는 마귀의 자식이 된 것이다.

이 때 '바울이라고 하는 사울'이 성령이 충만한 가운데 마술사를 쏘아보았다(looked straight). 이 절에서 주목해야 할 것은 누가가 '바울이라고 하는 사울,' 곧 사울의 이름과 '바울'이라는 이름을 이 절에서 동시에 소개했다는 것이다. 사울은 히브리 식 이름이고, 바울은 헬라 식 이름이다. 누가는 이 후부터 사울이라는 이름을 사용하지 않고 바울이라는 이름을 사용한다. 이것은 이방 전도를 위해 헬라 식 이름을 사용하는 것이 더 친근감이 들고 효과적이었기 때문이었을 가능성이 높다. 다시 말해 사울이 변하여 바울이 된 것이 아니란 말이다. 사울은 여호와께 '묻다,' '간구하다'는 뜻을 가지고 있고, 바울은 '작은 자'라는 뜻을 가지고 있다.

사도행전을 보면 처음에는 '바나바와 사울'로 소개해 바나바를 앞세웠지만 나중에는 자주 '바울과 바나바'로 소개하고 있다. 처음에는 바나바가 주동적인 인물로 소개되지만 나중에는 바울이 주동적으로 소개되었다.

바울은 사도의 권위를 사용해 그를 꾸짖었다. "모든 거짓과 악행이 가득한 자요 마귀의 자식이요 모든 의의 원수여 주의 바른 길을 굽게 하기를 그치지 아니하겠느냐?" 악마의 자식아 너는 언제까지 주님의 길을 훼방할 셈이냐는 질책이다. 나아가 그를 징계했다. "보라 이제 주의 손이 네 위에 있으니 네가 맹인이 되어 얼마 동안 해를 보지 못하리라." 주님께서 손으로 너를 내리쳐 한 동안 눈을 멀게 할 것이라는 예언이다.

이 말이 떨어지자마자 안개와 어둠이 그를 덮었다. 그는 앞을 더듬으며 자기 손을 잡아 줄 사람을 찾았다. 이 광경을 처음부터 지켜보던 총독은 이 기적을 보고 믿을 뿐 아니라 바울이 전한 주님의 가르침에 깊이 감동되었다. 신도가 된 것이다.

바보 사건은 바울이 전도의 사역의 주인공으로 부각되는 계기가 되었다. 이후부터 동역자들에 대한 언급은 크게 줄어든다. 바울의 담대하고 직설적인 성격은 대적자들을 굴복시키는 데도 작용했다. 대부분 바울의 복음 선포 결과 믿음이 생겨났다.

3. 비시디아 안디옥 선교(13-43절)

바울과 및 동행하는 사람들이 바보에서 배를 타고 밤빌리아(Pamphylia) 지방에 있는 버가(Perga)로 건너갔다. 마가(요한)는 그들과 헤어져 예루살렘으로 돌아갔다. 이 일이 후일 바나바와 바울의 논쟁 원인이 되었다(행 15:37-39). 마가가 예루살렘으로 돌아간 이유에 대해서는 여정의 피로, 이방인에 대한 공포, 바울의 자유주의(반율법주의)에 대한 반감 등 여러 추측이 있지만 확실하지는 않다. 나머지 사람들은 버가에서 다시 길을 떠나 비시디아 안디옥(Pisidian Antioch)까지 갔다. 비시디아 안디옥은 지금의 터키 소도시 '얄바츠' 이다. 소아시아의 내륙 지방으로 들어간 것이다.

안식일이 되어 그들은 그곳 회당에 들어가 앉았다. 당시 이곳에는 많은 유대인들이 살고 있었고 유대인이 회당이 있었다. 이것은 바울이 회당을 이용하여 복음을 전하고자 했음을 보여준다. 회당에는 하나님을 경외하는 이방인들도 있었다. 바울은 유대인들이 허락하는 한 언제나 회당에 들어가 복음을 전할 수 있었다. 회당 예배가 복음을 전할 좋은 매체가 된 것이다. 바울은 가는 곳마다 먼저 유대인들에게 복음을 전했고, 그 다음 이방인들에게 복음을 전했다.

회당에서 율법서와 예언서가 낭독되었다. 낭독이 끝나자 회당장(synagogue rulers, 회당의 간부)들이 사람을 보내어 바울과 바나바에게 청했다. "두 분

형제께서 혹 격려할 말씀이 있거든 회중들에게 한 말씀해 주셨으면 좋겠습니다." 회당장은 평신도로서 질서 있는 회당예배를 위해 회당에서 성경을 읽을 사람과 설교자를 정해주는 일을 했다. 당시 회당에서는 방문한 사람들, 특히 바울과 같은 랍비를 권하여 설교를 하도록 했다. 지명을 받은 사람은 설교 또는 위안의 말을 하는 관습이 있었다.

이에 바울이 일어나 손짓을 하며(motioned with his hand) 말했다. 설교를 시작한 것이다. 다음은 설교 내용이다. 그의 설교는 베드로의 설교, 스데반의 설교와 닮은 점이 있지만 39절처럼 바울의 특징이 잘 나타나 있다.

1) (**출애굽**) "이스라엘 동포 여러분, 그리고 하나님을 경외하는 여러분, 제 말을 들어보십시오." 회당 예배에 유대인들뿐 아니라 '하나님을 경외하는 사람들,' 곧 유대교로 개종한 이방인들이 있었음을 보여준다. "우리 이스라엘 백성의 하나님께서 우리 조상들을 택하시고 이집트 땅에서 나그네 된 그 백성을 높여 크신 권능으로 그들을 이집트에서 인도하여 내셨습니다." '큰 권능(mighty power)'은 '높으신 팔'이라는 뜻이다. 이것은 하나님의 능력을 상징한다.

2) (**광야 40년**) "광야에서 약 사십 년간 그들이 저지른 온갖 소행, 곧 잘못도 참아주셨습니다." 어떤 사본에는 '그들을 먹여 주셨습니다'로 되어 있다(신 1:31).

3) (**가나안 정복과 분배**) "그들이 가나안 땅에 들어갔을 때 하나님께서 그 곳 일곱 족속을 멸하시고 그 땅을 그들에게 주셨습니다(신 7:1)." "그 기간이 약 450년 걸렸습니다(현대인의성경)." 여기서 450년은 이집트에서 400년, 광야에서 40년, 요단강을 건넌 후 땅을 나누기까지 10년 등 모두 합하여 450년

기간을 말한다.

4) (**왕을 세움**) 그 후 하나님은 선지자 사무엘 때까지 사사를 주시다가 그들이 왕을 요구하자 베냐민 지파 사람 기스의 아들 사울을 왕으로 세워 사십년간 다스리게 하시다가 폐하시고 다윗을 왕으로 세우셨습니다." 사사(士師, judges)는 하나님이 세우신 재판자, 민족 지도자를 말한다. 이들은 여호수아가 죽은 뒤 왕정이 시작될 때까지 이스라엘을 다스렸다.

5) (**다윗 왕**) "이 다윗에 대해서는 '내가 이새의 아들 다윗을 만나니 내 마음에 맞는 사람이라 내 뜻을 다 이루리라' 하셨습니다.(삼상 13:14, 시 89:20)."

다윗은 '사랑 받는 자' 라는 뜻을 가지고 있다. 그는 목동이었으나 왕으로 부름을 받았다. 40년 통치를 했고, 이상적 통치자의 표본이 되었다. 그는 8째 막내였다. 장자우선사회에서 인간적으로 볼 때 막내는 별 볼 일 없는 존재였다. 그러나 그는 모든 일에 충실했다. 목동, 시인, 군인, 웅변가로서 최선을 다 했다. 지극히 작은 일에도 충성한 인물이었다.

골리앗이 하나님을 모욕하자 참다못한 다윗은 물맷돌을 던졌다. 물맷돌은 신병기가 아니라 보통돌이다. 그것으로 골리앗을 죽였다. 이것은 그가 작은 일(물맷돌 던지기)에도 얼마나 맹연습을 했는가를 보여준다. 그 작은 일에 대한 충성이 큰일을 해냈다.

다윗을 가리켜 '하나님의 마음에 합한 사람' 이라 했다. 마음에 합한 사람이란 '하나님의 마음에 꼭 드는 사람' '하나님의 마음을 따르는(after) 사람' 을 말한다. 하나님은 이 사람을 통해 자신의 뜻을 이루겠다고 하셨다. '하나님의 뜻' 은 우리의 구속자 예수를 그 믿음의 혈통에 따라 보내시겠다는 의미이다. 다윗은 예수를 오게 하는 데 결정적인 역할을 했다.

우리도 다윗처럼 '하나님의 마음에 합한 사람'이 되고 싶어 한다. 그 길은 예수를 닮는 것이다. 예수를 닮으면 하나님의 마음에 합한 사람이 될 수 있다. 이 시대에 하나님의 마음에 합한 사람이 되려면 어떻게 해야 하는가? 목표를 세우고 실천해 나간다. 목표를 세우면 책임의식을 갖고 이룰 수 있다. 무슨 목표인가? 첫째, 변화의 목표를 세운다. 돈을 벌기 위해서는 열심을 다하면서도 신앙생활에서만은 미지근하고 소극적인 태도를 버린다. 가치관이 이중적인 모습을 청산한다. 남을 용서하지 못하는 고집과 탐욕을 버린다. 둘째, 성장의 목표를 세운다. 믿음을 성장시킨다. 성경의 지식을 자라게 한다. 신앙의 인격을 성장시킨다. 끝으로, 헌신의 목표를 세운다. 자신의 모든 것을 하나님의 영광을 위해 바치겠다는 목표를 세운다.

6) (**구세주 예수**) "하나님이 약속(언약)하신 대로 다윗의 후손에서 이스라엘을 구원할 구주를 보내주셨으니 곧 예수이십니다." 바울은 예수의 탄생이 우연이 아니라 창세 전부터 하나님이 계획하신 섭리의 완성이며 아브라함에게 주신 언약의 실현임을 증거 했다. 하나님은 다윗에게 그의 후손을 통하여 그의 왕권을 든든히 세울 것이라 약속하셨다(삼하 7:12, 13). 역사적으로 다윗 왕조는 무너졌지만 그에게 주신 하나님의 약속을 이룰 사람, 곧 다윗보다 위대한 자손이 나타나서 쓰러진 다윗 왕가를 일으킬 것이었다. 이스라엘은 오랜 세월 외국의 침략을 받아 국가의 주권을 잃었다. 그들은 다윗에게 하신 하나님의 약속을 기다리고 다윗의 자손, 곧 메시야를 간절히 바라며 국권 회복을 꿈꾸었다. 그러나 하나님의 약속은 단순히 이스라엘 나라의 회복에 초점이 맞춰진 것이 아니라 다윗의 씨를 통해 메시야 예수 그리스도를 보내시고 죄로부터 인류를 구원하심으로 다윗의 언약을 이루셨다.

"그분이 오시기 전에 요한은 이스라엘 모든 백성에게 회개하고 세례를 받으라 선포하였습니다." 회개의 세례다. 참된 세례, 곧 성령세례는 예수께서 주신다. 당시 세례는 개종의 증표였다. "요한이 그 달려갈 길을 마칠 때(자기 사명을 다 마쳐갈 무렵)에 '너희는 나를 누구로 생각하느냐? 나는 그리스도가 아니다. 내 뒤에 오시는 이가 있으니 나는 그 발의 신발 끈을 풀어드릴 자격조차 없는 사람입니다.' 라고 말했습니다." 세례 요한은 자신을 극히 낮추었다. 이것은 예수 그리스도가 자신과는 비길 수 없는 존재임을 드러낸다. "아브라함의 후손인 형제 여러분, 그리고 하나님을 경외하는 이방인 형제 여러분, 이 구원의 말씀은 바로 우리에게 보내주신 것입니다."

7) (**죽임을 당한 예수**) "그런데 예루살렘에 사는 자들과 그 지도자들이 예수를 알아보지 못하고 또 안식일마다 외우는 바 선지자들의 말을 알지 못하고 예수를 정죄했습니다. 그리하여 선지자들이 예언한 말을 응하게 하였습니다." "사실 예수를 죽일 만한 아무런 죄를 하나도 찾지 못했지만 빌라도를 졸라 예수를 죽이게 했습니다." "이것은 성경에 그를 가리켜 기록한 말씀을 다 응하게 한 것입니다."

8) (**부활**) "후에 예수의 시신을 나무(십자가)에서 내려다가 무덤에 모셨으나 하나님은 예수를 죽은 자 가운데서 살리셨습니다." 나무에 달린 자는 저주를 받은 자다, 그러나 그의 죽음은 죄인을 대신한 대속적 죽음이었다.

"그 뒤 갈릴리에서 예루살렘으로 같이 올라간 사람들에게 여러 날 동안 보이셨습니다. 바로 이 사람들이 지금 우리 백성들 앞에서 예수의 증인이 된 것입니다." 갈릴리에서 예루살렘으로 같이 올라간 사람들은 예수님의 열한 제자들을 가리킨다.

9) (**우리의 목적은 전도**) "우리도 하나님께서 우리 조상들에게 주신 약속,

곧 그 기쁜 소식을 여러분들에게 전하러 왔습니다."

10) (**약속의 말씀을 이루심**) "하나님께서는 예수를 다시 살리셔서 자녀가 된 우리에게 그 약속을 이루게 하셨습니다. 시편 제2편에도 '너는 내 아들이라 오늘 너를 낳았다(시 2:7)' 라고 기록되어 있지 않습니까?" "이것은 또 다른 시편에 하나님께서 '주의 거룩한 자로 썩음을 당하지 않게 하리라(시 16:10)' 하신 말씀과 예언서에 '내가 다윗에게 약속한 거룩하고 미쁜(확실한) 은사를 너희에게 주리라(사 55:3)' 하신 말씀을 이루신 것입니다." '거룩하고 미쁜 은사(the holy and sure blessings)' 는 하나님의 언약이 엄숙하고 신성하며 결코 취소될 수 없음을 나타낸다.

11) (**썩음을 당치 않으신 예수님**) "다윗은 한 평생 하나님의 뜻을 따라 섬기다가 잠들어 그 조상들과 함께 묻혀 썩음을 당하였습니다(왕상 2:10). 그러나 하나님께서 살리신 이 예수는 썩음을 당하지 아니하였습니다."

12) (**죄 사함과 칭의**) "그러므로 형제 여러분, 여러분이 알아야 할 것은 이 사람으로 말미암아 죄를 용서받을 수 있다는 복음을 바로 여러분에게 전하고 있다는 것입니다. 모세의 율법으로 의롭다 하심을 얻지 못하지만(죄에서 풀려날 수 없지만) 이 예수를 믿는 사람은 누구나 의롭다 하심(모든 죄에서 풀려남)을 얻습니다." 모세의 율법은 모세를 통해 주어진 도덕법과 의식법 모두를 가리킨다. 바울은 그리스도를 통한 죄의 용서와 함께 그리스도를 믿음으로 의롭게 되는 진리를 전하였다. 인간의 가장 큰 문제였던 죄가 예수의 죽음과 부활로 말미암아 제거되었고, 그리스도를 믿는 믿음으로 말미암아 의롭다 함을 얻게 된다. 즉 율법이 아니라 그리스도를 믿는 믿음만이 하나님과 바른 관계를 맺게 해준다는 것이다. 이것은 바울 사상의 진수이다.

13) (불신앙에 대한 경고) "그런즉 여러분은 선지자들을 통해 하신 말씀이 여러분에게 미치지 않도록 조심하십시오." "보라 멸시하는 사람들아 너희는 놀라고 멸망하라 내가 너희 때를 당하여 한 일을 행할 것이니 사람이 너희에게 일러줄지라도 도무지 믿지 못할 일이라 하였느니라(합 1:5)." 바울은 설교 끝에서 복음을 거절하는 사람들에게 임할 하나님의 심판에 대해 하박국서의 말씀을 인용해 언급했다. 선지자의 경고를 무시했던 사람들에게 임했던 재난보다 더 큰 재난이 심판 날 복음을 거절하는 사람들에게 임할 것이기 때문이다.

바울과 바나바가 회당에서 나올 때 사람들은 다음 안식일에도 이 말씀을 더 들려달라고 간청하였다. 모임이 끝난 뒤에도 많은 유대인과 유대교에 입교한 경건한 사람들(이방인들)이 그들을 따라왔다. 두 사도는 그들과 이야기를 나누며 항상 하나님의 은총을 입고 살아가라 했다. 이것을 보면 바울과 바나바가 가기 전에 하나님께서 미리 예비 된 영혼을 준비하시고 길을 닦아놓았음을 알 수 있다. 말씀을 듣자 그들의 마음이 열인 것이다.

4. 유대인들의 반대(44-52절)

그 다음 안식일에는 온 시민이 거의 다 하나님의 말씀을 듣고자 모여들었다. 사람들이 많이 몰려들었고, 복음이 선포되었다. 그러자 유대인들의 마음에 시기심이 북받쳤다. 유대교로 개종한 이방인들이 바울의 설교를 듣고 회당에서 떨어져 나가고, 그로 인해 회당 재정이 타격을 받을 것이기 때문에 유대인들의 반발심도 컸다. 유대인들은 바울이 선포한 복음을 반대하며 비방했다. 그러자 바울과 바나바는 담대하게 말했다.

"우리는 하나님의 말씀을 먼저 유대인 당신들에게 전하는 것이 마땅합니다. 그런데도 당신들은 그것을 거부하고 그 영원한 생명을 받을 만한 자격이 없다고 스스로 판단하고 있습니다." 하나님의 말씀을 먼저 유대인들에게 전해야 하는 이유는 복음이 유대인들에게서 났고, 우선 유대인을 위한 것이기 때문이다. 그래서 바울은 먼저 회당을 찾아 유대인들에게 복음을 전했다. 그럼에도 불구하고 유대인들은 복음을 거부했다. 그것은 하나님의 백성들이 받는 영원한 유업인 영생을 거부하는 것이다. 이 유업은 마지막 날에 완전히 받을 것이지만 이미 그리스도를 통해 현재에도 주어진다.

"우리는 이제 당신들을 떠나서 이방인들에게로 갑니다(참고, 롬 11:11-24). 주께서 우리에게 명령하셨습니다. '내가 너를 이방의 빛(a light for the Gentiles)으로 삼아 너로 땅 끝까지 구원하게 하리라(사 49:6).'" 여기서 '너' 란 원래 여호와의 종인 이스라엘 민족을 가리킨다(사 49:3). 그러나 이 예언은 이스라엘 민족이 불순종함으로 인해 시므온이 예언한 대로 예수 그리스도에게서 성취된다. 이사야의 이 말씀이 예수님을 통해 성취된 것이다. 누가복음 2:29-32를 보면 시므온이 예수를 가리켜 '이방을 비추는 빛' 이라 했다. 이제 이 구원의 빛은 그의 사도들을 통해 온 민족들에게 전해진다. 이방의 빛이 되고 땅 끝까지 구원이 성취되는 사역은 예수께서 승천하신 이후 성령에 의해 제자들을 통해 계속되고 있다. 바울은 유대인들이 복음을 거부했기 때문에 이방인에게 전파된 것이라 생각했다(롬 11장). 바울은 여기서 이방인에게 복음을 전하겠다는 생각을 밝혔지만 그렇다고 유대인에 대한 전도를 포기한 것은 결코 아니었다(행 14:1, 17:1,2).

이방인들이 이 말을 듣고 기뻐하며 하나님의 말씀을 찬양하였다. 그리고 하나님께서 영생을 주시기로 작정된 자는 다 믿었다. 이리하여 주의 말씀이 그 지방에 두루 퍼져 나갔다. '작정된 자(tetagmenoi, who were appointed)'는 '기록된 자,' 곧 생명책에 기록된 자를 의미한다. 구원에 있어서 하나님의 예정을 나타내준다. 이것은 복음을 듣는 자들이 믿는 것은 하나님의 절대적인 뜻에 따른 것임을 보여준다. 구원은 인간의 노력에 의해 얻어지는 것이 아니라 하나님의 선물이다.

그러나 유대인들은 경건한 귀부인들(이방 출신으로 하나님을 공경하는 귀부인들)과 그 도시의 유지들을 선동하여 바울과 바나바를 박해하게 하고 그 지역에서 두 사람을 쫓아냈다.

두 사도는 그들에게 항의(protest)하는 뜻으로 그들을 향해 발의 티끌(먼지)을 털어 버리고 이고니온(Iconium)으로 갔다. 사도는 원래 12 제자를 가리키는 말인데 여기서는 바울과 바나바에게 사용되었다. 바울과 바나바도 하나님에 의해 사도로 세우심을 받은 것이다(행 13:2, 롬 1:1, 5:11,13, 갈 1:16). 발에 티끌을 떠는 것은 본래 유대인들이 이방 지역을 지나온 후 경멸과 정결의 뜻으로 발에 묻은 먼지를 털었다. 그리스도인이 이런 행동을 할 때는 복음을 거부하는 이들은 더 이상 하나님이 선택하신 참된 백성에 속할 수 없다는 뜻이다. 즉, 복음을 배척하는 완악한 유대인들과는 다시 상종하지 않겠다, 불순종의 책임은 그들에게 있고 사도들에게는 책임이 없다, 앞으로 하늘나라에서 이같이 떨어버림을 받으리라는 등 여러 뜻을 담고 있다. 이고니온은 소아시아 남부 중앙에 있는 루가오니아 지방의 수도로 지금의 '코니아(Konya)'이다. 제자들, 곧 안디옥 신도들은 기쁨과 성령이 충만했다.

제14장

이고니온 전도와 루스드라 전도

1. 이고니온 전도(1-7절)

바울과 바나나는 비시디아 안디옥에서 처럼 이고니온에서도 유대인의 회당에 들어가 설교했다. 이 설교를 듣고 많은 유대인뿐 아니라 헬라, 곧 이방인들도 복음을 받아들였다.

그러나 예수를 믿지 않는 유대인들이 이방인들을 선동하여 믿는 형제들에게 악감을 품게 했다. 그러나 두 사도는 그곳에 오랫동안 머무르면서 주님을 힘입어 담대하게 말씀을 전했다. 그러자 주께서 그들로 하여금 기적과 놀라운 일들을 행하게 하셨고, 그들이 전하는 은혜의 말씀이 참된 진리임을 확증해 주셨다. 주님이 바울과 바나바를 통해 기적을 베풀게 하신 것은 그들이 전하는 복음이 하나님에게서 온 은혜로운 말씀임을 확실히 증거 해 주기 위함이다. 바울은 훗날 갈라디아 지방의 여러 교회들에 편지할 때 그들이 들었던 말씀이 하나님에게서 온 복된 소식임을 그가 행하신 기적이 증거해 준다고 했다(갈 3:5).

그 도시 사람들이 두 갈래 나뉘어 한쪽은 유대인을 따르고, 다른 한쪽은 사도들을 따랐다. 그러나 유대인쪽 사람들, 곧 유대인과 이방인, 그리고 그들의 지도자들이 한데 어울려 사도들을 모욕하고 학대하며 돌로 쳐 죽이려는 움직임을 보였다. 이 낌새를 파악한 사도들은 루가오니아(Lycaonia)의 두 성 루스드라(Lystra)와 더베(Derbe)와 그 근방으로 피해 그곳에서 복음을 전했다. 루가오니아는 비시디아 동쪽, 타우르스 산 남쪽에 있는 지역이다. 루스드라는 디모데의 고향으로 추측되고 있다. 더베는 루스드라에서 약 96킬로미터 떨어진 곳으로 가이오(Gaius, 행 20:4)의 고향이다.

2. 루스드라 전도(8-20절)

루스드라에는 나면서부터 앉은뱅이가 되어 한 번도 걸어본 적이 없는 중증 장애인 한 사람이 살고 있었다. 그가 하루는 바울의 설교를 듣고 있었다. 바울이 눈 여겨 보니 그에게 구원 받을 만한 믿음, 곧 치유 받을 만한 믿음이 있는 것을 보았다. 바울의 설교에 집중해 귀 기울이는 모습을 본 것이다. 그만큼 마음 문이 열린 것이다. 그래서 바울은 큰 소리로 외쳤다. "네 발로 바로 일어서라." 그러자 기적이 일어났다. 그가 벌떡 일어나 걷기 시작한 것이다.

사람들이 바울이 한 일을 보고 루가오니아 말로 소리를 질렀다. 당시 그곳 사람들은 일상적으로 헬라어를 사용했는데 이 사건을 목도한 사람들은 감격한 나머지 자기 지방 언어로 말한 것이다.

"신들이 사람의 형상으로 우리 가운데 내려오셨다." 두 사도를 향해 저 사람들은 사람의 모양을 하고 우리에게 내려온 신들이라는 것이다. 바나바를 제우스(Zeus) 신이라 하고, 주로 설교를 맡아서 한 바울을 향해서는 헤르메스(Hermes) 신이라 했다. 제우스는 헬라 신의 우두머리로 올림푸스 산을 지배했다. 바나바를 제우스라 한 것은 그의 모습이 바울에 비해 위풍당당했기 때문으로 보인다. 헤르메스는 제우스의 대변자, 신탁 전달자, 웅변의 신이다. 바울을 헤르메스라 한 것은 그가 말하는 사람이었기 때문이다. 전설에 근거한 주장도 있다. 즉, 루스드라에 이 신들을 정성껏 섬긴 노인 부부 빌레몬과 바우씨스가 있었는데, 하루는 그들에게 제우스와 헤르메스가 사람의 모습으로 나타났었다는 것이다. 그 전설을 믿었던 루스드라 사람들은 바울과 바나바를 보자 이 신들이 온 것이라 간주하고 그들을 섬기고자 했다는 것이다.

성 밖에는 있는 제우스 신당의 제사장이 황소 몇 마리와 화환을 성문 앞으로 가지고 나왔다. 그리고 그곳 사람들과 함께 사도들에게 제사를 지내려 하였다. 소를 드리려는 것은 큰 제사를 드리려 한 것이다. 가만있으면 신으로 추앙 받은 순간이다. 이 소문을 들은 두 사도 바나바와 바울은 옷을 찢으며 군중 속에 뛰어 들어 이렇게 외쳤다. 옷을 찢은(tore their clothes) 것은 하나님을 모독하는 그들의 행위에 대해 참을 수 없는 울분과 비애를 나타낸다. 신성모독으로 인한 두려움과 황송함을 나타낸 것이다.

"여러분이여, 어찌하여 이런 일을 하는 것입니까? 우리도 여러분과 똑같은 사람입니다. 우리가 여러분에게 복음을 전하는 것은 여러분이 이런 헛된 우상을 버리고 천지와 바다와 그 가운데 만물을 지으시고 살아 계신 하나님께로 돌아오게 함입니다(출 20:11, 시 146:6)." '하나님께로 돌아오게 함이라' 는 말은 하나님께만 영광을 돌려야 한다는 것이다.

"지난날에는 하나님께서 모든 나라(이방) 사람을 제멋대로 살게 내버려 두셨습니다." 하나님이 그의 뜻을 완전히 드러내시기 전까지는 이방사람들이 그들 나름대로 신들을 만들어 섬기는 잘못을 묵인하셨다는 말이다. 묵인하셨다는 것은 그들의 잘못에 대해 무관심했다는 것이 아니다. 예수님의 오심으로 말미암아 죄에 대한 용서가 전파될 때까지 지극히 오래 참으셨다는 말이다.

"그렇지만 하나님께서 자기를 드러내지 않으신 것은 아닙니다. 하나님께서는 은혜를 베푸셔서 하늘에서 비를 내려 주시고, 철을 따라 열매를 맺게 하시고, 먹을 것을 주셔서, 여러분의 마음을 기쁨으로 가득 채워 주셨습니다. 이렇게 하나님께서는 항상 당신 자신을 알려 주셨습니다." 하나님은 자연세계를 통하여 자신의 살아계심, 그 영원하신 능력, 신성을 나타내 보이셨다.

두 사도는 이렇게 말하면서 사람들이 자기들에게 제사를 지내지 못하도록 겨우 말렸다. 만일 나에게 이런 영광을 돌리려 했다면 나는 어떤 행동을 취했을까? 당연한 것으로 생각하고 은근히 즐겼을까? 그러나 두 사도는 애써 말리며 제사를 드리지 못하도록 했다. 자신은 신이 아니며 오히려 하나님께 영광을 돌리도록 한 것이다. 두 사람 모두 하나님 앞에 겸손한 마음을 가졌다. 자기를 위해 하나님의 능력을 남용하지 않았고, 성공의 정상에 섰을 때 절대 교만하지 않았다.

그러나 그곳 사람들은 자신의 마음을 받아주지 않는 것으로 오해했다. 그리고 심각하게 반응했다. 이런 것에는 유대인들의 공작도 한몫했다. 유대인들이 안디옥과 이고니온에서 몰려 왔다. 끈질기게 바울을 따라붙은 것이다. 유대인들은 루스드라까지 와서 바울을 죽이기를 원했다. 그들은 군중들을 설득해 바울을 돌로 쳤다. 유대인들은 하나님을 모독했다고 판정된 사람을 돌로 쳐 죽였다. 돌에 맞은 바울이 죽은 줄 알고 성 밖으로 내다버렸다. '버렸다' 는 것은 시신조차 온전히 다루지 않겠다고 생각한 것을 보여준다. 바울은 루스드라에서 최고와 최악 두 극단적인 경험을 했다. 사단은 최고의 자리에 이를 때 교만하게 하고, 최악의 상태에 몰아넣고 죽이고자 한다.

그러나 신도들이 달려 와 둘러섰다. 이것은 바울을 죽은 것으로 생각하고 장례를 치루기 위함이었을 것이다. 그런데 만신창이가 된 바울이 일어났다. 바울이 일어났다는 것은 신적 능력이 개입되어 살아난 것을 의미한다. 하나님의 능력으로 일어난 것이다. 바울은 성 안으로 들어갔다. 이미 죽은 줄 알았던 바울이 살아나다니 그곳 사람들은 더 놀랐을 것이다. 그러나 바울은 그 자리에서도 자기의 능력을 과시하지 않았다. 바울이 그들에게 당한 봉변은 평생 잊을 수 없는 것이 되었다(고후 11:25, 딤후 3;11, 갈 6:17).

바울은 이튿날 바나바와 함께 더베로 떠났다. 이것은 인간의 뜻이 아니라 하나님의 뜻이 있음을 믿고 쉬지 않고 일했음을 보여준다. 루스드라 유물에서 초대교회의 자취를 보여주는 것으로 보아 많은 수가 회심한 것으로 보인다. 헛된 신을 버리고 하나님을 믿은 것이다.

3. 첫 번째 전도여행의 마무리와 각 도시 교회 격려(21-23절)

바울과 바나바는 더베에서 복음을 전했고, 많은 사람을 돌아오게 하였다. 더베에서는 핍박을 받지 않았다(딤후 3:11). 죽음 위기를 넘기고 순종하니까 더 부흥케 하셨다. 이것은 믿음의 역사다. 결코 중단되지 않는 복음의 역사다. 하나님이 맡겨 주신 일에 끝까지 순종한다. 더베 사람 가이오도 이 때 결신했을 것이다. 두 사도는 그 후 루스드라와 이고니온을 거쳐 수리아 안디옥으로 돌아갔다. 어려움을 겪었던 루스드라, 이고니온으로 다시 돌아간 것이다. 그곳은 복음을 들어야 할 곳이다. 바울은 자기가 당한 것을 생각하지 않고, 자신을 돌아보지 않고 주님을 생각했다. 무엇보다 남아있는 제자들(신자들)을 격려하는 것이 중요했다.

그들은 각 도시를 방문하면서 신도들에게 마음을 굳게 하여 이 믿음에 거하도록 했다. 그들에게 용기를 주며 끝까지 믿음을 지키라고 격려한 것이다. 그리고 우리가 하나님 나라(the kingdom of God)에 들어가려면 반드시 많은 어려움을 겪어야 한다고 했다. 여기서 하나님 나라는 미래에 임할 하나님 나라, 곧 천국을 말한다. 그리스도인들은 이미 하나님 나라에 속한 자들로 그분의 통치에 따르는 백성이지만 하나님 나라가 온전히 임할 때까지 그 나라를 위해 일하며 기다리는 동안 많은 어려움을 겪게 된다. 하나님의 백성들은 장차 올 하나님의 나라를 소유하기 위해 환난을 믿음으로 극복하며 그 나라를 향해 매일 전진해야 한다. 그리고 두 사도는 각 교회에서 장로들을 택하여 세우고 금식하며 기도한 뒤 그들이 믿는 주님께 장로들을 보호해 주시기를 빌고 떠났다. '택하여(cheirotoneo)' 는 '손을 펴 정하다(vote by stretching out the hand),' 곧 '안수하여 택하다' 는 뜻이다. 이것은 당시의 장립 방법을 보여준다. 금식은 초대교회 신자들의 신앙생활 가운데 하나였다. 그들은 금식을 하며 더 열심히 믿음 생활을 했다.

4. 안디옥으로의 귀환과 선교 보고(24-28절)

두 사도는 비시디아 지방을 거쳐 밤필리아 지방에 이르렀다. 그들은 버가에서 말씀을 전하고 앗달리아(Attalia)로 내려갔다. 앗달리아는 밤빌리아만에 있는 항구도시다. 버가모 왕 앗달루스 2세가 건설했고, 그의 이름을 따 도시 이름을 지었다. 거기서 배를 타고 수리아 안디옥으로 향해 갔다. 안디옥은 원래 온 교회가 두 사도에게 하나님의 은총을 빌어주며 전도의 임무를 맡겨 내보낸 곳이다. 파송교회가 있는 곳이다. 이제 그 임무를 마치고 돌아오게 된 것이다.

두 사도는 안디옥에 도착하자 온 교회 성도들을 모아놓고 첫 선교보고를 했다. 제1차 전도여행 결과 보고다. 그들은 하나님께서 자기들과 함께 행하신 모든 일과, 하나님께서 이방 사람들에게 믿음의 문을 열어 주신 것을 보고하였다. 두 사도는 전도 성과와 함께 하나님께서 여러 위기에서 어떻게 구출해 주셨는지, 가는 곳마다 이방인들이 얼마나 말씀을 사모했는지를 보고했다. 보고를 듣는 성도들의 기쁨도 컸을 것이다. 보고를 마친 다음 두 사도는 그곳에 있는 성도들과 오랫동안 함께 지냈다.

제15장

예루살렘 회의와 바울과 바나바의 결별

1. 예루살렘 회의(1-21절)

그 무렵 유대에서 몇몇 사람들, 곧 유대인 그리스도인들이 안디옥에 내려와 신도들에게 "모세의 법대로 할례를 받지 않으면 구원을 받지 못한다."고 가르쳤다. 예수를 믿을 뿐 아니라 할례도 받아야 구원을 얻는다고 주장한 것이다. 그들은 예루살렘 교회의 명령을 받은 것도 아니고, 이런 주장은 예루살렘 교회의 공식적인 가르침도 아니었다. 바울은 이런 사람을 훗날 '거짓 형제(갈 2:4)' 라 불렀다.

그래서 바울과 바나바 두 사도와 그들 사이에 격렬한 의견 충돌과 논쟁이 벌어졌다. 바울은 유대 기독교인들이 할례 하는 것은 용인하지만 이방의 기독교인들에게 그것을 강요해선 안 된다고 보았다. 바울은 할례가 아니라 수 예수의 은혜로만 구원을 얻는다고 보았다.

결국 교회는 바울과 바나바, 그리고 그 중의 몇 신도들을 예루살렘에 보내어 다른 사도들과 장로들에게 이 문제를 의논하도록 했다. 이것이 바로 예루살렘 교회 회의가 모이게 된 동기가 되었다.

그들은 교회의 전송을 받고 페니키아와 사마리아를 거쳐 가면서 이방인들이 주께 돌아온 일을 들려 주었다. 그 말을 들은 그곳 모든 교우들은 크게 기뻐했다. 페니키아와 사마리아는 이미 복음이 전파되었다.

예루살렘에 도착한 그들은 사도들과 장로들을 비롯해 온 교회의 환영을 받았다. 바울로서는 회심한 뒤 세 번째 예루살렘 방문이었다. 그들은 하나님이 그들과 함께 하셔서 이루어 진 모든 일들을 보고했다. 그런데 바리새파에 속했다가 신도가 된 사람 몇이 나서서 "이방인들에게도 할례를 행하고 모세의 율법을 지키도록 하는 것이 마땅하다."고 주장했다. 바리새파는 율법을 철저히 지킴으로써 구원을 얻으며, 그렇게 함으로써 하나님 나라를 실현시킬 수 있다는 신념을 가지고 있는 율법주의자들이다. 예수를 믿고서도 그 신념을 버리지 못한 것이다. 율법주의는 하나님의 은혜를 무시하고 인간의 행위를 내세운다.

이에 사도들과 장로들이 이 문제를 검토하기 위해 회의를 열었다. 이른바 '예루살렘 회의' 다. 오랜 토론 끝에 베드로가 일어나 말했다.

"형제 여러분, 여러분이 아시다시피 하나님께서는 내 입을 빌어 이방인들도 복음을 믿게 하시려고 오래 전부터 여러분 가운데서 나를 택하셨습니다. 또 사람의 마음을 아시는 하나님께서는 성령을 그들에게도 내리셔서 우리와 똑같이 인정해 주셨습니다." '성령을 주어 증거 하심' 은 신자인지를 알 수 있는 결정적인 준거 틀이었음을 보여준다. 하나님은 이방인들에게도 성령님을 주셔서 그들을 차별하지 않으셨다.

"그리고 그들의 믿음을 보시고 그들의 마음을 깨끗하게 하셔서 우리와 그들 사이에 아무런 차별을 두지 않으셨습니다." 하나님은 할례라는 외적 수술로 육체를 깨끗이 하는 것이 아니라 믿음으로써 이방인의 마음을 깨끗하게 하신다. 이것도 이방인이라 다른 것이 결코 아니다. 이 문제에 있어서도 차별이 없다.

"그런데 지금 여러분은 왜 우리의 조상들이나 우리가 다 감당하지 못했던 멍에(a yoke)를 그 신도들의 목에 메워서 하나님을 시험하려 하십니까?(하나님께서 하시는 일을 간섭하려 드는 것입니까?) 그들도 우리와 마찬가지로 주 예수의 은혜로 구원 받는 줄을 믿습니다." 베드로는 우리 조상이나 우리가 다 감당치 못한 멍에를 이방 교우들의 목에 메우려느냐고 비판한다. 멍에는 두 마리 소나 나귀를 한데 묶을 때 사용되는 나무로, 묶인 짐승은 이것에 종속될 수밖에 없다. 여기서 멍에는 할례와 율법을 상징한다. 베드로는 율법을 지킴으로써 구원을 얻는 일은 사람이 감당하지 못할 일이며(마 23:4) 믿음으로 인해 구원을 주셨다는 뜻을 밝혔다. 하나님은 이미 믿음으로 인해 구원을 얻는 새로운 은혜의 길을 제시하셨는데, 또 다른 구원의 조건을 덧붙인다는 것은 잘못된 것이라는 말이다. 구원은 할례(인간의 행위)가 아니라 주 예수님의 은혜로만 구원을 얻는다는 것을 확실하게 한 것이다. 이것이 구원론의 기본이 되었다.

이 말을 듣고 사람들은 모두 조용했다. 그리고 바나바와 바울이 하나님께서 자기들을 통하여 이방인들 가운데서 행하신 여러 기적과 놀라운 일들에 대하여 보고하는 것을 들었다.

두 사도가 말을 마치자 야고보가 말했다. 그는 예수님의 동생 야고보로, 야고보서의 저자이다. 그는 당시 예루살렘 교회의 가장 유력한 지도자였다. 그는 헬라주의의 영향을 받지 않은 엄격한 유대인 출신의 그리스도인이었다. 유대교인들 사이에 '의인 야고보'라 불릴 정도다. 그럼에도 불구하고 바울과 같은 은혜 사상을 가지고 있었다. 따라서 그의 말은 유대인 출신의 율법주의 교우들을 설복 시킬 수 있는 방편이 되었다. 그는 베드로의 연설과 바나바와 바울의 증언을 들은 후 종합적으로 자신의 의견을 밝혔다. 그는 이 회의의 의장이었을 가능성이 높다.

"형제 여러분, 제 말을 들으십시오. 하나님이 어떻게 처음으로 이방인들 가운데서 자기 백성을 택하셨는가를 시몬이 말해 주었습니다." 시몬은 베드로를 말한다. 야고보가 그를 시몬이라 히브리 식으로 부른 것은 그 자신이 철저한 유대인 출신 그리스도인임을 보여준다.

"이 사실은 선지자들의 말과도 일치합니다. 예언서에는 이렇게 기록되어 있습니다." 그는 구약 아모스의 말씀을 인용하여 하나님이 이방인을 받으셨음을 밝혔다.

"'이 후에 내가 돌아와서 무너진 다윗의 집을 다시 세우겠다. 내가 폐허된 곳을 재건하고 세워서 인류의 남은 자들과 나를 섬기는 모든 이방인들이 나를 찾도록 하겠다. 오래 전부터 이 일을 알게 한 나 하나님의 말이다(암 9:11-12).'"

이 구절은 무너진 다윗 왕가가 회복되어 다윗이 다스렸던 모든 영토를 회복될 것임을 말한 것이기도 하지만 영적으로는 이스라엘의 남은 자 및 이방인 중 믿음을 가진 자들이 회복될 다윗 왕국의 백성이 될 것을 가리킨다(롬 9:27, 슥 14:16). 이 아모스의 예언은 교회 안에 유대인(유대인 출신의 그리스도인들)은 물론 이방 사람(이방인 출신의 그리스도인들)이 공존하게 된 사실을 통해 이루어졌다. 다윗의 무너진 장막은 광야의 성막, 솔로몬 성전을 말한다. 그것을 다시 세운다는 것은 남은 자들과 이방인으로서 주께 돌아온 모든 사람이 주를 찾게 하고 예배를 회복하시겠다는 말씀이다. 내 집을 만민이 기도하는 집으로 만드시겠다는 것이다.

"그러므로 제 생각으로는 하나님께로 돌아오는 이방인들을 괴롭히지 말고 다만 우상에게 바친 더러운 제물과 음란과 목매어 죽인 것과 피를 멀리하라고 그들에게 편지하는 것이 좋겠습니다. 예로부터 각 성에서는 안식일마다 회당에서 이런 것을 금한 모세의 글을 읽어 왔습니다."

'괴롭게'의 원문은 '늘 괴롭게'이다. 모세의 율법을 강조함으로써 이방 교인들을 늘 괴롭게 하지 말자는 것이다. 대신 타협안으로 4가지 금지 조항을 제시했다. 우상에게 바쳐진 제물을 먹는 것, 문란한 성 행위, 목매어 죽인 것, 그리고 피, 곧 목매어 죽인 짐승을 먹는 행위를 금하자는 것이다. 당시 이방 사회에서는 우상에게 제사하는 과정에서 문란한 성 행위를 의식의 일부로 삼았다. 이로 인해 순결에 대한 관념이 거의 없으므로 그리스도인이 되어서는 이런 음행을 피해야 마땅하다는 말이다. 목매어 죽인 짐승의 경우 피가 시체에 그대로 남아 있어 피를 먹는 것과 다름이 없다. 피는 생명을 상징하는 것이어서 피를 먹는 것은 금지되었다. 4가지 금지사항은 유대인들은 꺼려하는 것인 반면 이방인들은 서슴없이 행하는 것들이었다. 이 사항들은 구원과 관계가 없는 것이지만 이방인들이 그 관습을 계속한다면 유대인 그리스도인들을 실족시키고 불화를 가져올 우려가 크다. 따라서 이방인 그리스도인의 자제가 필요하다는 것이다. 야고보는 끝으로 이런 금지 내용들은 예로부터 회당에서 모세의 글, 곧 여러 규례를 읽을 때마다 익히 알게 된 말씀임을 상기시켰다.

2. 예루살렘 교회의 편지(22-29절)

사도들과 장로들은 교회의 모든 신도들과 의논하여 대표들을 뽑아 바울과 바나바와 함께 안디옥에 보내기로 결정하였다. 뽑힌 사람들은 교회 지도자인 바사바(Barsabbas)라는 유다(Judas)와 실라(Silas)였다. 이 유다는 바사바라 하는 요셉(행 1:23)과 동일인 또는 형제라는 견해가 있지만 확실하지는 않다. 실라는 히브리식 이름이고, 로마 식으로는 '실루아노(살전 1:1)' 다. 그는 바울의 2차 전도여행 때 동행하였고(살전 1:1, 살후 1:1, 고후 1:19), 베드로와도 함께 전도했다(벧전 5:12). 바울처럼 로마의 시민이었다(행 16:37).

그들은 이 사람들 편에 다음과 같은 편지를 보냈다.

"예루살렘에 있는 우리 사도들과 장로들과 여러분의 형제들은 안디옥과 시리아와 길리기아에 있는 이방인 신자들에게 문안드립니다. 여기서 간 우리 신자 가운데 어떤 사람들이 우리의 지시도 없이 나가서 시키지도 않은 말(엉뚱한 말, without our authorization)로 여러분을 괴롭히고(disturbed) 여러분의 마음을 어지럽게 했다(troubling, 마음을 빼앗아갔다)는 말을 들었습니다. 그래서 우리는 대표 몇 사람을 뽑아 우리의 사랑하는 친구 바나바와 바울과 함께 여러분에게 보내기로 했습니다. 바나바와 바울은 우리 주 예수 그리스도의 이름을 위해 생명을 아끼지 않는 사람들입니다." 선교에 헌신한 바울과 바나바를 인정한 것이다.

"우리가 유다와 실라를 대표로 뽑아 보냈으니 그들이 이 편지 내용을 직접 말해 줄 것입니다. 신앙생활에 꼭 필요한 것 몇 가지 외에는 여러분에게 아무 짐(burden)도 지우지 않으려는 것이 성령님의 뜻이며 우리의 결정입니다. 여러분은 우상의 제물과 피와 목매어 죽인 것과 음란을 멀리하십시오. 이런 몇 가지만 지키면 되겠습니다. 평안하시기 바랍니다." '성령과 우리' 라는 말에 주목할 필요가 있다. 우리는 성령과 동역하는 사역자들이다. 사역자는 자기중심의 생각에서 벗어나 성령의 생각에 맡겨야 한다. 이 편지 내용은 서로 대화하고 존중함으로써 그리스도 안에서 유대인과 이방인이 하나가 되어 거룩한 교회가 되어가는 모습을 보여준다.

3. 안디옥으로 간 대표들(30-35절)

그들은 전송을 받고 안디옥으로 내려갔다. 그곳 신자들을 다 모으고 그 편지를 전해주었다. 성도들은 그 편지를 읽고 격려를 받았다. 그리고 기뻐했다. 유다와 실라도 선지자라 여러 말로 교우들을 격려하며 힘을 북돋아 주었다.

두 사람을 선지자(prophets)라 했다. 당시 선지자들은 사도 다음이나 교사보다는 위에 있는 직분으로, 사람들에게 위로와 희망을 주고 권면과 충고를 하는 것이 사명이었다. 선지자는 성령의 특별한 은사를 받아 예언하고 성경을 가르치며 교회를 다스리기도 했다.

안디옥 교회는 예루살렘 교회의 위로와 권면을 받고 안정을 되찾았다.

예루살렘에서 온 대표들은 그곳에서 얼마동안 지내다가 '평안히 가라' 는 교우들의 전송을 받으며 에루살렘으로 돌아갔다. 34절은 없다고 되어있다. 그런데 어떤 사본에는 다음과 같은 말이 있다고 한다. "실라는 거기에 머무르기로 작정하였다." 혹은 "유다만 예루살렘으로 떠나고 실라는 거기에 머무르기로 작정하였다." 바울과 바나바는 계속 안디옥에 머물러 있으면 다른 많은 사람들과 함께 주님의 말씀을 가르치고 전했다.

4. 바울과 바나바의 결별과 바울의 제2차 전도여행(36-41절)

며칠이 지난 후 바울이 바나바에게 말했다. "우리가 주님의 말씀을 전한 곳으로 다시 가서 그곳 교우들이 어떻게 지내고 있는지 살펴봅시다." 제1차 전도여행 때 세운 교회를 다시 방문하여 믿음을 더 굳세게 하려는 것이 제2차 전도여행의 목적임을 밝히는 부분이다.

바나바도 이에 동의했다. 하지만 바나바는 마가도 함께 데리고 가자고 했다. 그러나 바울의 생각은 달랐다. 밤빌리아에서 자기들을 버리고 함께 전도하러 가지 않은 그를 데리고 갈 수 없다고 생각했다. 결국 두 사람 사이에 심한 언쟁이 벌어졌다. 두 사람이 심하게 언쟁을 벌리게 된 것은 마가 때문임이 나타나 있다. 마가가 여행 도중 예루살렘으로 간 이유는 정확히 알 수 없다. 여러 추측을 할뿐이다. 그러나 바울의 말을 생각해 볼 때 전도뿐 아니라 동료들의 사기에 영향을 주었음을 알 수 있다. 바나바는 대단히 관용적인 사람이었고, 마가는 자신의 친족, 곧 생질(골 4:10)이었기 때문에 마가를 동행시키려 했을 것이다.

언쟁 끝에 결국 피차 갈라서기로 했다. 서로 헤어져 두 개의 전도 팀을 이룬 것이다. 바울이 어려웠을 때 그를 인도해준 은인이 바나바 아니었던가. 바울의 마음도 편치 않았을 것이다. 하지만 바울은 전도에 있어서 나름대로 원리원칙을 지켜나가고자 했다. 이 때 이후로 바나바와 마가는 더 이상 사도행전에 등장하지 않는다. 하지만 바울은 그의 서신에서 바나바를 언급했고(고전 9:6, 갈 2:11-13), 마가를 그의 동역자라 불렀다(딤후 4;11). 후에 마가는 바나바와의 동행 길을 마치고 베드로에게 와서 그와 함께 다녔다(벧전 5;13).

바나바는 마가를 데리고 배를 타고 구브로로 떠나버렸다. 구브로는 바나바의 고향이고, 바울의 첫 전도여행 때 첫 방문지였다.

바울은 실라를 택한 후 주님의 은총을 비는 교우들의 인사를 받으며 안디옥을 떠났다. 실라는 예루살렘에 갔다가 안디옥으로 다시 와서 바울의 동역자가 되었다(34절의 어떤 사본의 설명대로 실라가 안디옥에 그대로 남아있었다면 그곳에서 바로 전도 여행에 동행했을 가능성이 높다). 바울은 수리아와 길리기아 지방을 두루 다니며 모든 교회에 힘을 북돋아 주었다. 바울은 그의 고향인 길리기아로 갔다. 두 사도 모두 고향 지역 교회를 먼저 방문했다는 것이 이채롭다. 바울에게 있어서 이 여행은 제2차 전도여행의 시작이었다.

제16장

더베와 루스드라, 빌립보 전도 여행

1. 더베와 루스드라 전도여행: 바울이 디모데를 택하다(1-5절)

그 뒤 바울은 더베에 들렀다가 루스드라로 갔다. 그곳은 바울이 제1차 전도여행 때 복음의 씨앗을 뿌린 곳이다. 루스드라에는 디모데(Timothy)라는 신도가 있었다. 그의 어머니는 예수를 믿는 유대 여자 유니게(Eunice)였고 아버지는 헬라 사람이었다. 그의 외조모는 로이스(Lois)였다(딤후 1:5). 혼혈로 낳은 자녀는 법적으로 유대인으로 인정되었다. 디모데의 아버지가 그리스도인이었다는 언급은 없으나 그리스도인일 가능성은 아주 높다. 디모데와 그의 가족은 1차 때 뿌린 씨앗의 열매였다.

디모데는 루스드라와 이고니온에 있는 교우들 사이에서 평판이 좋은 사람이었다. 바울은 디모데를 아들처럼 여겼다. 믿음의 아들이다(딤전 1:2). 바울은 그의 '거짓 없는 믿음' 을 높이 평가했다(딤후 1:5). 그래서 바울은 디모데를 자신의 전도 팀에 합류시키고자 했다. 하지만 그 고장에 있는 모든 유대인들이 디모데의 아버지가 헬라사람이라는 것을 알고 있었기 때문에 혹시 말썽이 날까 두려워 먼저 그를 데려다가 할례를 베풀었다. 바울은 할례가 구원의 조건이 될 수 없다고 생각하기 때문에 할례가 결코 걸림돌이 되지는 않은다. 예루살렘 회의에서도 이미 결정된 사항이다. 그는 디도에게도 할례를 받지 않

제2차 전도여행 (행 15:36-18:22)

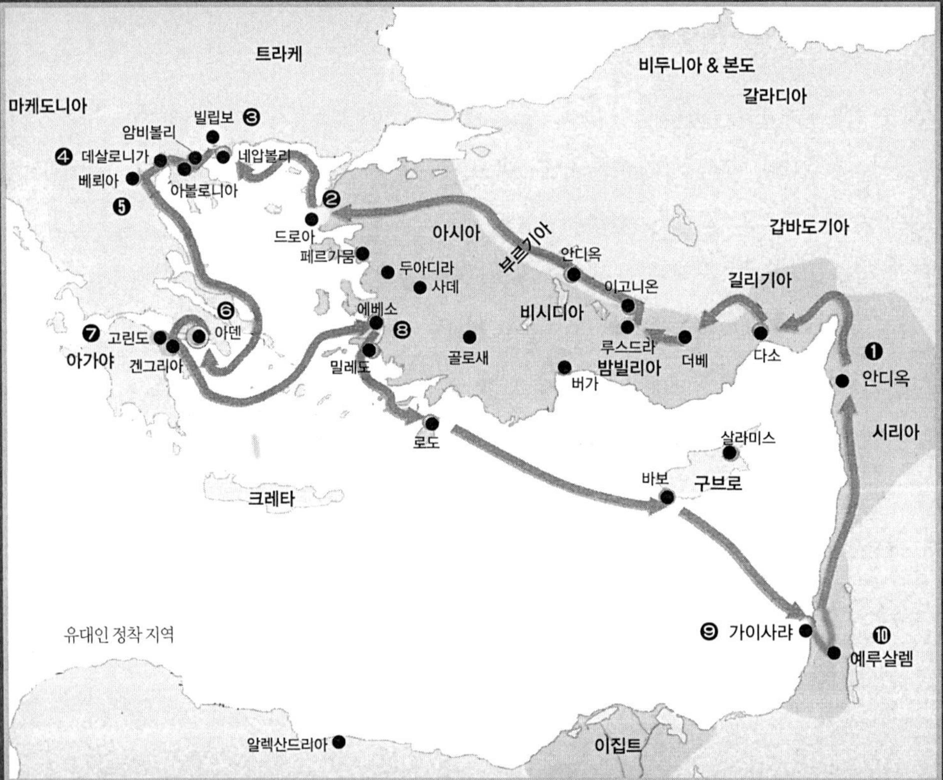

게 했다(갈 2:3). 그럼에도 불구하고 그가 디모데에게 할례를 베푼 것은 전도 현장에서 만나게 될 보수적인 유대인들이 디모데의 무할례를 못 마땅히 여겨 복음 전파에 장애를 줄까 염려했기 때문이다. 복음 전파를 위해 스스로 양보한 것이다. 전도가 목적이지 사소한 할례 문제로 유대인과 싸움을 벌이고 싶지 않은 것이다.

바울 일행은 여러 도시를 두루 다니면서 예루살렘에 있는 사도들과 장로들이 정한 규정들(the decisions)을 그들에게 전해 주며 지키도록 했다. 그래서 여러 교회들의 믿음이 점점 더 굳건해지고 교인의 수도 날마다 늘어갔다.

2. 바울이 본 환상: 마케도니아로 건너와 우리를 도우라(6-10절)

바울을 비롯한 실라, 디모데 등 바울의 일행은 제1차 전도여행 때 세워진 교회를 방문한 뒤에 비시디아 안디옥 서쪽에 있는 아시아 지방으로 가려고 있다. 그러나 성령님은 두 차례에 걸쳐 지시를 내림으로써 그들은 드로아를 거쳐 마케도니아 지방으로 가게 되었다.

일행은 브루기아(Phrygia)와 갈라디아(Galatia) 지방을 두루 다니다가 무시아(Mysia, 소아시아 서북쪽) 가까이 이르러 비두니아(Bithynia, 흑해 연안에 위치한 지역) 지방으로 들어가고자 노력했다. 아시아에서 선교를 계속하고자 한 것이다. 그런데 예수의 영, 곧 성령이 그것을 허락하지 않으셨다. 성령께서 아시아에서 말씀을 전하지 않도록 막으신 것이다. 브루기아 지방은 아시아 지방과 갈라디아 지방에 각각 속해 있었다. 그래서 아시아 브루기아와 갈라디아 브루기아라 부른다. 여기서 '브루기아와 갈리디아 지방' 은 갈라디아에 속한 브루기아를 말한다.

막으실 때는 이유가 있다. 주님은 바울의 선교 지를 이미 마케도니아, 곧 유럽으로 정하셨기 때문이다. 아시아 선교도 하나님의 일이고, 유럽의 선교도 하나님의 일이다. 하지만 주님은 우리가 가고 싶다고 해서 그 일을 허락하는 것은 아니다. 성령은 그가 아시아에서 전도하는 것을 막으셨고, 그가 비두니아로 가는 것을 허락지 않으셨다. 그래서 무시아를 지나 드로아(Troy)로 내려간 것이다. 드로아는 호머의 '일리어드와 오디세이'에 나오는 격전지 트로이다. 드로아는 무시아 서쪽에 위치한 에게 해안 항구도시로 아시아와 유럽을 잇는 교통의 요지였다.

리빙스턴은 중국선교를 꿈꾸었지만 아프리카로 보내셨다. 윌리엄 캐리는 폴리네시아 선교를 위해 준비했지만 하나님은 그를 인도로 보내셨다. 윌리엄 캐리는 "인도로 가라"는 성령님의 말씀에 민감하게 반응했다. 주위에서 말렸지만 그는 겸손히 그 명령을 따랐다. 겸손한 자는 성령님의 인도에 민감한 사람이다. 그는 인도에 가서 12개 종족의 언어로 성경을 번역했다.

우리는 성령의 인도에 민감하여 하나님의 뜻을 실천하는 것이 중요하다. 자신의 계획보다 주님의 계획에 순종하는 우리가 되어야 한다. 하나님의 이끄심이 민감 하라. 최선을 다하라. 최선을 다하면 하나님이 최선에 닿게 하신다. "진리의 성령이 오시면 그가 너희를 모든 진리가운데로 인도하시리니."(요 16:13). 성령님은 하나님의 계획을 우리에게 다 보여주지 않으시고 우리를 차근차근 인도하신다. 성령님은 우리의 앞길을 인도하신다.

바울이 드로아에 있던 어느 날 밤 바울에게 환상이 나타났다. 마케도니아 사람 하나가 서서 그에게 간청했다. "마케도니아로 건너와서 우리를 도우라." 청하는 것은 무엇인가 얻어 볼까 하여 두 손을 벌리는 것을 말한다. 영적으로 곤고한 상태에 있음을 보여준다. 그리스도인은 영적으로 고난 받는 자, 상한 자, 깨진 마음의 아우성에 민감해야 한다. 주님은 마케도니아인의 환상을 통해 바울로 하여금 이 지역에 대한 선교적 민감성을 갖게 하셨다.

바울이 성령에 민감할 때 주께서 마케도니아로 가라는 환상(the vision)을 보여주셨다. 바울이 환상을 보았다는 것은 그에 대한 하나님의 비전이 있었음을 보여준다. 비전은 꿈(dream)과는 다르다. 꿈은 나 중심이다. 내 자신이 가진 개인의 꿈이다. 그러나 비전은 하나님의 일이요 그 일을 이루시기 위한 성령님의 인도가 있다. 당시 유럽은 영적으로 암흑기였다. 지금도 예외가 아니다. 하나님은 그곳에 사는 영혼을 위해 이미 놀라운 계획을 가지고 계셨다.

바울이 그 환상을 보고 난 뒤 우리는 곧 마케도니아로 떠날 채비를 서둘렀다. 이 환상을 주님의 명령으로 받아들였기 때문이다. 바울은 그 요청에 적극적으로 반응했다. 그리스도인은 도움을 요청하는 곳에 지체 없이 가야 한다. 그리스도인은 현재를 넘어서서 지경을 넓히는 노력이 있어야 한다. 그들을 찾아가 복음을 전해 주어야 한다. 그들의 필요를 채워주시는 분은 오직 주님 한 분뿐이시기 때문이다. 그가 마케도니아로 가는 것은 지금의 터키에서 유럽으로 가는 것으로, 유럽 선교의 길을 여는 것이다. 토인비는 이것이 유럽의 장래를 좌우했다고 말했다. 바울이 타고 가는 배는 유럽의 장래를 결정짓는 배가 되었다.

채비를 서두른 것은 하나님께서 마케도니아 사람들에게 복음을 전하기 위하여 우리를 부르신 것이라고 확신했기 때문이다. 육지 쪽으로 가고자 했던 바울을 성령은 막으시고, 바다 건너 마케도니아로 향하게 하셨다. "바다를 건너가라"는 것이다. 저 사람들에게 복음을 전하라는 것이다. 그는 가서 전도하기로 결심했다. 복음을 전한다는 것은 많은 고초를 당하는 것을 각오하는 일이었다. 23절에 나오지만 많이 맞았다. 그리고 투옥되었다. 그러나 복음을 전파하면 능력이 회복된다. 지진(하나님의 능력, 개입)으로 옥 터가 무너지고 옥문이 열리는 기적이 나타난다.

이 단락에서 '우리(we, 행 16:10, 11, 13)'라는 단어가 여러 번 나온다. 이것은 바울의 일행 가운데 누가가 있었음을 보여준다. 누가는 또한 예루살렘으로 가는 바울의 마지막 여행에서 바울과 함께 빌립보에 있었고(행 20:6), 그 두 사람은 로마에 도착할 때까지 함께 있었다. 누가는 또한 바울의 두 번째 로마 투옥 기간에도 함께 있었다(딤후 4:11). 사도행전을 쓰기에 충분한 자격이 있다. 구전에 따르면 그는 순교하였다고 한다.

환상을 본 사람은 바울 한 사람이었지만 디모데, 실라, 누가 등 바울의 동역자 모두 그 일을 자신의 일들로 간주했다. "환상을 당신에게만 주셨으니 당신이나 가라"며 방관하는 것이 아니라 환상의 대열에 끼여 열심을 다했다. 참여하지 않으면 하나님에게 손해가 있는 것이 아니라 '우리'가 손해이다. 하나님의 비전에 참여할 때 우리는 하나님의 도구가 될 수 있다. 그러니 그리스도인이여, 자기의 힘이 아니라 늘 하나님의 임재 안에 살라.

3. 루디아의 개종(11-15절)

바울 일행은 드로아에서 배를 타고 마케도니아로 향했다. 바울의 마케도니아 행은 유럽의 미래를 위한, 유럽을 구원케 하는 행보였다. 바울은 내지 전도를 하고자 했으나 성령님은 드로아 해안가로 가게 하시고, 그를 유럽으로 이끄셨다. 바울은 자신이 아니라 성령의 이끄심에 충실했다.

마케도니아는 네 지방으로 나뉘어 있는데, 빌립보, 데살로니가, 베뢰아 모두 이 지역에 속한 도시다. 일행은 에게 해의 섬들로 이뤄진 사모드라게(Samothrace)로 직행했다. 배는 이곳을 지나 이튿날 빌립보에서 가까운 항구도시 네압볼리(Neapolis)에 도착했다. 성령의 이끄심에 따라 마침내 마케도니아 지방에 도착한 것이다. 그리고 빌립보(Philippi)로 갔다. 빌립보는 마케도니아 지방에서 으뜸가는 도시요, 로마 식민지였다. 빌립보는 알렉산더 대왕의 아버지 필립의 이름을 딴 도시로, 은퇴한 로마 군인들이 많이 살고 있었다. 바울 일행은 이 도시에서 며칠 동안 묵었다.

지금부터 누가는 빌립보 교회가 어떻게 시작하게 되었는가를 기록하고 있다. 크게 세 사람을 소개하고 있다. 자색 옷감 장사 루디아, 귀신 들린 여인, 그리고 빌립보 감옥의 간수다. 성령은 맨 먼저 루디아를 만나 유럽 교회 전초 기지를 열게 하셨다. 우리는 성령에 민감해야 한다.

안식일이 되자 바울 일행은 성문 밖으로 나가 유대의 기도처(a place of prayer)가 있으리라고 짐작되는 강가에 이르렀다. 유대인의 수가 적어 회당을 마련하지 못한 곳에서는 회당 대신 강가에 기도처를 정해 안식일 예배를 드렸다. 강가를 기도처로 잡은 것은 유대인의 관습(시 137:1, 스 8:15) 또는 결례상의 편의 때문이기도 했다. 그러는 가운데 바울 일행은 빌립보에 사는 몇몇 유대인 여자들이 강기테스 강가에 모여 기도하는 것을 발견하게 되었다. 바울은 그곳에 모인 여자들에게 복음을 전했다.

말씀을 들은 여인들 가운데 루디아(Lydia)가 있었다. 그는 두아디라(Thyatira) 시에서 자색 옷감(purple cloth) 장사를 하고 있었다. 두아디라는 소아시아의 루디아 지방의 성읍으로 염직 기술, 특히 자줏빛 염색이 발달한 곳이었다. 자색 옷감은 자줏빛 나는 명주를 말한다. 이 옷감은 귀인들을 위해 명품 옷을 만드는 재료가 된다. 그는 빌립보에 살면서 자색 옷감을 팔며 사는 CEO였다. 하지만 무엇보다 하나님을 공경하며 사는 여인이었다. 바울이 말씀을 전하고 있을 때 주께서 그의 마음을 열어 복음의 말씀을 귀담아 듣고 믿게 하였다. 마음이 열린 자, 준비된 자, 옥토와 같은 자가 된 것이다. 이 모두 성령이 역사하신 것이다. 리디아는 온 집안 식구와 함께 세례를 받았다. 그리고 바울 일행에게 간청했다. "나를 주님의 신도로 여기시면, 우리 집에 오셔서 묵으십시오." 그는 바울 일행을 강권해서 자기 집으로 데리고 갔다.

4. 귀신들린 여종의 치유(16-18절)

누가는 이 부분에서 빌립보 교회의 일원이 된 귀신들린 여종의 사례를 소개하고 있다. 어느 날 바울 일행이 그 기도처로 가는 도중에 점치는 귀신 들린 여종(a slave girl, 여자 노예) 한 사람을 만났다. 그는 점을 쳐서 자기 주인들에게 많은 돈을 벌어 주던 여자였다. '점하는 귀신' 태양, 음악, 시, 건강, 예언의 신인 아폴로를 섬기는 무녀의 신이다. 이 여종은 이 귀신에 접신되어 귀신이 신탁해주는 말(fortune-telling)로 점을 쳤다. 그녀에게는 여러 주인들이 있어서 그녀는 점을 쳐서 그 주인들을 크게 이롭게 했다. 그 이득은 공동 분배된다.

그런데 이 여인이 바울 일행을 따라 오면서 큰 소리로 외치는 것이었다. "이 사람들은 지극히 높은 하나님(the Most High God)의 종으로서 여러분에게 구원의 길을 전하는 사람들입니다." 귀신은 하나님의 종을 깜 쪽 같이 알아본다. 주로 귀신 들린 사람들은 하나님을 부를 때 '지극히 높은' 이라는 수식어를 붙인다. 유대인도 가끔 하나님을 그렇게 불렀고, 헬라인들은 그들의 신, 곧 최고의 존재를 지극히 높은 자라 했다.

이 여인이 여러 날을 두고 이렇게 하자 바울이 괴로움을 참다못해 돌아서서, 그 귀신에게 명령했다. "예수 그리스도의 이름으로 내가 네게 명하노니 그에게서 썩 나가거라." 그러자 귀신이 곧 그 여자에게서 나가버렸다.

바울이 참지 못한 것은 그 여인이 철저히, 곧 집요하게 따라다니면서 말하기 때문에 복음전도에 방해가 되었던 것이다. 귀신이 나감으로 이 여인은 온전한 사람이 되었다. 귀신 들린 불쌍한 사람을 이용하는 사람과 예수님의 이름으로 사람을 온전케 하는 사도와 대비된다.

5. 빌립보 옥에 갇힌 바울과 실라(19-24절)

이 여종의 주인들은 돈벌이 길이 막힌 것을 알고 바울과 실라를 붙잡아 장터(marketplace), 곧 광장 법정으로 끌고 갔다. 장터는 아고라(agora)를 말한다. 아고라는 도시 중앙에 자리 잡고 있으며 그곳에서 사람들은 물건을 사고 팔고, 품꾼들을 고용하기도 하며, 관가와 재판소가 있어 공개재판도 하고, 철학자들이 강론을 하기도 했다. 그들은 재판소 재판관(magistrates, 치안판사)들에게 바울과 실라를 고발했다

"이 사람들은 유대인들로 우리 도시에서 큰 소란을 일으키고 있습니다. 우리 로마 사람으로서는 받아들일 수 없고 실행할 수도 없는 잘못된 풍습을 전하고 있습니다." 바울이 피소된 죄목은 그가 유대인이라는 것과 로마인이 받아들일 수 없는 풍속을 전한다는 것이었다. 자기들이 귀신들린 여종을 이용해 옳지 못한 방법으로 돈 번 것에 대해서는 한 마디도 하지 않았다.

군중까지 합세해 일제히 그들을 고발하자 행정관은 바울과 실라의 옷을 찢어 벗기고 매질을 하게 했다. 몹시 치게 한 후 옥에 가두고 간수에게 단단히 지키라 명령했다. 간수는 그들을 깊숙한 감방(inner cell)에 집어넣고 발목에 차꼬로 단단히 채워 두었다. 귀신들린 여인을 고쳐준 탓에 바울과 실라가 투옥된 것이다. 감방은 외옥과 내옥으로 되어 있는데, 중한 죄인은 어둡고 불결한 내옥에 집어넣었다. 바울과 실라를 중죄인으로 취급하고 내옥에 가둔 것이다. 차꼬는 죄인이 도망가지 못하도록 다리를 붙잡아 두는 기구다.

6. 빌립보 간수의 회심(25-34절)

누가는 이 부분에서 빌립보 교회의 창립교인이 된 빌립보 감옥의 간수 사

례를 들고 있다. 한 밤중에 바울과 실라는 기도하면서 하나님을 찬송하고 있었다. 고난 중에 부르는 찬송이다. 그들은 고난 중에도 결코 하나님을 원망하지 않았다. 오히려 하나님께 기도하고 찬송했다. 고난 중에 찬송은 아무나 하는 찬송이 아니다. 다른 죄수들은 그것을 듣고 있었다.

그 때 갑자기 큰 지진이 일어나 감옥의 터전(foundations)이 흔들렸다. 감옥의 기초가 흔들리는 바람에 문이 모두 열리고, 죄수들을 묶어놓았던 수갑과 차꼬도 다 풀리고 말았다. 고난 중에 기도하고, 기도를 넘어 찬송하면 기적이 일어난다.

간수가 자다가 깨어 옥문들이 열린 것을 보고 죄수들이 도망한 줄 생각하고 칼을 빼어 자결하려 하였다. 당시 로마법에서는 간수가 죄수를 놓칠 경우 그 책임으로 그 죄수가 받을 벌을 대신 받아야 했다. 그 수치와 고통을 받기보다 스스로 목숨을 끊으려 한 것이다. 이 순간 바울이 크게 소리를 질렀다. "당신의 몸을 해치지 마시오. 우리가 다 여기 있소."

간수는 등불을 찾아 들고 뛰어 들어가 무서워 떨면서 바울과 실라 앞에 엎드렸다. 그리고 그들을 밖으로 데리고 나가 물었다. "선생들이여 제가 어떻게 해야 구원을 얻겠습니까?" 그러자 "주 예수를 믿으라 그리하면 너와 네 집이 구원을 받으리라" 했다. 그리고 간수와 그 집안 온 식구들에게 주님의 말씀을 들려주었다. 그 밤에 간수는 그 두 사람을 데려다가 상처를 씻어 주었다. 그 다음 그 자리에서 자기와 그 온 가족이 다 세례를 받았다. 그리고 바울과 실라를 자기 집에 데리고 가서 음식을 대접하며 하나님을 믿게 된 것을 온 가족이 함께 크게 기뻐했다.

7. 옥에서 풀려난 바울과 실라(35-40절)

날이 밝자 재판관들은 부하들(their officers, 재판관의 명령에 따라 죄인을 때리기도 하고 풀어주기도 하는 관리들)을 보내어 두 사람을 놓아 주라고 명령했다. 석방을 지시한 것이다. 이것으로 보아 바울과 실라를 때리고 감옥에 넣은 것은 고소한 무리들을 달래기 위한 일시적 방편이었음을 알 수 있다. 사실 죄가 없는 그들을 놓아주고자 한 것이다. 간수가 그 말을 받아 바울에게 전했다. "재판관들이 선생님들을 놓아 주라고 전령을 보내 왔습니다. 그러니 이제는 나가서 안녕히 가십시오."

그러자 바울이 이의를 제기했다. 재판관들이 로마 시민인 자기들을 재판도 하지 않은 채 공중 앞에서 공개적으로(publicly) 매질을 하고 감옥에 처넣었다가 이제 와서 슬그머니(quietly) 내보내 주겠다니 말이 안 된다는 것이다. 부하들 보내 넘기려 하지 말고 그들이 직접 와서 자기들을 공개적으로 석방해야(escort us out, 데리고 나가야) 한다는 것이다.

이것은 로마시민은 두 사람으로서는 당연한 말이다. 당시 로마법에 따르면 로마인은 조사나 재판 없이 체포나 구금할 수 없다. 나아가 채찍이나 고문의 형을 받지 않는다. 그리고 로마 황제의 법정에까지 상소할 수 있다.

이에 부하들이 이 말을 재판관에게 보고했다. 그러자 그들은 바울과 실라가 로마 시민이라는 말을 듣고 겁이 덜컥 났다(alarmed). 죄 없는 로마시민을 불법으로 처벌한 사람은 상부의 조사를 받아 로마시민권을 박탈당하고 사형에 처해질 수 있기 때문이다. 그래서 그들은 감옥으로 와서 정중히 사과하고 바울과 실라를 데리고 나가 그 도시에서 떠나 줄 것을 간청했다. 바울의 요청이 공개적으로 받아들여진 것이다. 두 사람은 감옥에서 나와 루디아의 집으로 가서 신자들을 만나보고 그들을 격려한 뒤 그 곳을 떠났다. 루디아의 집은 빌립보 교회를 뜻한다. 빌립보에서 예수를 믿게 된 사람들이 그의 집에서 모였기 때문이다. 이 교회는 루디아와 그 가족, 귀신들린 여자 노예, 빌립보 감옥의 간수와 그 가족을 중심으로 구성된 교회이다.

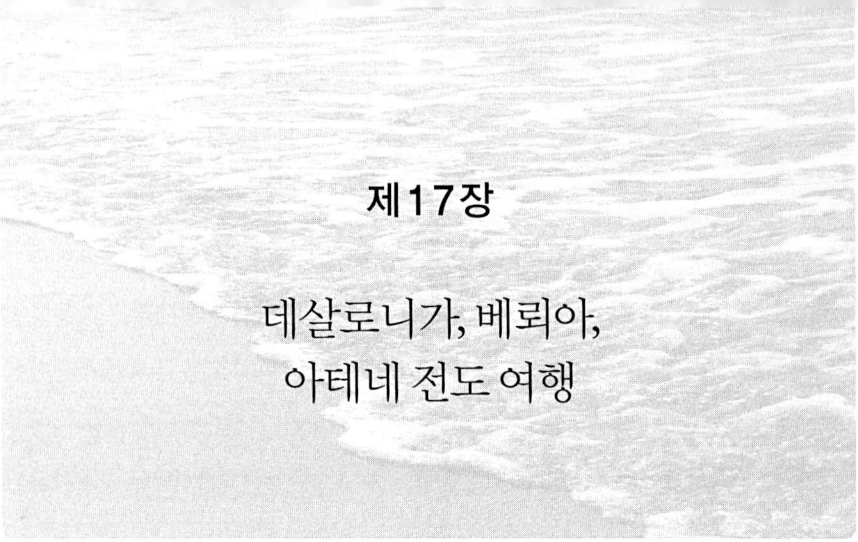

제17장

데살로니가, 베뢰아, 아테네 전도 여행

사도행전 17장은 바울의 제2차 전도여행을 계속 소개하고 있다. 데살로니가와 베뢰아는 마케도니아 지방에 속하며, 아테네는 아가야 지방에 속한다. 모두 유럽 교회들이다. 고린도, 겐그레아도 아가야 지방(지금의 그리스)에 속한다.

1. 데살로니가 전도 여행(1-9절)

바울과 실라는 빌립보 서남쪽에 있는 암비볼리(Amphipolis)와 그곳에서 더 서남쪽에 자리한 아볼로니아(Apollonia)를 거쳐 데살로니가(Thessalonica)에 이르렀다. 빌립보, 암비볼리, 아볼로니아, 데살로니가를 잇는 엑나시안 길을 따라 온 것이다. 이 길은 마케도니아 지역을 가로지르는 대로였다. 여행자들은 이 길이 끝나는 지점에서 배를 타고 이탈리아로 갔다. 데살로니가는 마케도니아의 중심도시로, 필립 왕의 양자인 카사더가 건설하여 그의 아내 이름을 따 도시 이름을 '데살로니가'라 했다.

데살로니가에는 유대인 회당이 있었다. 바울은 자기의 규례, 곧 평소의 습관대로 유대인의 모임에 들어가서 세 주간 동안 안식일마다 성경을 가지고 토론을 했다. 수주일 동안 그곳에 머물면서 전도를 했다는 말이다. 그곳에 있는 동안 바울은 양식을 위해 손수 일하면서(살전 2:9, 살후 3:7-11) 전도를 했다. 빌립보 교회도 바울에게 두어 차례 재정적인 도움을 주었다(빌 4:16).

바울은 회당에서 성경의 뜻을 풀어주면서 그리스도가 고난을 받고 죽은 자 가운데서 다시 살아나야 한다는 것을 말하며 "제가 여러분에게 전하는 예수가 바로 그 그리스도입니다."라 증거 했다. 구약에서 예언된 고난 받을 메시야가 바로 예수 그리스도임을 증거 한 것이다.

그들 가운데 여러 사람들이 믿고 바울과 실라를 따랐다. 이들 중에서는 야손(Jason)을 비롯하여 아리스다고, 세군도와 같은 사람들이 있었다(행 20:4). 그밖에 많은 경건한 헬라인들과 적지 않은 귀부인들도 믿었다. 바울의 전도로 많은 사람들이 그리스도를 영접하자 이들을 중심으로 데살로니가 교회가 세워졌다. 이방 사람들이 하나님께 돌아온 것이다(살전 1:9).

그러나 유대교를 믿던 이방사람들이 그리스도를 믿는 것을 본 데살로니가 유대인들은 시기심이 났다. 그들은 거리(agora, marketplace)의 불량배들을 모아 떼를 지어 다니면서 그 도시를 소란케 하고 바울과 실라를 사람들 앞에 끌어내려고 야손의 집을 덮쳤다. 여기서 '사람들'은 데모스(demos)로, 일반 군중을 의미하는 것이 아니라 일종의 시민회의를 가리키며, 바울 일행을 그들 앞에 세우고자 했다는 주장도 있다.

그러나 바울 일행을 찾지 못하자 폭도들은 야손과 교우 몇 사람을 그 도시의 당국자들(politarchas, city officials)에게 끌고 가서 이렇게 말했다. "세상을 온통 소란케 하던 사람들이 이 곳에도 왔는데 야손이 그들을 자기 집에 맞아들였습니다. 그들은 모두 가이사의 법령(Caesar's decrees)을 거역하고 예수라는 다른 왕이 있다고 합니다." 유대인들이 데살로니가 교인들을 고소한 죄목은 정치적인 반역죄였다. 유대인에게는 하나님을 모독하는 죄가 가장 무거운 죄임에 비해 당시 로마세계에서는 황제에 대해 반역하는 죄(가이사에 충성하지 않는 죄)가 가장 큰 죄였다. 당시 로마는 식민지들에게 관대했지만 반역과 소요에 대해서는 엄했다. 유대인들은 예수님을 로마를 반역하는 정치범으로 몰아 십자가형을 받게 했다. 그런데 데살로니가 유대인들은 같은 방법으로 그곳의 교인들을 죽이려 했다. 예수는 메시야로서 하나님 나라의 왕이시다(눅 23: 2, 요 19:12).

이 말을 듣고 군중들과 그 도시 당국자들은 이 말을 듣고 잠시 소동에 빠졌다(thrown into turmoil). 그러나 시 당국자들은 야손과 다른 신자들에게서 보석금(bond)을 받고 그들을 놓아 주었다.

2. 베뢰아 전도 여행(10-15절)

데살로니가 교우들은 그날 밤으로 바울과 실라를 베뢰아(Berea)로 보냈다. 유대인의 박해를 피해 베뢰아로 간 것이다. 베뢰아는 데살로니가에서 서남쪽으로 떨어져 있는 도시다. 그곳에 도착한 두 사람은 유대인 회당에 들어가 전도했다. 그곳 유대인들은 데살로니가 유대인들보다 신사적이어서 간절한 마음으로(with great eagerness) 말씀을 받아들이고 바울의 말이 사실인지 알아보려고 날마다 성경을 연구하였다. 더 신사적(eugenestero)이란 말은 더 고상한 품성(more noble character)을 가졌다는 것으로, 너그럽고 마음이 열린 사람들이란 말이다. 말씀에 대한 열심과 진지함도 컸다. 그들은 바울의 말을 듣고 올바른 믿음의 지식을 얻기 위해 더 열심히 성경을 공부했다. 그리하여 그들 중 많은 사람들이 예수를 믿게 되었다. 또 헬라 귀부인들과 남자들 가운데서도 믿는 사람이 적지 않았다.

그런데 데살로니가에 있는 유대인들은 바울이 하나님의 말씀을 베뢰아에서도 전한다는 말을 듣고 거기까지 가서 군중들을 선동하여 소란을 피웠다. 바울의 진도를 방해한 것이다. 그래서 교우들은 급히 바울을 바닷가로 피신 시켰다. 여기서 바다는 발칸반도 우측의 에게 해를 가리킨다. 바울을 바닷가까지 안내한 것은 배편으로나 해변의 육로로든 아테네까지 가게 하기 위한 것이었다.

그러나 실라와 디모데는 그곳에 그대로 남아 있었다. 바울을 안내하던 사람들은 바울을 아데네까지 데려다 주고 베뢰아로 돌아갔다. 바울은 그 편에 실라와 디모데도 속히 자기에게 오게 하라는 전갈을 보냈다. 실라와 디모데는 나중에 아테네에 합류했다(살전 3:1).

3. 아테네 전도 여행(16-21절)

바울은 아테네에서 실라와 디모데를 기다리고 있었다. 신화에 따르면 아테네는 지혜의 여신을 상징한다. 이 여신이 바다의 신인 포세이돈과 대결해 이겼다. 그래서 이 도시 이름을 아테네라 하였다. 아테네는 조각, 문학, 수사학, 철학 등이 크게 발달했다. 바울 당시에는 쇠퇴했지만 옛 명성은 그대로 남아 있었다.

실라와 디모데를 기다리는 동안 그 도시에 우상이 가득 차 있는 것을 보고 바울은 크게 격분했다. 그래서 바울은 회당에서는 유대인과 또 하나님을 공경하는 경건한 사람들, 곧 이방인 유대교인들과 토론을 벌였고, 장터, 곧 아고라 광장에 나가서는 날마다 거기에 모인 사람들과 토론했다. 당시 아테네는 각종 신전 및 우상이 많은 곳이었다. '마음에 분하여' 는 바울이 이에 대해 얼마나 분노했는가를 잘 보여준다.

이 분노는 하나님을 모르고 살아가는, 하나님의 말씀에 반대되는 삶을 살아가는 것에 대한 분노, 하나님을 거부하는 그들의 모습에 대한 분노 등 여러

복합적인 마음을 담고 있다. 우리 세대도 각종 포스트모더니즘의 영향을 받아 하나님의 절대성을 거부하는 문화 속에 살고 있다. 바울은 만나는 사람마다 복음을 전했다.

에피쿠로스(Epicurean) 학파와 스토아(Stoic) 학파의 몇몇 철학자들도 바울과 논쟁을 한 뒤 어떤 이는 "이 말쟁이가 도대체 무슨 소리를 하려는 것인가?" 하기도 하고 또 어떤 사람은 바울이 예수와 그의 부활을 전하는 것을 보고 "이방 신들을 전하는 사람인가보다" 말하기도 했다. 에피쿠로스 학파는 에피쿠로스(Epicurus)가 창설한 철학파로 불안, 고통, 욕정, 죽음의 공포 등을 버리고 쾌락과 기쁨을 영위하는 것이 인생의 목표라 주장한다.

스토아학파는 제논(Zenon)이 창설한 철학파로 도덕과 이성에 따라 살아야 한다고 가르친다. 두 학파는 이처럼 성격이 다르다. 하지만 이 두 학파는 당대에 주류를 이루던 학파들이다. 말쟁이(babbler)는 원래 시궁창에서 모이를 줍는 새를 가리키던 말이었다. 여기저기서 주어들은 단편적인 지식들을 빈둥거리며 의미 없이 나열하고 다니는 사람을 빗대어 사용했다. 바울을 말쟁이라 본 것은 낮춰봤다는 말이다.

그들은 바울을 아레오바고(the Areopagus) 광장으로 데리고 갔다. 아레오바고 언덕은 법정, 시민대화 장소이다. 위로는 파르테논 신전이 보이고, 아래로는 각종 신전들이 보인다. 아레오바고는 아테네의 종교, 도덕에 관한 문제를 강론하고 재판하던 장소이다. 아레오바고 법정이라 불렀다. 소크라테스도 이곳에서 재판을 받았다. 그곳에 가자 그들은 물었다.

"당신이 전하고 있는 이 새 가르침이 무엇인지 알려 줄 수 없겠습니까? 우리가 듣기에 당신은 아주 생소한 말을 하는데 그것이 무슨 뜻인지 그 설명을 들어 봅시다." 아테네 사람들과 그 곳을 찾는 외국인들은 보다 새로운 것을 말하거나 듣는 데만 시간을 보내고 있었다.

4. 바울의 아테네 설교(22-31절)

바울은 아레오바고 광장 가운데 서서 이렇게 연설하였다. 설교이자 전도다.

1) (**종교심이 많은 아테네 시민**) "아테네 시민 여러분, 내가 보기에 여러분은 모든 면에서 종교심이 많은(very religious) 분들입니다." 바울의 이 말은 분노를 억누르며 하는 말이다. 그들을 비판하지 않고 왜 억눌렀을까? 그것은 그들과의 접촉점을 찾기 위한 의도가 담겨 있었기 때문이다. 전도자는 어떤 상황 가운데서도 복음의 접촉점을 찾는 노력이 필요하다. '아테네 시민 여러분' 은 소크라테스, 플라톤 등 유명 철학자들이 서두에 주로 사용한 말이다. 이것은 바울이 헬라 철학과 문학에도 일가견이 있음을 보여준다. '종교성' 은 인간에게는 보편적으로 신을 갈망하는 심성이 있음을 말한다. 아테네 사람들은 그 종교성을 미신적으로 표현했다.

2) (**미처 알지 못하고 섬겨온 그 신**) "내가 이리저리 다니며 여러분이 예배하는 곳을 살펴보니 '알지 못하는 신에게(TO AN UNKNOWN GOD)'라고 새긴 제단도 보았습니다. 그래서 여러분이 지금까지 미처 알지 못하고 예배해 온 그 신을 제가 알려 드리겠습니다."

바울은 아테네 여러 곳을 돌아다니며 계속 접촉점을 찾고자 했다. '알지 못하는 신에게' 는 그들이 그 무수히 많은 신들을 섬기면서도 혹시 빠진 신이 있을까봐 이런 신단을 만들어 놓은 것을 바울은 알았다. 혹시 부주의로 인해 빠뜨린 신이 분노할까 두려워 알지 못하는 신을 위해 제단을 만들어 그 분노를 미리 막으려 한 것이다. 이 말은 B.C. 6세기 에피메니데스(Epimenides)가 아레오바고에 퍼진 질병에서 아테네 사람들을 구한 다음 그에 대한 감사제를 여러 신에게 드리면서 혹시 빠진 신이 있지 않을까 염려해서 만든 제단 문구이다. 바울은 여기서 접촉점을 찾아 설교하기 시작했다. 그는 듣는 자의 필요를 생각하며 '알지 못하는 신' 이 바로 바울이 소개하고자 하는 참신 하나님이심을 말하고자 했다. 바울은 전도자라면 어떤 상황에서도 끊임없이 복음의 접촉점을 찾고 그것을 통해 전도할 수 있어야 한다는 것을 가르쳐 주고 있다.

3) (**그분은 창조주 하나님**) "그 신은 천지 만물을 창조하신 하나님이십니다. 그분은 천지의 주재, 곧 하늘과 땅의 주인이므로 사람의 손으로 지은 신전에 살지 않으신다. 하나님은 사람의 손으로 채워 드려야 할 만큼 부족한 것 또 한 없으십니다. 그러니 사람이 드리는 것을 받지도 않습니다. 하나님은 오히려 모든 사람들에게 생명과 호흡과 만물, 곧 모든 것을 직접 주시는 분이십니다."

바울은 하나님이 생명, 호흡, 만물을 주관하시는 분이라 했다. 헬라 철학자들은 만물이 어디에서 나왔는가에 대해 관심이 많았다. 탈레스는 만유의 근원을 물이라 했고, 아낙시메데스는 공기라 했다. 그러나 바울은 신이 만물을 창조했으며 모든 것은 하나님으로부터 나왔다 했다. 나아가 스토아학파는 그들이 창안해 낸 신이 인간의 운명을 주관한다고 가르쳤다. 바울은 하나님이 창조주이심을 말하면서 그분은 언제나 스스로 만족하시는 분이라 했다. 에피쿠로스학파도 그들이 만들어낸 철학적 신은 아무 것도 필요로 하지 않는다고 가르쳤다. 바울은 이것에서 접촉점을 찾아 복음을 전파했다.

4) (**우리는 그분의 자녀**) "그분은 한 사람에게서 모든 민족을 만들어 온 땅 위에 살게 하셨으며 그들이 살아 갈 시대와 그들의 국경을 정해 주셨습니다. 하나님이 이렇게 하신 것은 사람들이 더듬어 찾기만 하면 그분을 만날 수 있게 해주신 것입니다. 사실 하나님은 우리에게서 멀리 떠나 계신 것이 아닙니다. 우리는 그분 안에서 살고 움직이며 존재합니다(욥 12:10, 단 5:23). 여

러분의 시인 가운데 어떤 사람이 말한 것처럼 '우리는 그분의 자녀입니다.'"

바울은 하나님이 어떤 분인가, 그리고 어떤 마음을 가지고 계시는 분인가, 그리고 우리가 그분을 통해 어떻게 살아가고 있는가를 끊임없이 전하고자 했다. 이 말씀은 바로 전도자는 하나님의 마음을 전하는 자가 되어야 한다는 것을 가르쳐 주고 있다. 학생이나 선생은 실력이 있어야 한다. 마찬가지로 그리스도인도 실력을 가지고 있어야 한다. 그리스도인의 실력은 세상의 지식적인 실력이 아니라 영적인 실력이다. 영적 실력, 곧 영적 능력은 하나님의 살아계심을 드러내는 것이다.

바울은 인류가 한 사람에게서 났음을 강조했다. 이 한 사람은 아담을 가리킨다. 여기서 민족을 만드셨다. 하나님은 역사를 이끄시고 온 민족의 국경을 정하시는 분이시다. 하나님은 역사의 발전과 각 민족의 흥망성쇠를 주관하시는 분이다. 그 목적은 사람들이 순종함으로써 하나님을 알고 그를 섬기기 위함이다. 하지만 사람은 죄와 어리석음 때문에 그를 알 수도 없고 섬길 수도 없었다. 아테네 사람처럼 우상을 만들어 섬기게 되었다.

하나님은 창조주이시기 때문에 그가 지으신 피조 세계와 구별된다. 그러나 하나님은 그가 지으신 세계와 사람에 대해 무관심하지 않으신다. 하나님은 우리 각 사람을 돌아보신다. 따라서 우리의 생명, 삶, 존재 모두 그분 안에 있다.

우리 자신의 일이 잘되면 하나님이 살아계시고, 우리 일이 풀리지 않으면 살아계시지 않는가? 살아계신 하나님은 그런 하나님이 아니다. 우리는 살아계신 하나님을 힘입어 오늘도 살고, 움직인다. 우리는 매일 하나님과 동행하는 삶을 살아야 한다. 기도와 찬양, 사랑의 삶을 통해 하나님을 체험하는 삶을 살아야 한다. 스토아 철학자 아라투스와 무시아인 클레안데스의 시에 '우리는 그분의 자녀입니다.' 라는 구절이 나온다. 이것은 제우스신(로마의 주피터 신에 해당)을 찬양하기 위한 것으로 '우리는 제우스(주피터)의 자손' 이라는 뜻이다. 바울은 이 시를 접촉점 삼아 우리는 우상의 자손이 아니라 하나님의 자손임을 입증하고자 했다. 우리가 하나님의 자녀인 것은 요일 3:1-2에서도 나타난다. 바울은 이 말씀을 통해 전도자는 하나님의 살아계심을 세상 속에 끊임없이 전하는 자가 되어야 한다는 것을 가르쳐 주고 있다.

5) (**회개를 명하신 하나님**) " 이와 같이 우리가 하나님의 자녀가 되었으니 신을 사람의 생각과 기술로 금이나 은이나 돌이 새긴 형상 따위로 여겨서는 안 됩니다. 알지 못하던 시대에는 하나님이 그대로 내버려 두셨지만 이제는 어디에 있는 사람에게나 다 회개하라고 명령하십니다. 이것은 하나님이 정해 놓은 사람을 통해 세상을 정의로 심판할 날을 정하시고 그분을 죽은 사람들 가운데서 다시 살리셔서 모든 사람에게 믿을 만한 증거를 주셨기 때문입니다(시 9:8, 96:13, 98:9)."

아테네 사람들도 자신들이 제우스신에게서 생겨났다고 믿었다. 바울은 이런 개념에서 접촉점을 찾아 우리는 모두 하나님의 자녀임을 강조했다. 하나님을 알지 못하던 시대, 곧 예수 그리스도의 복음이 전파되기 이전 시대에는 하나님께서 깊이 참으시는 중에 죄를 묵인하셨지만 이제는 다르다. '하나님이 정해놓은 사람,' 곧 예수 그리스도가 오셨기 때문이다. 바울은 마지막으로 회개, 심판, 예수님의 부활을 전파했다.

바울의 설교는 이방인을 대상으로 한 것이다. 바울은 비시디아 안디옥에서 유대인과 유대인으로 개종한 이방인에게 행한 설교와 대조된다(행 13:16 이하). 바울은 아테네 설교에서 우주, 세상, 인간을 지으신 창조주 하나님만이 참된 신이며, 이제는 회개하고 하나님을 믿으라 했다.

우리는 그의 설교를 통해 어떻게 하면 좋은 전도를 할 수 있는지에 대해 모범을 보여주었다. 바울은 그곳, 그 시대의 사회상을 살펴보고 전도할 상대의 학식, 연령, 가정 등 여러 형편을 고려했으며 분석한 사실을 바탕으로 접촉점을 찾고자 했다. 그리고 그 접촉점들을 연결시켜 복음을 제시했다.

5. 바울 설교에 대한 반응(32-34절)

죽은 사람이 다시 살아난다는 말에 어떤 사람들은 비웃었는가하면 훗날 더 듣고 싶다는 사람들도 있었다. 비웃는 사람은 에피쿠로스학파인 사람이었을 가능성이 높고, 더 듣고 싶다고 말한 사람은 스토아 학파의 사람이었을 가능성이 높다. 당시 헬라인들은 영혼불멸은 믿었지만 육체가 부활한다는 개념은 갖지 못했다. 따라서 육체부활을 증거 하는 바울을 어리석게 보았을 수 있다. 그러나 성경은 인간을 이원론으로 구분하여 차별을 두지 않는다. 성경은 영과 육체 모두가 하나님에 의해 창조된 고귀한 것이며 영육일체가 완전한 인간임을 증명한다. 바울은 조롱을 당했다. 조롱을 당할 때 전도자는 고독하다. 그러나 그것을 기꺼이 참아내야 한다. 전도는 끊임없는 도전이자 응전이다.

이에 바울은 설교를 마치고 광장을 떠났다. 그때 몇 사람이 바울을 따르고 믿었다. 그 중에는 아레오바고 법관인 디오누시오(Dionysius), 다마리(Damaris)라는 여자, 그리고 그 밖에 몇 사람이 더 있었다. 디오누시오는 아레오바고 12인 재판관 중 한 사람이다. 그는 바울의 복음을 듣고 훗날 아테네 교회 최초 감독으로 세워질 만큼 신실한 믿음의 일꾼이 되었으며, A.D. 95년 도미티아누스 황제 박해 때 순교했다. 한 영혼이라도 얻고자 하는 바울의 도전을 실패했는가? 다른 전도지보다 왕성하지 못한 것은 사실이다. 그러나 하나님은 아덴에의 도전을 실패로 남기지 않으셨다. 그들 중에 몇 사람을 얻게 하셨다. 당신의 삶의 자리(Sitz im Leben)는 어떠한가? 그 자리가 아무리 험하다 할지라도 하나님을 드러내는 삶, 곧 영적으로 실력이 넘치는 삶을 살아야할 것이다.

제18장

고린도와 에베소 전도여행

1. 고린도 전도여행(1-17절)

그 후 바울은 아테네를 떠나 고린도(Corinth)로 왔다. 고린도는 당시 교통과 상업의 중심지로 성적인 문란이 심했다(고전 5:1-13, 6:12-20). 이곳에 소수의 유대인들이 살고 있었다.

그곳에서 바울은 본도(Pontus) 출신 유대인 아굴라(Aquila)를 만났다. 아굴라는 천막을 만드는 일에 종사하는 사람(tentmaker)이었다. 그는 바울의 동역자로서 부부가 힘써 복음사역에 동참했다. 바울은 훗날 이 부부를 가리켜 '그들은 내 목숨을 위하여 자기들의 목까지도 내놓았나니(롬 16:4)' 라며 생명을 건 동역자라 했다.

아굴라가 이곳에 오게 된 것은 글라우디오(Claudius) 황제가 모든 유대인은 로마에서 나가라는 칙령을 내렸기 때문이다. 황제는 "유대인들은 크레스투스(Chrestus)의 선동에 의해 항상 소란을 일으키므로 로마에서 추방하라" 명령을 내렸다. 크레스투스가 '그리스도(Christ)' 를 가리키는 말이라면 그리스도인과 유대인들의 종교적 다툼으로 소란이 일어났을 가능성도 있다. 아굴라는 로마에서 추방되어 얼마 전 자기 아내 브리스길라(Priscilla)를 데리고 이탈리아에서 이곳 고린도까지 온 것이다. 브리스길라는 로마에서 태어났다. 때론 '브리스가'라 불린다. 성경에선 자주 브리스길라의 이름이 남편의 이름보다 먼저 언급된다. 이것은 교회 내에서 그의 역할이 중요했음을 보여준다.

바울이 그들을 찾아갔는데, 그것은 마침 천막을 만드는 직업이 같았기 때문이다. 천막은 염소털이나 양털, 또는 그 가죽으로 짜서 만들었다. 바울은 랍비학교에 다닐 때 그 제조기술을 배운 것으로 보인다. 바울은 그 집에서 함께 살면서 일을 했다. 천막제조라는 비즈니스를 하면서 주의 일을 했기 때문에 이른바 '비즈니스 선교(BaM, Business as Mission)의 원조라 할 수 있다. 바울은 그가 습득한 기술을 이용해 열심히 일하면서 복음을 전했다. 그러나 때로는 교회의 도움도 받았다.

바울은 안식일마다 회당에서 강론하고 유대인과 헬라인을 권면하며 그들을 설복시키려 노력했다. 실라와 디모데가 마케도니아에서 내려온 이후로 바울은 하나님의 말씀에 붙잡혀 유대인들에게 예수는 그리스도라 밝히 증언하며 오로지 전도에만 힘썼다. '말씀에 붙잡혀'는 말씀을 전파하는 데 전념했다(devoted himself exclusively to preaching)는 말이다. 실라와 디모데가 빌립보와 데살로니가 교회로부터 선물, 곧 헌금을 받아왔기(고후 11:9, 빌 4:15) 때문에 그는 복음 전파에 전념할 수 있었다. 바울은 이 선물에 대한 감사로 데살로니가와 빌립보 교회에 편지를 보내기도 했다.

고린도는 무역과 상업이 성행한 곳이자 우상숭배가 심하고 불법과 악행이 큰 도시였다. 따라서 이곳에서 전도를 한다는 것은 결코 쉬운 일이 아니었다. 유대인들이 대들며 욕설을 퍼부었다. 고린도에서도 핍박을 당한 것이다. 바울은 옷을 털면서 말했다. "너희 피가 너희 머리로 돌아갈 것이요 나는 깨끗하니라 이 후에는 이방인에게로 가리라." 유대인들이 메시야를 거부함으로써 심판을 받아도 자신은 책임이 없다는 말이다. 이것은 고린도에서 전도하는 것이 얼마나 어려운가를 보여준다. 그는 이곳을 떠나 이방인들에게 전도할 것을 결심한다.

바울은 그 자리를 떠나 디도 유스도(Titus Justus)라는 사람의 집에 들어갔다. 이 디도는 고린도후서 2:13, 7:13-14, 8:16, 23에 나오는 디도가 아니다. 그는 하나님을 경외하는 이방인으로 그의 집은 회당 옆에 있었다. 또 회당장 그리스보(Crispus)가 온 집안 식구와 함께 주님을 믿고 세례를 받게 되었다(고전 1:14). 그리스보의 결신은 많은 그리스도인들에게 결신 동기가 되었다. 그는 후에 아에기나(Aegina)의 감독이 되었다. 그밖에도 많은 고린도 사람들이 바울의 설교를 듣고 예수를 믿어 세례를 받았다.

고린도 사람들이 많이 믿게 된 것은 이 도시에 하나님이 임재하심으로 새로운 질서를 창조하시고자 하심을 보여준다. 고린도 사람들이 그리스도로 말미암아 구원받게 된 것이다. 바울은 전심으로 복음을 전할뿐이다. 사람의 마음을 움직이는 분은 주님이시다.

어느 날 밤 주께서 환상(a vision) 가운데 바울에게 나타나셨다. 힘든 상태에서 이제는 고린도를 접고 떠나야겠다고 생각하는 그 순간에 주님이 환상으로 나타나셔서 위로와 확신을 주고자 하신 것이다. 주님이 마지막 순간에 개입하신 것이다. 주님이 말씀하셨다.

"두려워하지 말며 침묵하지 말고 전도를 계속하라. 내가 너와 함께 있을 것이니 어떤 사람도 너를 대적하여 해롭게 할 자가 없을 것이다. 이 도시에는 내 백성이 많다."

'두려워하지 말며,' 이것은 바울이 두려워하는 가운데 있었음을 알 수 있다. 그러나 주님은 그에게 나타나 두려워 말고 이곳에 남아 계속 하나님의 말씀을 전할 것을 말씀하신다. 그리고 함께 하실 것을 약속하신다. 주님은 우리를 강하게 하시는 분이시다. 우리가 약해 있을 때 하나님으로부터 힘을 얻어야 한다. 바울은 이 말씀에 의지해 그곳에 머물며 많은 결실을 맺게 된다. 하나님은 우리와 함께 하시며 우리의 손을 잡으시는 분이시다. 우리도 이런 약속들을 주님으로부터 갖고 있다. 문제에 봉착할 때마다 이 약속을 생각하며 이길 수 있어야 한다. 하나님은 절망가운데 있는 그리스도인을 강하게 만드신다. "환난 날에 나를 부르라 내가 너를 건지리니 네가 나를 영화롭게 하리로다(시 50:15)."

"이 성중에 내 백성이 많음이라." 죄악이 관영한 이 도시를 구원하시기 위해 하나님께서 이미 일하고 계시고, 구원받은 자가 많을 것을 아시고 계셨다. 인간적인 눈으로 볼 때 많은 고린도 사람들이 그리스도를 믿는다는 것이 뜻밖의 일일 수 있다. 그러나 주님은 죄악가운데 있는 이 도시의 백성을 잊지 않으셨다. 이 도시에 있는 내 백성 가운데는 디도 유스도도 있고, 그리스보도 있다. 그 모두 그리스도인이 되어야 할 사람들이다. 그 외에도 더 많이 있다. 이 도시에 대한 구원계획은 하나님이 정하신 일이므로 바울은 그 일이 이뤄지도록 말씀을 열심히 전하면 될 일이다. 주님이 구원사역에 선두에 서시고 바울은 2선에 서 있음을 볼 수 있다. 주님은 오늘도 이 땅뿐 아니라 온 세계에서 자녀를 택하시고 종들 앞서 행하신다. 부패한 사람들 가운데서 그리스도인을 만드시고자 하신다. 우리는 다만 그분의 조수로서 열심을 다해 충성할 것뿐이다.

바울은 일 년 육 개월을 그곳에 머물며 사람들에게 하나님의 말씀을 가르쳤다. 갈리오(Gallio, Lucius Junius Gallio Annaeanus)가 아가야(Achaia) 지방 총독으로 있을 때에 유대인들이 일제히 작당을 하여 바울을 법정으로 끌고 가서 고발했다. "이 사람이 율법에 어긋나게 하나님을 경외하라고 사람들을 선동하고 있습니다."

바울이 답변을 하려 하자 갈리오가 유대인들에게 말했다. "유대인 여러분. 만일 이 사건이 무슨 범법(some misdemeanor)이나 악한 범행(serious crime)에 관련된 것이라면 당신들의 고발을 들어주겠소. 그러나 이것은 말과 명칭과 당신들의 율법에 관련된 것이니만큼 당신들이 알아서 처리하시오. 나는 이러한 일에 재판장 노릇을 하고 싶지 않소."

총독은 정치적인 문제와 종교적인 문제를 명백히 구별했다. 지혜로운 결정이다. 갈리오는 로마 원로원에 속했고 철학자 세네카와 형제였다. 침착하게, 그리고 공정하게 이 결정(기각 판정)을 내린 다음 법정을 산회했다. 그리고 그들을 법정에서 몰아냈다. 반대자들은 시쳇말로 '멘붕(멘탈붕괴)' 에 빠졌다. 그러자 그들은 일제히 회당장 소스테네(Sosthenes)를 붙들어다가 법정 앞에서 매질을 하였다. 소스테데는 바울을 고소했던 유대인들의 대표였다. 하지만 갈리오는 그 일에 참견하지 않았다. 총독의 이 같은 판정은 이후 바울의 복음 전도를 격려하는 좋은 계기가 되었다.

소스테네는 그리스보의 후임이거나 동료였을 것이다. 회당장은 회당의 지도자들(rulers)로 여럿이 있었기 때문에 동료였을 가능성이 높다. 그런데 고린도전서 1:1에 소스테네라는 이름이 나오는데 바울은 그를 '형제' 라 불렀다. 만일 같은 사람이라면 그는 이후에 철저히 회개하고 바울의 동역자로 활동한 것이 된다.

바울의 고린도 전도 여행은 상당한 효과를 거두었다. 비록 그의 활동이 고린도에 국한된 것이었지만 그가 전한 복음은 아가야 전체로 퍼져나갔다(고전 16:15, 고후 1:1).

2. 에베소 전도여행과 안디옥으로 돌아간 바울(18-22절)

바울은 고린도에서 여러 날 더 머물러 있다가 교우들과 작별하고 브리스길라와 아굴라와 함께 배를 타고 수리아로 떠났다. 수리아는 이스라엘 북쪽 지역이다. 바울 일행은 지중해를 건너야 한다. 물론 마케도니아를 거쳐 육로로 오던 길을 되돌아 갈 수도 있다.

그런데 바울은 일찍이 하나님께 서약한 일(a vow) 때문에 떠나기에 앞서 겐크레아(Cenchrea)에서 머리를 깎았다. 나실인의 서원을 가리킨다. 유대인은 어떤 일을 결심할 때나, 과거의 축복을 감사할 때, 또는 미래의 축복을 간구할 때 하나님 앞에 서원했다. 서약 기간 동안 술을 금하고 예루살렘 성전에서 희생을 드렸다. 이 경우는 일시적인 것으로 서원 기간의 처음과 마지막에 머리를 깎았다. 바울은 이런 행위를 통해 하나님의 특별하신 은혜를 구했다. 바울이 왜 서원을 했는지에 대해서는 언급이 없다. 여러 가지로 추측할 수 있지만 무엇보다 하나님 앞에서 새로운 각오로 앞으로 다가올 시련과 난관을 극복하기 위해 서원한 것으로 보인다. 겐그리아는 고린도 동편에 있는 항구도시이다. 이로 보아 바울 일행은 배를 탔을 가능성이 높다. 이곳 겐그리아에도 교회가 섰다(롬 16:1).

바울은 일행과 함께 에베소(Ephesus)에 도착했다. 에베소는 소아시아 서쪽 해안에 위치해 있었고, 당시엔 소아시아의 최대 무역항이었다. 실제로는 해안에서 5킬로미터 내륙에 위치한다. 아시아 지방의 수도였다. 이곳은 아르테미스 신전과 극장으로 유명했다.

바울은 두 사람(아굴라 부부)과 헤어져 혼자 회당에 들어가 유대인들과 변론을 했다. 여러 사람이 바울에게 좀 더 오래 머물러 있어 달라고 청했다. 바울로는 거절하고 "하나님의 뜻이라면 다시 돌아오겠습니다." 하고 작별한 뒤 배를 타고 에베소를 떠났다. 바울이 에베소에서 급히 떠나려 한 이유는 예루살렘에 가서 유월절을 지키기 위해서, 또는 항해하기 어려운 때를 피하기 위함이었을 것으로 보인다. 아굴라 부부는 바울과 함께 에베소에 와서, 에베소 교회를 세우는 데 기여하고, 이 교회의 중요한 인물이 되었다(고전 16:19).

비울은 가이사라에 상륙하여 예루살렘으로 올라가 교회에 인사한 다음 안디옥으로 내려갔다. 성경에서는 예루살렘으로 가는 것을 '올라간다(go up)' 하고, 예루살렘에서 떠나는 것을 '내려간다(go down)' 고 한다. 바울은 고린도를 출발해 겐그리아, 에베소, 가이사랴, 예루살렘을 거쳐 수리아 안디옥에 도착함으로써 제2차 전도여행을 끝맺었다.

3. 제3차 전도여행의 시작(23절)

바울은 거기에서 얼마 동안 지낸 뒤 다시 길을 떠나 갈라디아 지방과 브루기아 지방을 차례로 돌아다니며 모든 신도들을 격려했다. 바울의 제3차 전도여행이 시작된 것이다. 갈라디아 지방은 더베, 루스드라, 이고니온이 위치한 지역을 말하고 브루기아 지방은 비시디아 안디옥이 위치한 지역을 말한다.

이번 여행은 대체로 제2차 전도여행의 길을 따라 이미 세워진 교회들을 방문하는 것이었다. 특별히 성령께서 금하신 소아시아 지역 전도가 허락되어 그 지역을 중심으로 전도를 했다. 이 여행 중에 고린도 전후서, 로마서가 기록되었다.

4. 에베소에서 전도한 아볼로(24-28절)

바울이 에베소를 떠났다가 다시 제3차 전도여행을 시작하여 에베소에 돌아오는 동안 새로운 인물이 에 등장한다. 아볼로(Apollos)라는 유대인이다. 그는 그 사이에 에베소에는 와 있었다.

아볼로는 알렉산드리아 출신으로 언변이 좋고 성경에 능통한 사람이었다. 알렉산드리아는 알렉산더 대왕에 의해 건설된 도시로 이집트 북단에 위치한 아프리카 제일의 무역항이다. 학문적 도시로 유명하다. 유대주의와 헬레니즘

제3차 전도여행 (행 18:23-21:17)

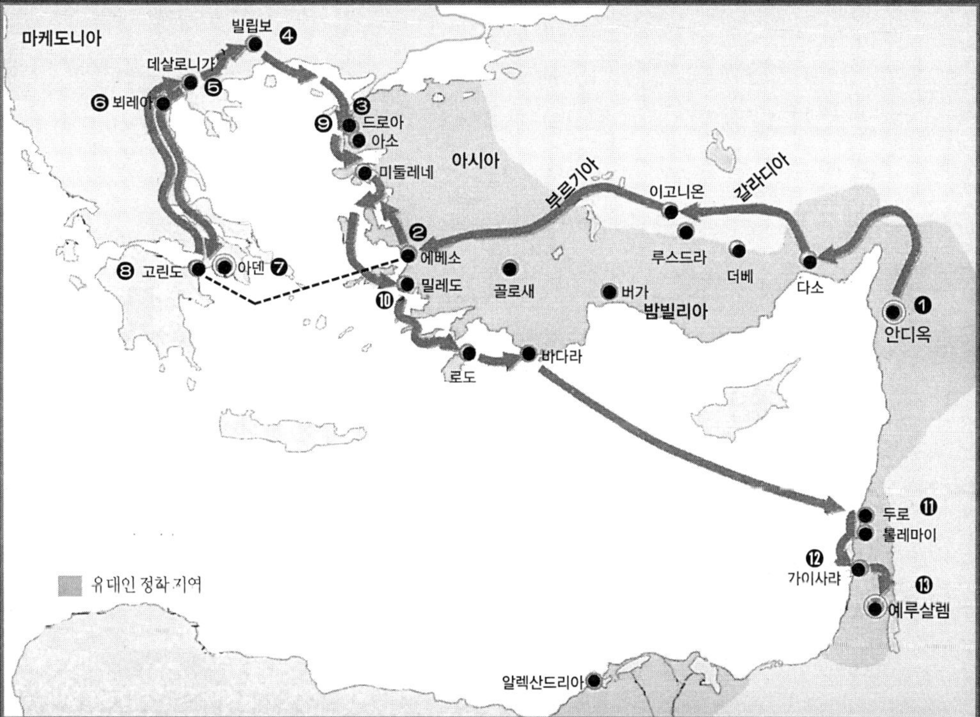

이 융화된 곳으로, 헬라의 프톨레마이오스 2세는 알렉산드리아에 있는 유대인들을 위해 70인 역(LXX) 성경을 번역하게 했다. 아볼로는 이곳 출신으로 학문이 있는 사람으로 구약에 능했다. 그가 에베소에 왔다.

아볼로는 이미 주님의 가르침을 배워 잘 알고 있을 뿐 아니라 열성을 다하여 전도하며 예수에 관한 일들을 정확하게 가르치고 있었다. 이런 그가 에베소에서 일찍 예수님의 도를 배워 사람들에게 열심히 가르치고 있었다. 나아가 유대인인 그는 회당에 들어가 담대히 주의 도를 전했다. 이것만으로도 획기적인 일이다. 하지만 그는 요한의 세례(the baptism of John)만 알 뿐이었다. 당시 시리아와 아시아 지역에서는 세례 요한을 따르던 사람들이 있어서 예수가 메시야임을 가르치기는 했지만 세례 요한을 더 숭배했다. 그들은 요한의 세례만을 전했다. 요한의 세례는 물세례로 성령 세례와는 대조된다.

아볼로의 성경지식과 주님을 향한 열심을 본 브리스길라와 아굴라는 그를 집으로 데리고 가서 하나님의 가르침을 더 정확하게 설명해 주었다. 복음에 대한 그의 지식이 불완전했기 때문이다. 이 때의 하나님의 도는 단지 지식적인 성경공부가 아니라 십자가의 피로 모든 죄가 용서함을 받는다는 사실과 그 십자가의 진리를 가슴으로 받아들이도록 한 것이다. 그 때 성령세례에 대해 말했을 것이고, 그 또한 그것을 체험했을 것이다. 그 중요한 만남으로 인해 머리에 있는 십자가에 대한 지식이 그의 가슴속에 들어왔다. 말씀이 그의 가슴을 적신 것이다. 이것은 성령의 위대한 역사이다.

브리스길라와 아굴라는 모범적인 평신도 지도자이다. 하지만 놀라운 것은 그들이 성경학자인 아볼로에게 가르칠 수 있다는 것과 아볼로가 겸손하게 그 가르침을 받았다는 사실이다. 하나님은 겸손한 자에게 은혜를 주신다.

에베소의 교우들이 아볼로가 아가야(Achaia), 곧 지금의 그리스 남부로 건너가고 싶어 하는 것을 알고 그를 격려하며 아가야의 교우들에게 그를 환영해

달라는 편지를 써 보냈다. 아볼로가 아가야에 가서 하나님의 은혜로 성도가 된 사람들에게 큰 도움을 주었다. 아볼로는 믿는 자들에게 유익을 주는 사람으로 변했다. '유익(a great help)을 주었다' 는 것은 성령이 함께 하시어 그의 가르침이 그만큼 힘 있게 역사했으며, 사람을 변화시키는 영향력을 크게 발휘했다는 것을 의미한다.

이것은 아볼로가 성경을 근거로 예수가 그리스도임을 떳떳하게 증언하여 공중 앞에서 유대인들의 말을 여지없이 이겼기 때문이다. 아볼로는 공개적인 토론(public debate)에서 예수를 그리스도라 조리 있게 증거 하여 유대인들마저 수긍하게 만들었다. 그리고 예수를 힘 있게 전파했다. 아볼로는 십자가의 은혜를 몰랐었다. 그는 성령님의 역사도 몰랐었다. 그런 그가 성령으로 세례를 받고 그의 가르침이 달라진 것이다. 성령은 지금도 '예수님이 나를 위해 무엇을 하셨는지' 를 알게 하신다. 그리고 '앞으로 나는 예수님을 위해 무엇을 할 것인가' 를 깨닫게 하신다.

제19장

에베소 재방문과 에베소 소요 사건

1. 에베소 재방문: 성령 세례를 받은 에베소 제자들(1-7절)

아볼로가 에베소를 떠나 고린도에 머물러 있는 동안 바울은 윗 지방(the interior), 곧 북부지방을 거쳐 에베소에 도착했다. 윗 지방은 비시디아 안디옥에서 에베소에 이르는 지방을 가리킨다.

에베소에서 몇몇 신도들을 만나 물어보았다. "당신들이 예수를 믿게 되었을 때에 성령을 받았습니까?" 그랬더니 "아니요. 우리는 성령이 계신다는 말조차 듣지 못하였습니다."라고 말하는 것이었다.

바울이 다시 "그러면 당신들은 무슨 세례를 받았습니까?" 묻자 요한의 세례라고 답했다. 이에 바울은 "요한이 회개의 세례를 베풀며 백성에게 '내 뒤에 오시는 이를 믿으라.' 하였습니다. 이는 곧 예수이십니다."라고 바로 가르쳐 주었다. 회개의 세례는 요한이 준 세례의 본질을 나타낸다. 요한의 세례는 사람의 죄를 강조하여 복음의 필요성을 실감케 하고, 자신의 몸을 드려 죄 사함을 받을 수 있는 길을 여신 예수님을 예시한다.

그들은 이 말을 듣고 주 예수의 이름으로 세례를 받았다. 바울이 그들에게 안수하자 성령이 그들에게 임하셨다. 그들은 방언도 하고 예언도 하기 시작했다. 이렇게 성령을 받은 사람들은 모두 열 두 사람쯤 되었다. 에베소 교인들은 오순절 때나 고넬료의 경우처럼 성령께서 임하신 표적인 방언과 예언을 했다.

은사운동(Charismatic movement)을 하는 사람들은 에베소에서 12명의 그리스도인들이 성령세례를 받은 것을 매주 중시한다, 그들은 이 말씀에 근거해 예수를 믿은 사람도 성령세례를 받기 위해 기도하고 간구해야 한다고 주장한다. 그들은 예수를 믿는 것도 복이지만 성령세례를 받는 것은 더 큰 복, 곧 두 번째 복(second blessing)이라 말한다. 그러나 성경에서 성령세례를 받기 위해 기도하라고 가르친 곳은 없다. 성령세례는 하나님의 약속에 따라 그의 뜻대로 사람들에게 주어진다. 성령세례는 개인의 신비적 체험 영역에서만 해석될 수 있는 것이 아니다.

2. 회당과 두란노서원에서 강론하는 바울(8-10절)

바울은 석 달 동안 회당을 드나들며 담대히 하나님 나라에 관하여 강론하며 알아듣도록 설명했다. 그러나 어떤 사람들은 오히려 마음이 굳어져서 말씀에 순종하지 않고 회중 앞에서 바울이 전하는 예수의 도를 비방했다.

그래서 바울은 그들과 손을 끊고 신도들을 따로 세우고 나가 두란노서원(the lecture hall of Tyrannus)에서 날마다 강론을 했다. 두란노서원은 에베소의 철학 강연 장소이다. 교육적인 토론과 강론이 이뤄졌다. 그리스 철학자이자 수사학자인 두란누스(Tyrannus)의 이름을 딴 곳이다. 일부 학자들은 두란누스가 유대인으로 이곳에서 개인적으로 학교를 연 것으로 보기도 한다. 어떤 헬라 사본에 따르면 바울은 이곳에서 오전 11시에서 오후 4시까지 매일 5시간씩 강의를 했다고 한다. 이곳을 빌어 날마다 하나님의 말씀을 전파한 것이다. 이렇게 두 해를 계속하자 아시아에 사는 사람들은 유대인이나 헬라인(이방인)이나 할 것 없이 다 주의 말씀을 듣게 되었다. 이 바울의 전도를 통해 아시아 지역의 여러 교회, 곧 골로새 교회, 라오디게아교회, 히에라볼리 교회 등이 세워진 것으로 보인다. 회당 3개월, 두란노서원 2년의 결실이다. 그 후 얼마간의 기간을 더해 바울은 에베소에서 3년간 체류했다(행 20:31). 바울의 수고와 하나님의 축복으로 에베소 교회가 든든히 서게 되었다.

3. 바울의 기적과 그 기적을 도용한 마술사들의 회개(11-20절)

하나님은 에베소에서 바울의 손을 통해 놀라운 기적들을 행하게 하셨다. 심지어 바울의 몸에 닿았던 수건이나 앞치마를 병자에게 대기만 해도 병이 낫고 악령들이 쫓겨 나갔다. 앞치마(aprons)는 천막을 만들 때 사용한 것이다.

그런데 마귀(the evil spirit)를 쫓아낸다며 떠돌아다니며 마술(sorcery)을 하는 몇몇 유대인들, 곧 직업적인 순회 마술사들이 시험 삼아 마귀 들린 사람들을 향해 "내가 바울이 전파하는 예수를 의지하여 너희에게 명하노라" 하면서 주 예수의 이름을 부르며 마귀를 쫓아내려고 해보았다. 어떤 유대인 마술사들은 아브라함이나 여호와의 이름이 들어있는 주문을 외면서 마술을 했는데, 이 때 바울이 전하는 예수의 이름을 주문으로 왼 것이다. 그러나 바울에게 있어서 예수의 이름은 신앙의 표시이지 주문이 아니다. 복음서에도 이런 유대인 마술사들이 언급되어 있다(마 12:27, 눅 11:19).

스게와(Sceva)라는 유대인 제사장(chief priest)의 아들 일곱 형제도 이런 일을 하고 있었다. 그런데 마귀(들린 사람이 "내가 예수도 알고 바울도 잘 아는데 너희는 누구냐?" 하면서 덤벼들어 그들을 모조리 때려 눕혔다. 마귀는 그들을 한다. 그들은 상처투성이가 되어 알몸으로 그 집에서 도망쳤다. 대제사장 가문에 '스게와' 라는 이름으로 불린 사람이 없었던 것으로 보아 사람들을 미혹하기 위해 스스로 대제사장 행세를 한 것으로 보인다.

이 소문이 에베소에 사는 유대인과 헬라인들에게 퍼지자 그들은 모두 두려워하며 주 예수의 이름을 찬양했다. 그리고 많은 신도들도 와서 자기들이 한 일을 많은 사람들 앞에서 숨김없이 자백하였다. 철저한 회개운동이 벌어진 것이다. 1907년 평양대부흥 때 일어난 회개운동이 연상된다.

또한 많은 마술사들은 그들이 사용한 마술 책을 모아 가지고 와서 모든 사람들 앞에서 불살라버렸다. 믿음의 결단은 행동으로 이어지는 법이다. 그 책을 값으로 계산하면 은화로 오만 냥(fifty thousand drachmas), 약 8백만-천만 원어치나 되었다. 이 액수는 당시 에베소에서 마술이 얼마나 성행했는가를 보여준다. 이리하여 주의 말씀은 힘 있게 퍼져 나가고 점점 더 세력을 떨쳤다.

4. 로마 전도를 계획하는 바울(21-22절)

이 일이 있은 후 바울은 마케도니아와 아가야 지방을 거쳐 예루살렘에 가기로 작정하였다. 그리고 "내가 거기에 갔다가 후에는 로마에도 가보아야 하겠다." 고 마음먹었다.

그래서 바울은 자기를 돕는 사람 중에서 디모데와 에라스도(Erastus) 두 사람을 마케도니아로 보내고 자기는 얼마 동안 아시아에 더 머물러있었다. 에라스도는 고린도 시의 재무관으로 고린도교회의 중요한 인물이었다(롬 16:23, 딤후 4:20). 바울의 동역자로 에베소에 있다가 마케도니아로 파견되었다.

5. 에베소에서 일어난 큰 소동(23-41절)

이 무렵 에베소에서는 그리스도교 때문에 적지 않은 소동이 일어났다. 데메드리오(Demetrius)라 하는 은장색(silversmith)이 은으로 아르테미스(Artemis)의 작은 신전 모형(silver shrines)을 만들어 직공들에게 적지 않은 벌이를 시켜 주고 있었다. 그 신전 모형 안에 여신상이 있다. 사람들은 이것을 차고 다니며 호신부, 곧 부적으로 삼았다.

아르테미스는 라틴어로 '디아나(Diana)' 다. 달의 여신이자 다산과 풍요의 여신이다. 가슴에 많은 유방을 달고 있는 모습으로 만들었다. 소아시아 지방에서 가장 위대한 모신(mother goddess)이었다. 당시 에베소에는 약 5만 명을 수용할 수 있는 아르테미스 신전이 있었다. 당시 에베소 사람들은 이 여신을 열심히 숭배했고, 에베소가 아르테미스에게 바쳐진 도시라는 자부심을 갖고 있었다. 이 신전의 제사장은 고자였고, 세 명의 여사제가 함께 의식을 주도했다. 그 의식에는 항상 매음 행위가 있었다. 에베소 사람들은 이 여신의 신전과 여신상을 축소하여 만들어서 사람들에게 팔던 장인이 있었다.

하루는 자기 직공들과 동업자들을 한 자리에 불러 모아 선동하는 말을 했다. 이로 보아 데메드리오는 은장색조합의 조합장 역할을 담당한 것으로 보인다.

> "여러분도 알다시피 우리는 이 사업으로 풍족한 생활을 해왔습니다. 그런데 바울이라는 자가 에베소뿐 아니라 거의 아시아 전역을 돌아다니며 '사람의 손으로 만든 것들은 신이 아니다.' 라고 가르치고 설득해 수많은 사람들의 마음을 돌려놓았습니다. 이 사실을 여러분은 보고 들었을 것입니다."

> "이대로 가다가는 우리의 사업이 위험에 처할 뿐만 아니라 위대한 여신 아르테미스 신전도 무시당하게 되고 마침내는 온 아시아와 온 세계가 숭상하는 이 여신의 위신도 땅에 떨어질까 염려됩니다."

소동을 주도한 데메드리오는 아르테미스 숭배라는 대의명분을 내세웠지만 실제는 경제적인 이해타산이 더 컸다. 이 말을 듣자 그 사람들은 분노가 가득

하여 "에베소의 신, 아르테미스는 위대하다!" 외쳤다. 온 시내가 소란해졌다. 사람들은 바울의 일행인 마케도니아 사람 가이오(Gaius)와 아리스다고(Aristarchus)를 붙들어 가지고 일제히 에베소에 있는 극장(the theater)으로 몰려갔다. 이 극장은 연극장으로도 불리는 데 로마식이어서 로마 극장이라 한다. 에베소에는 약25,000명을 수용할 수 있는 규모의 극장을 가지고 있었다. 이곳에서 자주 민회가 열렸다. 에베소가 그만큼 민주제도를 가지고 있음을 보여준다. 성경에는 마케도니아 사람 가이오, 고린도 사람 가이오, 더베 사람 가이오 등 여러 가이오가 있다. 아리스다고는 바울과 동행하여 로마까지 간 인물이다.

그 때 바울이 백성 속으로 뛰어 들려고 했다. 백성은 '데모스(demos)' 로 민회를 뜻한다. 그러자 신도들이 말렸다. 뿐만 아니라 바울과 가까이 지내던 몇몇 아시아 지방 관리들(the officials of the province)도 전갈을 보내어 바울로 하여금 극장에 들어가지 말라고 했다. 아시아 지방 관리는 소아시아의 각 도시에서 선출된 10인의 의회관리를 말한다. 그들은 황제예배, 경기, 제사 등을 주관하면서 비용을 관리했다. 바울이 이들을 개인적으로 가까지 하고 지냈지만 그들이 신자들인지는 알 수 없다.

그런데 극장에 모인 사람들 중에 어떤 이는 이런 말을, 어떤 이는 저런 말을 하며 떠드는 바람에 상내는 온통 혼란스러워졌다. 대부분의 사람들은 무엇 때문에 그곳에 모여 들었는지조차 알지 못하였다.

그 때 유대인들이 알렉산더(Alexander)라는 사람을 앞으로 밀어내자 군중 가운데서 몇 사람이 그를 끌어내 세웠다. 알렉산더가 군중들에게 조용히 해달라고 손짓을 하며 자기를 변명하려고 하였다. 알렉산더가 나서서 무슨 말을 하려고 했는지는 알 수 없다. 유대인이었기 때문에 에베소에 사는 유대인들은 바울과 관계가 없고 지금의 소요와도 무관하다는 것을 알리려 했을 가능성이 높다.

그러자 군중들은 그가 유대인인 줄 알고 일제히 큰 소리로 외쳤다. "에베소의 신, 아르테미스는 위대하다!" 그렇게 하기를 두 시간이나 했다. 그들은 유대인이나 그리스도인이나 같은 사람이라 생각했다. 그래서 그들은 알렉산더의 말을 들으려 하지 않고 오히려 자신의 신의 위대함을 드러내고자 했다.

드디어 에베소 서기장(city clerk)이 군중을 진정시키고 나서 이렇게 말했다. 서기장은 의회의 의장을 말한다. 법령을 기안하고 시의 예산을 집행하며 총독과 가장 긴밀한 관계를 유지했다. 지금의 시장으로 보기도 한다. 에베소에서 가장 권력이 있는 인물이다.

"에베소 시민 여러분. 에베소 시가 위대한 아르테미스 신전과 제우스신의 아들을 숭배하는 도시라는 것을 모르는 사람은 하나도 없습니다. 이것은 아무도 부인할 수 없는 일이니 여러분은 진정하고 절대로 경솔한 행동을 하지 마십시오."

"여러분이 끌고 온 이 사람들은 우리 신전의 물건을 훔친 일도 없고 우리 여신을 모독한 일도 없습니다. 데메드리오와 그의 직공들이 누구를 걸어서 고소할 일이 있다면 재판 날, 곧 법정이 열리는 날이 있고 총독(procounsul, 지방장관)들도 있으니 당사자들이 직접 법에 호소하십시오. 만일 여러분이 이보다 더한 문제가 있거든 합법적인 집회인 민회에서 해결 짓도록 하십시오." 신전도둑도 아니고 여신을 모독한 인물도 아니란 말이다. 재판 날(agoraioi, the courts)은 '아고라의 날'로 장이 서는 날 아고라에서 재판이 개정되었음을 보여준다. 총독을 복수로 한 것은 이 지역에 여러 총독이 있다는 것이 아니다. 수사적으로 사용한 것이다. 민회(assembly)는 '에클레시아(ekklesia)'로 합법적으로 모인 의회를 가리킨다. '교회'의 헬라어 원어도 같은 단어를 사용한다.

"오늘 아무 까닭도 없는 이 일에 우리가 소요 사건으로 소요죄로 몰릴 위험에 있습니다. 오늘 여러분이 피운 소동은 불법적이니 만일 그것이 문제가 된다면 해명할 길이 없을 것입니다." 당시 로마는 식민지의 소요 사태에 대해 엄히 다스렸다. 소요 주모자는 사형에 처하고, 도시는 자유를 잃게 된다. 결국 자신의 이익을 위해 다른 사람을 해치려는 데메드리오의 의도는 무산되었다. 서기장은 이렇게 말하고 군중을 해산시켰다.

제 20 장

마케도니아, 아가야, 드로아 방문과 바울의 고별 연설

1. 마케도니아와 아가야 이차 방문(1-6절)

이 단락에서는 바울이 마케도니아와 헬라(아가야 지방)을 방문하는 내용을 담고 있다. 에베소에서의 소동이 가라앉은 뒤 바울은 신도들을 불러 격려한 다음 작별 인사를 하고 그곳을 떠나 마케도니아로 갔다. 바울이 에베소를 떠난 이유는 여러 가지다. 마케도니아로 가는 도중에 드로아에서 복음을 전파할 마음이 있었고, 드로아에서 디도를 만나 고린도교회 소식을 듣고자 했으며(고후 2:12, 13), 계속해서 유대에 있는 형제들을 위해 모금을 하려 했기(고전 16:1-4, 고후 8:1-9:15) 때문이다.

바울은 마케도니아를 지나가는 길에 그곳 교우들을 만나 여러 말로 격려했다. 바울은 이 때 마케도니아 북서쪽인 일루리곤까지 전도한 것으로 보인다(롬 15:19). 이 무렵에 고린도 후서를 기록한 것으로 추측된다(고후 5:6).

그리고 헬라, 곧 지금의 그리스로 갔다. 그곳에서 석 달을 지냈다. 바울은 겨울철 항해의 어려움 때문에 아가야의 수도인 고린도에서 석 달을 머물렀다. 이 기간 중에 로마서를 썼다. 그 다음 배를 타고 이스라엘 북쪽에 있는 수리아로 가고자 했다. 그리스에서 수리아로 가는 방법은 두 가지다. 하나는, 겐그리아에서 배를 타고 두로에서 상륙하는 방법이고 다른 하나는, 육로로 마케도니아와 소아시아 지방을 거쳐 가는 방법이다. 바울은 자기를 죽이려 하는 유대인들의 음모를 알아차렸다. 만일 그가 해로를 택해 겐그리아 항구에서 수리아로 가는 배를 타려 할 때 유대인들이 기다렸다는 듯이 그를 붙잡을 가능성이 크다. 그래서 다시 마케도니아를 거쳐 돌아가기로 작정했다. 빠르게 가는 바닷길을 택하지 않고 돌아서 가는 육로를 택한 것이다.

아시아까지 바울과 함께 간 사람은 베뢰아 사람 부로의 아들 소바더(Sopater), 데살로니가 사람 아리스다고와 세군도(Secundus), 더베 사람 가이오(Gaius)와 디모데, 그리고 아시아 사람 두기고(Tychicus)와 드로비모(Trophimus) 등 일곱 사람이었다. 소바더는 '소시바더' 로도 소개된다(롬 16:21). 세군도는 두 번째라는 뜻이다. 두기고는 소아시아에서 계속 바울을 도와 준 인물이다. 드로비모는 에베소 사람으로 이방인(행 21:29)이다. 그들은 드로아에 먼저 가서 '우리' 일행을 기다리고 있었다. 7인 선발대인 셈이다. 여기서 누가는 '우리' 라는 말을 했다. '우리' 는 바울과 누가를 말한다. 사도행전의 기록자인 누가는 바울의 제2차 전도여행 때 빌립보에 머물러 있었다(행 16:11-40), 드로아에서 그는은 7인 선발대와 합류하게 된다.

누가는 '우리' 는 무교절이 지난 뒤 빌립보를 떠나 배를 타고 닷새 후에 드로아에 노착했다고 했다. 무교절이 지난 뒤 빌립보를 떠난 이유가 있다. 유월절 다음날부터 7일 동안 누룩을 넣지 않는 떡을 먹는 절기인 무교절이 시작되었다. 바울은 이 기간에 빌립보에 머물렀다. 이전에 바울은 유월절에 맞추어 예루살렘에 가기를 원했다(행 19:21). 하지만 이번에는 계획을 바꾸어 오순절에 맞추어 예루살렘에 가고자 했다(행 20:16). 따라서 이 절기가 지난 다음 떠나고자 한 것이다.

바울과 누가는 무교절이 지난 다음 빌립보를 떠나 네압볼리에서 드로아로 가는 배를 탔다. 그리고 닷새 후에 드로아에 도착했다. 여기서 닷새가 특별히 언급된 것은 그 항해가 순탄치 않았음을 말해준다. 순풍이 불 때는 보통 이틀만에 올 수 있는 길이다. 그런데 역풍을 만나 5일이나 걸렸기 때문이다. 어려운 항해 끝에 그곳 드로아에 있는 믿음의 형제들을 만나 이레 동안 함께 지냈다. 7일 동안 머문 이유는 그 주간의 첫날에 그곳 교인들과 만나 교제하고 성찬의 떡을 함께 떼고자 했기 때문이다.

2. 드로아에서의 바울과 유두고 사건(7-12절)

안식일 다음 날, 곧 일요일이 되자 '우리'는 성만찬을 나누려고 한 자리에 모였다. 여기서 우리는 바울 일행뿐 아니라 드로아 교인 모두를 말한다. 초대교회의 예배는 일요일에 모였다. 초기에는 먼저 예찬(식사)을 나눈 뒤 다음에 성찬을 나누었다. 그러나 애찬에 폐단이 생기자(고전 11:20-22) 나중에는 성찬만을 나누었다. 바울은 이튿날 떠나기로 되어 있어서 모인 사람들을 대상으로 밤이 깊도록 설교를 했다. 사람들이 위층 다락방(upstairs room), 즉 3층으로 된 집의 맨 위층에 있는 다락방에 모였는데, 등불이 많이 켜져 있었다. 그 때 유두고(Eutychus)라는 청년이 창문에 걸터앉아 있었다. 12절에서는 그를 가리켜 '아이'라 했다. 아이는 헬라어로 '파이다(paida)'인데, '종'으로 번역되기도 해 유드고를 그 집에서 시중드는 젊은이로 보는 사람도 있다. 바울이 강론이 길어지자 졸음을 이기지 못하고 깊이 잠이 들었다가 그만 삼층에서 땅으로 떨어졌다. 사람들이 일으켜 보니 이미 죽어 있었다.

바울이 내려가서 그 청년을 부둥켜안았다. 이 모습은 엘리야가 과부의 아들을 살릴 때, 그리고 엘리사가 수넴 여인의 아들을 살릴 때를 연상케 한다(왕상 17:17이하, 왕하 4:34이하). 유드고는 잠시 기절한 상태가 아니다. 죽었다. 그런데 바울이 외쳤다. "떠들지 말라 생명이 그에게 있다." 살아있으니 걱

정하지 말라는 말이다. 바울에 의해 소생되었다는 말이다. '생명이 저에게 있다' 는 것은 예수의 말씀과도 비슷하다(막 5:39).

바울은 다시 위층으로 올라가 떡(빵)을 떼어 나누어 먹으면서 날이 밝도록 오래 이야기하다가 떠나갔다. 한편 사람들은 살아난 청년을 집으로 데리고 가며 한없는 위로를 받았다. 위로를 받았다는 말은 '파라칼레오(parakaleo)' 로 '곁으로 부르다' 는 뜻을 가지고 있다. 곁으로 부름으로 위안과 용기를 얻었다(comforted, encouraged)는 말이다.

3. 밀레도를 향한 여정(13-16절)

우리는 배를 타고 앗소(Assos)로 먼저 떠났다. 바울은 육로로 거기까지 가기로 했기 때문에 우리는 거기에서 바울을 태울 참이었다. 우리는 앗소에서 바울을 만나 그를 배에 태우고 미둘레네(Mitylene)로 갔다. 앗소는 드로아 남쪽에 있는 항구 도시다. 바울 일행은 앗소에서 배를 타고 그 날 미둘레네에 도착했다. 이곳은 레스보스 섬의 동남쪽에 있다.

그리고 이튿날 그곳을 떠나 소아시아 서쪽 만에 있는 큰 섬인 기오(Kios) 섬 앞바다에 이르렀고 다음 날엔 에게 해에서 가장 중요한 섬인 사모(Samos) 섬에 들렀다. 항해 3일만에 도착한 것이다. 그리고 그 다음 날에는 바울의 목적지인 밀레도(Miletus)에 도착했다. 밀레도는 에베소에서 가까운 도시다. 에베소에서 남쪽으로 48킬로미터 떨어져 있다.

바울은 아시아에서 시간을 허비하지 않기 위해 에베소에 들르지 않기로 했다. 그는 할 수만 있다면 오순절(the day of Pentecost)을 예루살렘에서 지내고자 했다. 그래서 서두르고 있었다. 유월절에 맞춰 예루살렘에 가려고 했던 계획이 오순절로 바뀌었다. 오순절은 유월절 이후 50일째 되는 날이다. 유월절, 오순절, 장막절은 유대인의 3대 명절이다. 신약시대에는 성령강림절이라고 도 했다.

4. 바울의 고별 연설: 에베소의 장로들과의 이별(17-38절)

밀레도에서 바울은 사람을 에베소로 보내어 교회 장로들을 청했다. 밀레도에 오도록 한 것이다. 바울은 제1차 전도여행 때 장로들을 임명했다(행 14:23). 그들이 오자 바울이 그들에게 말했다. 이것이 바로 에베소 장로들과 이별하면서 준 고별 연설이다. 그는 밀레도에서 에베소의 장로들에게 교회를 부탁했다. 초대교회 당시 장로는 교회를 돌보고 사람들을 권면하는 역할을 담당했다.

1) (**내가 여러분에게 한 일들**) "여러분은 내가 아시아에 발을 들여놓은 첫날부터 지금까지 항상 여러분과 함께 어떻게 지내왔는지 잘 알고 있습니다. 나는 유대인들의 음모로 여러 차례 시련을 겪으면서도 눈물을 머금고 온갖 굴욕을 참아 가며 주님을 섬겨 왔습니다. 그리고 여러분에게 유익한 것이라면 하나도 빼놓지 않고 공중 앞에서나 여러분의 가정에서 전하며 가르쳤습니다. 그리고 유대인에게나 이방인에게나 똑같이 회개하고 하나님께 돌아와 우리 주 예수를 믿어야 한다고 권면했습니다."

에베소교회는 바울이 개척한 교회이다. 여기서 바울의 3년간의 에베소 목회에 있어서 여러 특징들이 드러난다. 그는 수많은 저항과 시련 속에서 목회를 했다. 유대인들은 틈틈이 그를 죽이려고 공모했다. 그는 이 어려움 속에서도 피로 사신 주님의 교회를 귀하게 생각했다. 두란노서원 등 여러 사람들을 상대로 또는 아굴라의 집처럼 여러 가정교회에서도 담대하게 복음을 전하고 말씀을 철저하게 가르쳤다. 그들에게 유익한 것이라면 하나도 빠뜨리지 않고 가르쳤다. 그는 생명을 바친 목회, 열정과 열심을 가진 목회를 했다. 그는 육신의 생명도 귀하지 여기지 않을 정도로 목숨을 걸고 목회했다. 그의 목회는 눈물목회였다. 눈물로 한 영혼, 한 영혼을 위해 기도하고 격려하고 권면했다. 그들이 하나님 말씀 위에 세워져야 교회가 바로 설 수 있기 때문이다. 그리고 유대인이든 헬라인이든 차별하지 않고 복음을 전했다. 하나님의 축복과 그의 충성으로 큰 열매를 맺었다.

2) (**결박과 환난이 나를 기다린다**) "이제 나는 성령의 지시를 따라 예루살렘으로 올라가는 길입니다. 거기에 가면 나에게 무슨 일이 닥칠지 모릅니다. 다만 내가 아는 것은 내가 어느 도시에 들어가든지 결박과 환난이 나를 기다리고 있다는 것을 성령께서 나에게 일러 주십니다." 사람들은 인간적인 염려 때문에 자신을 향해 예루살렘으로 올라가지 말라고 말한다(행 21:4, 12). 하지만 성령의 역사하심으로 이제 예루살렘에 가려는 마음이 굳어졌다. 성령께서는 어디를 가든 결박과 고난이 기다린다고 말씀해주신다. 지금까지도 그래 왔지만 앞으로도 성령의 지시를 따르겠다는 것이다.

3) (**맡겨진 사명을 완수하겠다**) "내가 달려갈 길과 주 예수께 받은 사명 곧 하나님의 은혜의 복음을 증언하는 일을 마치려 함에는 나의 생명조차 조금도 귀한 것으로 여기지 아니하겠습니다." 달려갈 길은 바울이 전도자로서 자신의 일생을 경주에 비유한 것이다. 이 경주에서 주께서 자신에게 맡겨 주신 임무를 다할 수만 있다면 자기는 조금도 목숨을 아끼지 않겠다고 다짐한다. 바울은 그리스도를 위한 것이라면 자신의 생명과 자유를 기꺼이 포기하고자 했다.

4) (**다시는 보지 못할 것이다**) "나는 지금까지 여러분과 함께 지나는 동안

하나님 나라를 줄곧 전파했습니다. 나는 이제 분명히 압니다. 여러분은 모두 내 얼굴을 다시는 보지 못하게 될 것입니다."

5) (**나는 나의 책임을 다했다**) "나는 하나님의 모든 계획을 남김없이 여러분에게 전해 주었습니다. 그러므로 나는 모든 사람의 피에 대하여 깨끗합니다. 다시 말해 앞으로 여러분 가운데 누가 멸망하게 되더라도 나에게는 아무런 책임이 없다는 것을 이 자리에서 분명히 말해 두는 바입니다." 자신이 모든 사람의 피에서 깨끗하다는 것은 겔 18:13, 33:1-6을 반영하는 은유적인 표현으로, 바울 자신은 복음을 전파해야 하는 영적인 책임을 충실하게 감당했다는 말이다(고전 9:16).

6) (**양떼를 돌보라**) "여러분은 늘 자신을 살피며 성령께서 맡겨 주신 양떼를 잘 돌보시오. 성령께서는 여러분을 감독으로 세우셔서 하나님이 자기 피로 사신 교회를 보살피게 하셨습니다."

감독(episkopos, overseer, superintendent)은 장로와 같은 말이다. 사도 시대에는 감독과 장로가 구분되지 않았다. 감독자는 직책 면을, 장로는 신분 면을 강조한 것이다. 그들은 교회를 바로 세우는 역할을 담당한다. 감독과 장로가 구별되기 시작한 것은 A.D. 2세기 경 이그나티우스 때 와서다. 이후로는 장로는 감독의 자문위원 또는 행정상의 보좌역을 했다.

양떼(poimnion, a flock)는 성도들을 가리킨다. 구약에서는 하나님의 백성을 가리키는 은유적인 표현으로 이 단어를 자주 사용했다. 이런 점에서 교회의 지도자들은 목자 또는 목사로 일컬어진다(엡 4:11). 이 양 떼는 성령께서 그들에게 맡겨주신 것으로, 주님의 양떼이다. 감독은 주님의 청지기로서 목자처럼 이 양떼를 먹이고 돌볼(poimaino, act as a shepherd) 책임이 있다. '자기 피로 사신 교회(the church of God, which he bought with his own blood)' 란 하나님께서 당신의 독생자를 이 땅에서 보내셔서 우리 죄를 위해 피 흘리심으로 그 값을 치르고 얻으신 당신의 교회라는 말이다. 그 귀한 교회를 잘 돌볼 책임이 있다는 것이다.

7) (**이리 떼가 들어온다**) "내가 떠나가면 사나운 이리떼(savage wolves)가 여러분 가운데 들어 와 양떼를 마구 헤칠 것이다. 여러분 가운데서도 어그러진 말, 곧 진리를 그르치는 말을 하며 신도들을 이탈시켜 자기를 따르라고 할 사람들이 생겨날 것은 분명합니다." 바울은 자기가 에베소를 떠나면 교회 밖에서 이단적인 가르침을 전파하는 사람들(고후 10-13장)이 들어올 것이라 했다. 소아시아 지방에서 자신을 대적하는 사람들, 곧 이리떼가 그릇된 가르침으로 에베소 교인들을 미혹하리라는 것을 알았다. 이리 떼는 가차 없이 양떼를 해친다. 간악한 유대주의자와 영지주의자들은 언제나 교회를 무너뜨리려 했다. 이것은 그의 여러 목회서신에서도 나타난다. 그뿐 아니라 교회 내부에서도 사이비적인 가르침으로 교인들을 미혹하는 이들이 있으리라는 것을 미리 밝히고 있다(롬 16:17-20, 골 2:8).

8) (**깨어 있으라**) "그러므로 여러분은 언제나 깨어 있으시오. 그리고 내가 삼 년 동안이나 밤낮으로 눈물을 흘리며 각 사람에게 쉬지 않고 훈계하던 것을 잊지 마시오." 바울은 목자가 밤에 양떼를 지키기 위해 잠을 자지 못하고 깨어있는 것처럼 교회 지도자들도 항상 긴장된 상태로 깨어 있으라(gregoreo, be awake, be on your guard) 한다. 지도자들은 교인들에게 영적인 양식을 주고, 영적인 치유를 하며, 그들을 잘못된 가르침으로부터 보호해야 한다. 그리고 바울은 삼년 동안이나 그들을 위해 눈물 흘리며 쉬지 않고 가르친 것을 굳게 잡으라 한다.

9) (**하나님께 여러분을 맡긴다**) "나는 이제 하나님과 그의 은혜의 말씀에 여러분을 맡깁니다. 그 말씀은 여러분의 믿음을 든든히 세우고 모든 성도들과 함께 기업유산(하늘나라의 축복)을 차지하게 할 수 있습니다." 바울은 하나님과 그의 은혜에 말씀에 그들을 위탁한다. 은혜의 말씀은 값없이 죄인을 구원하시는 하나님의 은총을 뜻한다. 이 말씀이 그리스도인을 강하고 성숙하게 하며 거룩한 백성이 되게 한다. '세우다(oikodomeo, build a house)' 의 원문은 집을 세우는 것을 말한다. 여기서는 믿음을 말씀으로 든든히 세우는 것(build you up)을 말한다. 기업(kleronomia, inheritance)은 원래 '제비를 뽑는다' 는 뜻이다. 지파별로 토지를 분배 받을 때 제비를 뽑아 나누었다. 이것은 유산, 곧 하늘나라의 축복을 말한다.

10) (**주의 말씀을 명심하고 본을 보이라**) "나는 누구의 은이나 금이나 옷을 탐낸 일이 없습니다. 여러분도 알다시피 나와 내 일행에게 필요한 것은 모두 나의 이 두 손으로 일해서 장만하였습니다. 나는 여러분도 이렇게 수고하여 약한 사람들을 도와주고 또 주는 것이 받는 것보다 더 행복하다고 하신 주 예수의 말씀을 명심하도록 언제나 본을 보여 왔습니다." 바울은 자신의 모범적인 행동을 예로 들면서 하나님의 교회를 돌보는 사람은 물질적인 보상을 바라지 않고 교회를 섬겨야 한다고 말한다. 이것이 주님의 가르침에 부합되는 행동이라 했다. 주는 것이 받는 것보다 복이 있다 하는 것은 자신을 위해 더욱 부를 쌓으려 하는 것보다는 남을 돕기 위해 베푸는 것이 더욱 축복된 것이라는 말이다. 주님의 이 말씀은 복음서에 나타나 있지 않지만 그 정신은 주님의 여러 말씀 가운데 나타나 있다(눅 6:38, 11:9-13, 요 13:34).

이 말을 한 뒤 바울은 그들과 함께 무릎을 꿇고 기도를 드렸다. 모두 다 크게 울며 바울의 목을 안고 입을 맞추었다. 목을 안는 것은 포옹하는 것으로 격정에 찬 모습을 나타낸다. 입을 맞추는 것은 당시의 풍습이었다. 그들의 마음을 가장 아프게 한 것은 다시는 자기 얼굴을 보지 못하리라 한 바울의 말이었다. 그들은 바울을 배에까지 전송했다.

제21장

바울의 예루살렘 여행과 성전에서 붙잡힘

제3차 전도여행을 마친 바울은 이제 예루살렘으로 올라온다. 사도행전 21장은 바울이 예루살렘으로 가는 여정을 소개하고 있다. 예루살렘에서 바울은 죄수의 몸으로 로마에 가게 된다.

1. 바울의 예루살렘 여행(1-16절)

에베소 장로들과 작별한 후 우리는 배를 타고 바로 고스(Cos)로 갔다. 고스는 밀레도 남쪽에 있는 작은 섬으로 비옥하다. 히포크라테스의 고향이기도 하다. 이튿날 로도(Rhodes)에 들렀다가 바다라(Patara)에 도착했다. 로도는 로도 섬의 항구다. 바다라는 루시아도 남서 해안의 주요항구다. 고스, 로도, 바다라는 지중해의 중요 항로이다. 거기서 베니게로 가는 배를 타고 떠났다. 바울 일행은 바다라에서 바다를 가로질러 곧장 팔레스타인 지방으로 가는 배를 타게 된다. 이것은 해안선을 따라 항해하는 배보다 훨씬 빨리 예루살렘에 갈 수 있는 배였다. 이 덕분에 바울은 오순절 전에 충분히 예루살렘에 도착할 수 있게 되었다.

구브로 남서쪽을 지나 수리아로 항해하다가 두로(Tyre)에 배를 대었다. 배는 그곳에 짐을 풀기로 되어 있었다. 배가 하역 작업을 하는 7일 동안 바울 일행은 그곳에 머물며 두로의 신자들을 만났다.

두로에도 교회가 있었다. 예수님께서 이 지방에서 복음을 전파한 적이 있다(막 7:24). 두로 교회는 스데반의 사건 후 일어난 박해를 피해 흩어진 제자들이 세운 교회였다. 그런데 그들은 성령님의 감동으로 바울에게 예루살렘으로 가지 말라고 만류하였다. 다시 말해 두로에서도 성령님은 그의 선지자들을 통해 바울의 앞길에 고난이 있을 것을 말씀해 주셨다. 이것은 성령이 바울에게 주신 말씀과 같다. 하지만 두로 교인들은 바울을 동정한 나머지 바울이 예루살렘에 가는 것을 만류한 것이다.

그러나 바울의 생각은 달랐다. 그들의 만류에도 불구하고 7일이 지난 뒤 바울 일행은 그 곳을 떠났다. 이것은 주님께서 십자가의 죽음이 기다리는 예루살렘으로 올라가시기로 굳게 결심하셨던 것처럼(눅 9:51) 바울도 하나님의 일을 위해 자신의 안전을 돌보지 않았음을 보여준다.

그 때 두로의 모든 신도들은 부인들과 아이들과 함께 동네 밖까지 바울 일행을 따라 나왔다. 우리는 모두 바닷가에서 무릎을 꿇고 기도를 드렸다. 두로의 교인들은 에베소의 장로들처럼 오랜 친구 사이는 아니었다. 하지만 그리스도안의 한 형제로서 뜨거운 사랑을 보여주었다. 이것이야 말로 그리스도인이 보여주어야 할 형제애다. 그 후 서로 작별 인사를 나누었다. 바울 일행은 다시 하역을 끝낸 그 배에 올랐고 두로 교우들은 집으로 돌아갔다.

우리는 두로에서 항해를 계속하여 돌레마이(Ptolemais)에 이르렀다. 돌레마이는 두로 남쪽에 있는 갈릴리 서편 항구 도시다. 구약 시대에는 '악고' 라 불리었으나 B.C. 300년 경 헬라의 프톨레마이오스 장군의 이름을 딴 도시 '프톨레마이스' 로 바뀌었다. 개역개정 한글 성경은 이를 '돌레마이' 라 했다. 바울은 돌레마이까지는 배편을 이용했고, 그 다음부터는 육로를 이용했다. 돌레마이에서도 바울은 그곳 신자들을 찾아보고 그들과 함께 하루를 지냈다.

이튿날 그 곳을 떠나 가이사랴에 도착하였다. 가이사랴는 예루살렘 북서쪽 해안에 있는 항구도시로, 헤롯 대왕이 로마식 도시로 재건하여 로마 황제(Caesar, 가이사) 아구스도(Augustus)를 기념해 도시 이름을 '가이사랴(Caesarea)'라 했다. 로마의 유대총독 본영이 이곳에 있었다.

바울 일행은 일곱 집사 중의 하나인 전도자 빌립의 집에 들어가 그와 함께 머물렀다. 전도자(evangelist)는 초대교회의 직임가운데 하나이다. 전적으로 복음 전하는 일에 열중한 사람을 뜻한다. 빌립은 사마리아 전도를 했고, 그 후 가이사랴에 거주하고 있었다. 바울 일행에게 있어서 빌립은 옛 친구다. 그런데 빌립에게는 결혼하지 않은 딸 넷이 있었다. 모두 예언하는 사람이었다. 처녀 예언자라는 말이다. 처녀 예언자는 결혼 적령기를 지난 독신 성직자를 가리킨다. 신약시대에 예언자는 중요한 직분이었다(고전 14:1-4).

우리가 여러 날 머물러 있는 동안 아가보(Agabus)라는 선지자가 유대에서 내려 왔다. 아가보는 예루살렘에서 안디옥으로 내려와 A.D. 46년 유대 지방의 대기근을 예언하고 적중시켰던 인물이다(행 11:28). 예언 적중률이 큰 그가 다시 바울을 만나게 된 것이다.

아가보가 바울 일행을 찾아왔다. 그는 바울이 예루살렘에서 당할 고난을 말뿐 아니라 행동으로 예언했다. 그는 바울의 허리띠를 가져다가 자기 손발을 묶고 말했다. "성령이 말씀하시되 예루살렘에서 유대인들이 이같이 이 띠 임자를 결박하여 이방인의 손에 넘겨주리라." 투옥 예언이다.

이 말을 듣고 우리는 그 곳 사람들과 함께 바울에게 예루살렘으로 올라가지 말라고 간곡히 권했다. 그러자 바울은 말했다. "왜들 이렇게 울면서 내 마음을 상하게 하는 것입니까?" '상하게(sunthrupto)' 는 '두들겨 산산조각을 내다(break in pieces, crush)' 는 뜻이다. 마음을 흔들어놓는다는 것이다. 그리고 "주 예수의 이름을 위해서 나는 예루살렘에 가서 결박당할 뿐 아니라 죽을 각오까지도 되어 있습니다."라고 대답했다. 이미 마음 준비를 하고 있다는 것이다. 바울의 결심은 흔들리지 않았다. 바울이 예루살렘으로 한사코 가고자 한 것은 이방인들을 구원하는 일과 관련이 있다(롬 15:25-32).

바울이 우리의 권고를 받아들이지 않으므로 우리는 다만 "주님의 뜻대로 되게 하여 주십시오"하고 기도할 뿐 그 이상 더 말하지 않았다.

며칠 뒤 바울 일행은 행장을 꾸려 가지고 가이사랴에서 예루살렘으로 올라갔다. 가이사랴의 몇몇 신자들도 우리와 동행했다. 그들은 바울 일행이 머물 나손(Mnason)의 집으로 데려다 주었다. 나손은 구브로 사람으로 일찍부터 믿은 신자였다. 일찍부터 믿은 신자란 처음부터 교인이 된 사람, 곧 120명 제자들 중 하나(행 1:15)임을 말한다. 예루살렘 교회 창립 멤버였다는 말이다.

2. 예루살렘 도착과 야고보를 방문한 바울(17-26절)

마침내 바울 일행은 예루살렘에 도착했다. 예루살렘 교우들의 따뜻한 영접을 받았다. 다음 날 일행은 바울을 따라 야고보를 찾아 갔다. 야고보는 주의 형제로 예루살렘 교회의 지도자였다. 장로들도 다 그곳에 모여 있었다.

바울은 그들에게 인사한 다음 사역보고를 했다. 자신의 복음 전도로 인한 결과를 보고한 것이다. 그는 자기의 10여년에 이르는 전도 사역을 통해 하나님이 이방인들 가운데서 어떻게 행하셨는가를 상세히 설명하였다. 보고를 들은 그들은 크게 기뻐하며 하나님을 찬양했다. 그리고 바울에게 이렇게 말하였다.

"아시겠지만 유대인들 가운데서도 예수를 믿는 사람이 수만 명이 있습니다. 그런데 그들은 모두 율법을 지키는 데 열성을 가진 사람들입니다." 이들은 복음을 믿었지만 여전히 율법을 열심히 지켰다. 바울도 율법에 열심이 있는 사람이었지만 그리스도를 영접한 뒤에는 율법을 통해 의를 얻으려고 노력하지 않았다. 그러나 다른 유대인들은 쉽게 자신들의 옛 삶의 방식을 버리지 못했다.

"그런데 그들은 당신이 이방인들 가운데서 사는 모든 유대인들에게 모세를 배척하고 자식들에게 할례도 베풀지 말고 유대인의 풍속(ethos, customs)을 지키지도 말라고 가르친다는 말을 전해 들었습니다." 예루살렘 교회에는 여전히 바울이 디아스포라 유대인들에게 모세의 율법과 할례를 지키지 말라고 가르쳤다며 바울을 오해를 하는 유대인들이 많다는 것이다. 이것은 바울에 대한 허위선전이다.

"그들은 당신이 여기 온 것을 틀림없이 알게 될 터이니 어떻게 하면 좋겠습니까? 그러니 당신은 우리가 일러 주는 대로만 하시오. 여기에 하나님 앞에 맹세를 한 사람 넷이 있습니다. 이 사람들을 데리고 가서 함께 정결예식을 행하고 그 비용을 대십시오. 그러면 그들이 삭발을 하게 될 것이고 유대인들은 당신에 관한 소문이 전혀 사실이 아닐뿐더러 도리어 당신도 모세의 율법을 지키며 산다는 것을 다 알게 될 것입니다. 이방인 신도들에게는 우상에게 바쳤던 제물을 먹지 말고 피와 목 졸라 죽인 짐승을 먹지 말고 음란한 행동을 하지 말아야 한다는 우리의 결정을 이미 써 보낸 바 있습니다."

그런 오해를 가라앉히기 위해 장로들은 한 가지 방법을 제안한다. 나실인 서약을 한 네 사람과 함께 정결의식을 행하라는 것이다. 예루살렘 교회의 유대인 신자들 중 오순절을 당하여 나실인의 서원을 한 사람들이다. 이 경우는 나실인 서약을 이행하는 동안에 서약 규정에 금지되어 있는 일들을 범했을 경우다(민 6:1-7). 이런 사람은 7일이 지나서 다시 머리를 깎고 제8일에 정해진 예물을 드림으로써 다시 몸을 정결케 한 후 서약 기간을 새로 정해야 한다(민 6:8이하). 결례는 30일이 기간이다. 특별한 경우는 7일이다. 처음과 끝에 머리를 깎고. 기간 중에는 금욕생활을 한다. 기간 끝에는 번제물의 수양, 속죄물의 어린 양, 화목제의 수양, 무교병, 과자 등을 바치기 때문에 비용이 많이 든다(민 6:13-20).

바울은 그 이튿날 그 네 사람을 데리고 함께 정결예식을 행하고 성전으로 들어갔다. 장로들의 권고를 따른 것이다. 그리고 정결의 기간이 끝나는 날짜, 곧 각 사람이 예물을 바칠 날짜를 신고하였다. 결례의 기간이 다하면 결례를 시행하는 자는 번제, 속죄제, 화목제 등을 드리고, 머리를 깎아 제단 불에 사른 후 제사장에게 결례가 끝났다는 것을 보고한다. 바울은 그들이 드려야 할 제물의 비용을 대신 냈다. 부자가 가난한 사람을 대신하여 그 제물의 비용을 낼 경우 큰 미덕으로 간주되고, 그 역시 경건하다는 인정을 받는다. 요세푸스에 따르면 헤롯 아그립바 1세가 유대인의 환심을 사기 위해 이런 방법으로 나실인들을 많이 도왔다고 한다. 바울의 이러한 행동은 그의 주장(갈 2:3-5, 12-14)과 모순된다고 하여 비난을 받기도 하고 옹호되기도 한다. 바울은 유대인 형제들을 구원하기 위해 그렇게 했다(고전 9:20)고 했다.

3. 성전에서 유대인에게 붙잡힌 바울(27-36절)

이레 동안의 정결 기간이 거의 끝날 무렵 아시아에서 온 유대인들이 바울이 성전에 있는 것을 보고 군중을 선동하여 그를 붙잡고 소리쳤다. 이레(7일)는 바울과 네 사람이 결례를 행한 기간을 말한다. 일반적으로 30일인데, 특별한 경우에는 7일이었다. 아시아에서 온 유대인들은 소아시아에서 온 디아스포라 유대인들, 특히 에베소에서 온 사람을 가리킨다. 바울이 그곳에서 3년 동안 전도할 때 핍박을 했던 사람들이다. 그들은 바울을 변절한 유대인으로 간주하고 증오하고 박해했다. 그 때가 이스라엘의 3대 절기 중 하나인 오순절이었기 때문에 예루살렘에는 각 지방에서 올라온 유대인들이 많았다. 바울이 성전, 곧 '유대인의 뜰' 에 있는 것을 보고 선동한 것이다. 이곳은 이방인의 출입이 금지되어 있는 곳이다.

""이스라엘 사람들아, 우리를 도와주시오. 이 사람은 어디서나 우리 민족과 율법과 성전에 해가 되는 것을 가르치는 사람입니다. 그리고 이 사람은 헬라인까지 성전에 데리고 들어와 이 거룩한 곳을 더럽혔습니다."

본래 이방인들은 성전에 들어갈 수 없었다. 다만 성전 맨 바깥에 '이방인의 뜰' 이라는 장소가 있다. 이곳은 하나님께서도 이방인도 구원하시기를 원하신다는 것을 상징한다. 이방인들이 안뜰, 곧 유대인의 뜰에 들어가려면 개종을 해야 한다. 이방인의 뜰과 유대인의 뜰 사이에는 담이 있다. 그 담에는 헬라어와 라틴어로 "안뜰로 들어오는 이방인은 죽임을 당하게 될 것이다"는 섬뜩한 문구가 쓰여 있었다. 바울이 에베소서 2:14에서 '중간에 막힌 담' 이라 한 것은 바로 이 담을 가리킨다.

그들은 전에 바울이 예루살렘 시내에서 에베소 사람 드로비모(Trophimus)와 함께 있는 것을 보았기 때문에 그를 성전에 데리고 들어간 것으로 착각한 것이다. 드로비모는 에베소에서 보내는 구제금을 가지고 바울을 따라 예루살렘에 왔었다(행 20:4). 따라서 바울이 이방인을 성전으로 데리고 들어갔다는 거짓증언은 그를 죽일 충분한 근거가 될 수 있었다.

이 때문에 온 도시가 소란해지고 사람들이 몰려들었다. 그들의 거짓 증언으로 소동이 일어난 것이다. 그들은 바울을 붙잡아서 성전 밖으로 끌어냈다. 과거 스데반을 죽이려고 달려들었던 것처럼 바울을 죽이고자 달려든 것이다. 유대인들은 바울을 죄인으로 간주했기 때문에 그의 피로 인해 성전을 더럽히게 될까봐 그를 성전 밖으로 끌고 갔다. 그러자 성전문은 곧 닫혔다. 이 문은 성전 바깥뜰에서 안뜰로 들어가는 문을 말한다. 성전 문들은 성전 맡은 자의 지시로 관속들에 의해 곧 닫혔다.

사람들이 막 바울을 죽이려고 할 때에 예루살렘 성안에 폭동이 일어났다는 보고가 로마군 천부장의 귀에 들어갔다. 천부장은 보병 760명과 기병 240명을 지휘하는 로마군의 지휘관(commander of the Roman troops)이다. 가이사랴에는 유대를 다스리는 로마의 총독과 그 군사들이 있었고, 예루살렘에는 천부장과 그 군사들이 성전 북서쪽에 있는 안토니아 요새(Antonia Fortress)에서 치안을 담당하고 있었다. 로마의 수비대가 본부로 사용한 안토니아 요새는 헤롯 대왕이 건설했다. 당시 예루살렘을 담당한 천부장은 글라우디오 루시아(Claudius Lysias)였다(행 23:26). 그는 성전 경내의 치안과 질서를 유지해야 하는 책임과 절기 동안에 일어날지 모르는 소요를 진압해야 하는 이 부대의 최고 책임을 맡고 있었다. 그래서 그는 즉시 군인들과 백부장들을 거느리고 현장으로 달려갔다. 안토니아 요새는 성전 바깥뜰과 층계를 통해 바로 인접해 있었기 때문에 로마 군대가 소요에 즉시 간섭할 수 있었다. 백부장들이라 한 것을 보아 200명 이상의 군사들이 출동한 것으로 보인다. 바울을 때리고 있던 사람들은 천부장과 군인들을 보자 때리던 손을 멈추었다.

이에 천부장이 가까이 가서 바울을 체포하고 부하들을 시켜 쇠사슬 둘(two chains)로 그를 결박하도록 했다. 로마의 군사들은 각자 쇠사슬을 지니고 있었다. 이 쇠사슬은 죄수를 군사와 함께 묶어 도망하지 못하도록 했다. 바울의 두 팔을 묶고 그 끝을 각각 로마 병사의 팔에 묶은 것이다. 두 쇠사슬로 묶는 것은 중 죄인의 경우에 해당한다.

그런 다음 그가 누구이며 그가 무슨 짓을 했는지 물었다. 어떤 이는 이런 말로, 어떤 이는 저런 말로 소리를 쳤다. 대답이 각기 다를 뿐 아니라 그들이 외쳐대는 소란 때문에 진상을 파악할 수가 없었다. 그래서 천부장은 바울을 부대 안으로 데려가라고 명령했다. 부대 안은 바로 안토니아 요새를 말한다.

바울이 층계(the steps)에 이르렀을 때 군중들이 너무 난폭해져서 군인들은 그를 메고 가야만 했다. 이 층계는 성전 바깥뜰에서 안토니아 요새로 올라가는 돌 계간을 말한다. 군중은 뒤따라오며 "그놈을 죽여라" 하고 소리소리 질렀다.

4. 천부장에게 변론의 기회를 요청한 바울(37-40절)

군인들이 바울을 부대 안으로 데리고 들어가려 할 때 바울이 천부장에게 할 말이 있다고 하자 그가 이렇게 물었다. "당신이 헬라 말을 압니까? 그렇다면 당신은 얼마 전에 폭동을 일으켜 4,000명의 자객을 이끌고 광야로 나갔던 그 이집트인이 아닙니까?"

헬라 말은 당시 문화인들 사이에 통용되던 세계어로, '코이네 헬라어' 를 가리킨다. 이전에 난을 일으킨 이집트인은 A.D. 54년경 이집트 계 한 유대인이 자칭 선지자라 하며 광야에서 4천명의 자객(terrorists)을 거느리고 감람산에 진 친 후 안토니아 요새에 있는 로마군을 치려다 총독 벨릭스의 군사에 패퇴한 사건을 말한다. 자객은 '시카리오스(sikarios)' 로 암살자(assassin)를 뜻한다. 이집트인이 거느린 사람들을 암살자로 본 것이다. 바울이 잡힌 때로부터 3년 전의 일이다. 이 이집트인은 자기의 명령에 의해 성벽이 무너지면 로마의 수비대를 공격해 그곳을 빼앗자고 했다. 그러나 오히려 벨릭스 총독 군대에 의해 일부는 죽임을 당하고, 일부는 체포되었는데 주동자 이집트인은 슬그머니 자취를 감추었다. 그래서 그에 속았던 유대인들이 그에 대해 감정이 좋았을 리 없었다. 천부장은 유대인들이 바울을 죽이려 하는 것을 보고 혹시 바울을 그 이집트인으로 본 것이다. 요세푸스는 이 반란군의 수를 3만 명으로 기록하고 있는데, 누가는 여기서 4천명으로 기록하고 있다. 누가의 기록이 더 신빙성이 있는 것으로 평가되고 있다.

그때 바울은 "나는 길리기아의 다소에서 태어 난 유대인이며 유명한 도시의 시민입니다."라고 대답하고, "저 사람들에게 한 마디 할 수 있게 해 주십시오." 간청했다. 천부장이 허락하자 바울은 층계(돌계단)에 서서 사람들에게 조용히 하라고 손짓을 했다. 조용해지자 바울은 히브리말로 다음과 같이 연설했다. 히브리말은 사실상 아람어(Aramaic)를 말한다. 당시 디아스포라 유대인들은 대부분 히브리어나 아람어를 하지 못했다. 따라서 바울의 아람어 사용은 청중들의 주목을 끌고 민족적인 감정을 어느 정도 끌기에 충분한 것이었다. 그들은 더욱 조용해졌다. 그 내용이 사도행전 22장에 소개된다.

제22장

유대인들 앞에서의 바울의 변론

1. 나는 어떤 사람이었는가(1-5절)

"부형들아." 바울은 유대인들을 향해 '형제들과 선배'라 불렀다. 예의를 담은 것이다. 그리고 "내가 지금 여러분 앞에서 변명하는 말을 들으라." 했다. 변명(apologias, defense)은 자기 소신을 말로 변호하여 방어하는 것을 말한다. 자기가 율법과 성전을 모욕했다는 고소에 대해 해명을 해 드리겠으니 잘 들어달라는 것이다. 바울이 히브리말로 연설하는 것을 듣고 조용해졌다. 유대인들은 B.C. 3세기부터 강요해온 헬라화 정책에 계속 항거해 오면서 히브리말을 성스럽게 생각했다. 그런데 반유대교적이라 생각했던 바울이 히브리말로 연설을 하자 갑자기 숙연해진 것이다.

그래서 바울은 말을 계속하였다. 이 변명의 내용은 사도행전 9:1-19의 기록과 매우 유사하다. 자신의 출생과 성장배경, 회심, 그리고 이방인의 사도가 된 경위를 담고 있다. 바울은 자신이 어떻게 유대교 정통신앙에서 그리스도교로 개종하게 되었는가를 설명해줌으로써 복음을 증거 하고자 했다.

1) (**나는 엄격한 율법 교육을 받은 자**) 나는 유대인으로 길리기아 다소에서 태어났지만 바로 이 성, 곧 예루살렘에서 자랐으며 가말리엘(Gamaliel) 선생 아래서 엄격한 율법교육을 받았다. 내가 하나님을 공경하던 열심을 따지자

면 오늘 이 자리에 모인 여러분의 열성에 결코 못지않다.

이스라엘에는 양대 율법학파가 있었다. 하나는 보수 강경파인 샴마이(Shammai) 학파이고, 다른 하나는 자유 온건파인 힐렐(Hillel) 학파이다. 힐렐은 가말리엘의 조부로 이 학파의 창시자이다. 가말리엘은 조부를 계승하여 힐렐 학파의 지도자가 되었다. 당시 산헤드린 의장은 사두개파의 대제사장이 역임했지만 가말리엘의 영향력도 컸다. 바울은 바로 가말리엘아래서 율법교육을 받았다.

2) (**나는 핍박자였다**) 나는 그리스도 교인이라면 남녀를 가리지 않고 결박해 감옥에 넘겼다. 예수를 따르는 사람을 박해하던 사람이다.

3) (**나는 다마스쿠스의 형제들을 잡으려 했다**) 내 말이 사실이라는 것을 대제사장과 모든 장로들, 곧 온 의회(all the Council)가 증명해 줄 것이다. 나는 그 사람들로부터 다마스쿠스에 사는 우리 동포들에게 가는 공문을 받아 가지고 떠난 적이 있다. 그 곳에 있는 신도들까지 잡아서 예루살렘으로 끌어다가 벌을 받게 하려던 것이다. '대제사장과 모든 장로들'은 산헤드린 의원들에 대한 또 다른 표현이다. 대제사장은 산헤드린 의장이었다. 이전에 바울은 대제사장 가야바에게서 공식적으로 권한을 부여받고 그리스도인들을 핍박했다.

2. 나는 어떻게 개종했는가(6-16절)

1) (**큰 빛이 나를 사로잡았다**) 길을 가다가 오정 때쯤에 다마스쿠스 가까이에 이르렀을 때에 갑자기 하늘에서 큰 빛(a bright light), 곧 찬란한 빛이 나타나 내 주위에 두루 비쳤다.

2) (**왜 나를 핍박하느냐**) 내가 땅에 거꾸러지자 "사울아, 사울아, 네가 왜

나를 박해하느냐?" 하는 음성이 들려왔다.

3) (**나는 네가 박해하는 나사렛 예수**) 나는 "주님, 누구십니까?" 하고 물었다. 그랬더니 "나는 네가 박해하는 나사렛 예수다" 하는 대답이 들려왔다. 그 때 나와 함께 있던 사람들은 그 빛은 보았지만 나에게 말씀하신 분의 음성은 듣지 못하였다. 예수님은 예수 그리스도를 믿는 신자들을 핍박하는 것을 자신을 핍박하는 것으로 간주하셨다.

4) (**다마스쿠스로 가라**) "주님, 제가 어떻게 하면 좋겠습니까?" 물었더니 주께서는 "일어나서 다마스쿠스로 들어가라. 거기에 가면 네가 해야 할 일을 모두 일러 줄 사람이 있을 것이다." 라고 말씀하셨다.

5) (**아나니아를 만나다**) 그 빛의 광채로 앞을 못 보게 되어 일행의 손에 끌려 다마스쿠스로 들어갔다. 거기에 아나니아라(Ananias)는 사람이 있었는데, 그는 율법을 잘 지키는 경건한 사람이었고 그곳에 사는 모든 유대인들로부터 존경을 받는 사람이었다. 그가 나를 찾아와 곁에 서서 말했다. "사울아, 다시 눈을 뜨시오." 그 순간 나는 눈이 띄어 그를 보게 되었다. 아나니아는 그리스도인으로서 다마스쿠스의 유대인들에게도 칭찬을 받는 인물이었다.

6) (**예수의 증인이 되리라**) 그 때 아나니아가 말했다. "우리 조상들의 하나님께서는 당신을 택하여 그분의 뜻을 알게 하시고 저 의인, 곧 의로우신 예수 그리스도를 알아보게 하시고 또 그 의로우신 분이 친히 하시는 말씀을 듣게 하셨습니다. 이것은 당신이 그분의 증인이 되어서 당신이 보고 들은 모든 일을 모든 사람에게 증언하게 하시려는 것입니다." '저 의인(the Righteous One)' 은 예수 그리스도에 대한 칭호이다. 사 53:11과 같은 본문에서 유래되었다. 이제 바울은 부활하신 예수를 보았고, 그의 말씀을 직접 들었다. 이제

그의 사명은 이 사실들을 모든 사람들에게 그대로 전하는 것이다.

7) (**세례를 받고 네 죄를 씻으라**) "이제 망설일 이유가 어디 있습니까? 어서 일어나 주님의 이름을 불러 세례를 받고 당신의 죄를 깨끗이 씻어 버리십시오(wash your sins away)." 이 구절에서는 세례와 죄 씻음이 연관되어 있다. 행 2:38에는 '세례를 받고 죄 사함을 받으라' 고 기록되어 했고, 행 10:47에는 '성령을 받았으니, 누가 물로 세례 줌을 금하리요' 라고 기록되어 있다. 결국 바울은 자신의 죄를 뉘우치고 신앙을 고백하고 세례를 받고 죄 씻음을 받았다. 세례는 마음의 죄가 씻기고, 은혜가 임했다는 외적인 표시다.

3. 나는 어떻게 이방인의 사도가 되었는가(17-21절)

1) (**성전에서 환상을 보다**) 그 후 나는 예루살렘으로 돌아와 성전에서 기도하다가 환상을 보게 되었다. 그 환상 가운데서 주님이 나에게 이런 말씀을 하셨다. "너는 서둘러 즉시 예루살렘을 떠나라 이 곳 사람들은 네가 나에 대해 증거 하는 것을 받아들이지 않을 것이다." 이 예루살렘 방문은 회심 후 첫 번째 예루살렘 방문을 가리킨다. 그는 황홀(a trance, 무아지경, 비몽사몽) 중에 환상을 보았다. 종교적인 황홀경을 말한다.

2) (**이방으로 가라**) 그래서 내가 말했다. "주님, 제가 회당을 찾아다니면서 주님을 믿는 신자들을 잡아 가두고 각 회당에서 때린 일, 또 주님의 증인 스데반이 죽임을 당할 때 내가 곁에 서서 그 일을 찬성하고 그를 죽이는 사람들의 옷을 지킨 것도 그들이 다 알고 있습니다." 그 때 주께서 말씀하셨다. "내가 너를 멀리 이방인에게로 보낼 터이니 어서 떠나거라." '그 일을 찬성하고(giving my approval)' 는 바울이 산헤드린 회원이었다는 뜻이 아니라 스데반의 죽음에 동조하고 그 죽임에 대해 당연하게 생각했다는 뜻이다. '너를 이방인에게

로 보낸다' 는 것은 바울을 이방인의 사도로 세우시겠다는 말씀이다. 이방 구원을 위해 행동하실 것임을 나타낸다. 이방구원은 하나님의 뜻이다. 구약에서도 이미 예언하셨고(미 4:2, 사 60, 65장) 예수님도 이방 사람의 구원에 대해 비유로 말씀하셨다(마 20:1 이하, 21:33 이하). 바울이 이방인의 사도가 된 것은 하나님의 뜻에 의한 것이다. 바울은 어서 떠나라는 주의 말씀을 들은 뒤 교우들에게 이끌려 가이사랴를 거쳐 다소로 갔다(행 9:28-30).

4. 나는 로마 시민권자다(22-29절)

사람들은 바울의 말을 여기까지 듣다가 소리를 질러댔다. "이런 놈은 아예 없애버리자. 저런 놈은 죽여야 한다." 그리고 미친 듯이 고함을 지르고 옷을 내던지며 공중에 먼지를 날렸다. 옷을 벗고 티끌을 날리는 행위는 울분, 비애, 애통의 표시이다. 만약 그들 주변에 돌이 있었으면 바울에게 돌을 던졌을 것이다.

그러자 천부장이 바울을 부대 안으로 데려가라 명령했다. 그리고 그는 왜 사람들이 그처럼 바울에게 소리를 질러대는지 그 이유를 알아내고 싶어 '채찍질(flogging)하여 바울을 심문하라' 지시했다. 천부장은 바울의 히브리어 연설을 잘 알아듣지 못했다. 소란을 일으키는 유대인의 모습만 보고 바울을 부대 안으로 데려가 심문하려 한 것이다. 당시 채찍질은 가죽 끈에 쇠붙이이나 뼈를 단 채찍을 사용했다. 이런 형벌은 자유민이 아닌 노예를 고문할 때 사용되었다. 이 채찍에 맞으면 목숨을 잃거나 불구가 되기 쉽다.

군인들이 가죽 끈으로 바울을 묶자 바울이 곁에 선 장교에게 항의했다. 가죽 끈으로 묶는 것은 채찍질을 하기 위해 몸을 기둥에 매는 것을 말한다. 두 발도 묶고, 두 손을 머리 위에 얹게 하고, 몸을 앞으로 굽히게 하였다. 바울은 순간 위급함을 느끼고 자신이 로마 시민권자임을 밝힌다. "로마 시민을 재판도 하지 않고 함부로 매질하는 법이 어디 있습니까?" 당시에는 로마 시민권을 가진 사람을 함부로 채찍질하여 고문하지 못했다. 나아가 로마 시민권을 가진 사람을 정식재판 없이 처형하거나, 비록 죄가 있다 해도 비인격적인 형벌을 가하지 못하도록 법제화했다.

백부장이 듣고 가서 천부장에게 바울이 로마 시민임을 알리자 천부장이 와서 바울에게 로마 시민인지 여부를 확인했다. 바울이 로마 시민이라 말하자 천부장이 "나는 돈을 많이 들여 이 시민권을 얻었노라" 했다. 그러자 바울은 "나는 나면서부터 로마 시민권을 가진 사람입니다"라며 자신을 밝혔다.

당시엔 로마 시민이 될 수 있는 방법은 세 가지였다. 첫째, 부모가 로마시민이면 그 자녀도 로마 시민으로 인정된다. 대부분 상류계층에 속한다. 둘째, 로마를 위해 크게 기여하고 봉사한 사람에게 그 대가로 시민권을 주었다. 셋째, 돈으로 시민권을 사는 방법이다. 바울은 첫 번째 경우에 해당하며, 천부장은 세 번째 경우에 해당한다.

천부장의 이름은 글리우디오 루시아인데, 그의 이름으로 보아 글라우디우스 황제 때 로마 시민권을 산 것으로 보인다. 글라우디우스 황제 때는 별로 비싸지 않았지만 네로 황제 때는 비싸게 팔렸다. 바울은 나면서부터 로마시민이었지만 원칙상 타국인이 로마시민권을 얻는 경우란 로마에 공헌을 했든지 아니면 다른 이유가 있을 수 있다. 따라서 그의 부친이나 선조가 로마에 공헌을 했든지 아니면 다른 이유로 시민권을 획득했을 것으로 보인다.

그러자 바울을 심문하려던 사람들이 곧 물러갔다. 천부장도 그가 로마 시민인 것이 드러나자 천부장은 그를 결박한 사실 때문에 두려움에 휩싸였다. 정식 재판 없이 로마 시민권자를 채찍질해 로마법을 어긴 경우 자신의 공민권이 박탈되고 징계 받을 수 있기 때문이다.

5. 공회 앞에 세워진 바울(30절)

이튿날 천부장은 유대인들이 무슨 일로 바울을 고발하는지 그 이유를 확실히 알고 싶었다. 그리하여 대제사장들과 온 의회를 소집하였다. 산헤드린을 소집한 것이다. 산헤드린은 70명의 일반 공회원과 의장인 대제사장 1인 등 71명으로 구성된 유대인의 최고법정이다. 주로 제사장들인 사두개파 사람들이고, 서기관 및 바리새파 사람도 상당수 있었다. 대권은 사두개파 제사장들이 잡고 있었다.

천부장은 바울을 풀어서 그들 앞에 데려오게 하였다. 일반적으로 산헤드린이 그 의장인 대제사장을 통해 총독에게 제기한 송사는 정식재판 청구로 인정되었다. 그러나 이 경우는 천부장이 총독에게 이 소송사건을 보고하기 위해 사건을 심리했다. 경우가 다르다.

제23장

공회에 선 바울과 그를 죽이려 한 유대인들

1. 담대히 공회 앞에 선 바울(1-5절)

바울은 산헤드린 공회(the Sanhedrin)를 똑바로 바라보았다. 그리고 "형제 여러분, 오늘까지 나는 모든 일에 양심을 따라 하나님을 섬기며 살아 왔습니다."라고 말했다. 바울은 신앙인으로서 하나님과 사람 앞에서 조금도 부끄럼 없는 삶을 살려고 노력해왔다(행 24:16). 물론 그 자신이 완벽하다는 것은 아니다. 최선을 다했다. 삶에 대한 판단은 하나님이 하신다.

그러자 대제사장 아나니아(Ananias)가 바울 곁에 서 있는 사람들에게 바울의 입을 치라고 명령했다. 아나니아는 네베다이우스(Nebedaeus)의 아들로 A.D. 47년에 헤롯 안디바에게서 대제사장으로 임명되어 55년까지 봉직했다. 그는 일반 제사장들에게 돌아가는 십일조를 가로채고, 자신의 이익을 위해서는 폭력과 암살도 서슴지 않았다. 그는 66년 열심당원들이 로마에 대항해 반란을 일으켰을 때 친로마파로 정죄되어 암살당했다. 불의한 아나니아가 의롭게 살아온 바울을 정죄한다는 것은 아이러니가 아닐 수 없다.

그러자 바울은 "회칠한 담이어. 하나님께서 당신을 치실 것이오. 당신은 율법대로 나를 재판하려고 거기 앉아 있으면서 도리어 율법을 어기고 나를 치라고 하다니 될 말이오?"하며 면박을 주었다. 회칠한 담(whitewashed wall)이란 무덤에 회칠하여 단장한 것을 가리킨다. 밖은 깨끗하지만 그 속에서는 시체가 썩음을 가리켜, 예수님은 외식하는 바리새인들을 가리켜 회칠한 무덤과 같다고 하셨다. 바울이 한 이 말은 회칠한 벽 같은 위선자라는 말이다. 유대인의 율법에 따르면 재판이 결정되기 전에 고소된 사람을 해치는 것은 위법이었다. 따라서 바울은 자신을 치라는 말에 항의한 것이다. 불의를 책망한 것이다.

바울 곁에 선 사람들이 "너는 하나님의 대제사장을 모욕하고 있다"고 지적했다. 예수님은 안나스 앞에서 조사를 받을 때 이런 소리를 들으셨고, 예수 곁에 섰던 하속으로부터 침을 당했다(요 18:22).

그러자 바울은 사과했다. "형제 여러분, 나는 그분이 대제사장인 줄 몰랐습니다." 이 구절에 대한 해석은 다양하다. 첫째, 바울은 안질이 심해 잘 볼 수 없었을 것이라는 주장이다. 둘째, 바울이 누가 입을 치라고 했는지 몰랐다는 주장이다. 셋째, 이 말은 바울이 재판도 하기 전에 그런 말을 하는 대제사장이 어디 있느냐며 비꼬아 말한 것이라는 주장이다. 끝으로, 바울이 회심 한 후 20년에 넘는 동안 예루살렘에서 지낸 적이 별로 없었기 때문에 대제사장의 얼굴을 단번에 알아볼 수 없었다는 주장이다. 맨 나중의 주장이 보다 설득력이 있어 보인다. 나아가 바울은 "성경에 '네 백성의 관원(the ruler, 지도자)를 욕하지 말라(출 22:27)' 는 말씀이 있는 것을 나도 잘 알고 있습니다."라는 말을 덧붙였다. 이스라엘 사회에서 하나님을 대신하여 악을 징계하고 선을 권장했다. 따라서 그 직책은 신성하고 존경을 받아야 한다. 바울은 그 직임을 신성하게 여기고 사과했다.

2. 사두개파와 바리새파 사이의 분쟁(6-10절)

바울은 공회가 사두개파(Sadducees)와 바리새파(Pharisees)로 나뉜 것을 알고 큰 소리로 외쳤다. "형제 여러분, 나는 바리새인이요 또 내 부모도 바리새인입니다. 내가 이렇게 재판을 받고 있는 것은 우리 바리새파가 믿는 대로 나도 죽은 자의 소망, 곧 부활에 대한 희망을 가지고 있기 때문입니다."

바울이 이런 말을 하자 바리새파와 사두개파 사이에 분쟁이 일어나 공회는 두 파로 갈라지고 말았다. 사두개파는 부활도 천사도 영적 존재도 다 없다고 주장하는 사람들이고 바리새파는 그런 것이 다 있다고 믿는 사람들이었다.

산헤드린은 사두개인과 바리새인으로 구성되어 있었다. 사두개파는 마카비 반란 이후 유대교의 한 당파로 생겨났다. 이름은 사독(왕상 1:8-26, 2:35)에서 유래된 것으로 간주되고 있고, 주로 제사장 계층이었다. 그들은 정치에 관심이 컸다. 로마의 정책에 찬동하고 헬라문화를 받아들이는데 열심이었다. 경제적으로도 부유했다. 신앙적으로는 현세적이어서 육체의 부활이나 천사의 존재와 영과 운명을 거부했다. 그들은 영혼이 육체와 함께 멸망하기 때문에 사후의 상급과 형벌도 있을 수 없다고 주장했다.

바리새파는 주로 서기관들로서 비세속적인 경건주의자들이었다. 그들은 에스라 시대 이전, 곧 바벨론 포로 시대에 망국의 한을 율법 연구에 쏟았을 때부터 시작된다. 그 후 성직 귀족계급과 함께 하나의 권위 있는 무리가 생겨났는데, 그것이 바로 율법학자들이다. 마카비 시대엔 헬라의 헬라화 정책에 반대하여 율법의 순수성을 지키자는 당파가 형성되었다. 이들이 바리새파다. 이들은 반로마적이고, 헬라 문화에 저항했다. 경제적으로는 중상층이었다. 사두개파에 비해 민중의 지지를 많이 받았지만 종교의 순수성을 내세워 민중을 억압했다. 이들은 신앙적으로 하나님의 섭리, 부활, 내세, 천사의 존재, 메시야 왕국을 믿었다.

이 두 파는 서로 사이가 좋지 않았고, 정치와 종교에서 우위권 다툼을 벌려왔다. 이 다툼은 산헤드린에서 격화되었다.

그래서 장내가 몹시 소란해졌다. 바리새파에서 서기관 몇 사람이 일어나 "우리는 이 사람에게서 조금도 잘못을 찾을 수 없습니다. 만일 영적 존재나 천사가 그에게 그렇게 말했다면 어떻게 하겠습니까?" 하고 내대며 바울을 두둔하였다. 이 바리새파 서기관들 몇이 일어나 바울을 변호했다. 바리새인들은 그리스도교를 대적했지만 여기에서는 그리스도교보다 사두개인을 더 대적하였다. 바울이 다마스쿠스로 가는 도중 부활하신 주께서 나타나신 것을, 서기관들은 주 예수를 인정하지 않고 영이나 천사가 바울에게 말했을지 모른다고 생각하며 두둔한 것이다.

서기관(scribes, the teachers of the law)은 율법학자를 말한다. 이들은 주로 바리새파에 속했다. 서기관이라 한 것은 바벨론 포로시절 성경을 필사했기 때문이다. 그래서 '필사자' 라 하기도 한다. 히브리어는 점 하나만 잘못 찍어도 의미가 달라지기 때문에 공부를 많이 한 학자나 똑똑한 사람들이 서기관을 했다. 또한 그들이 율법을 가르쳤기 때문에 '율법사' 라기도 했다. 유대인의 경건생활은 율법에 바탕을 두었기 때문에 바리새인과 서기관은 같은 부류가 되었다. 경건주의자들인 바리새인들은 대부분 서기관으로 구성되었다.

논쟁이 심해지자 천부장은 바울이 그들에게 찢겨 죽을까 염려되었다. 그는 자기 부하에게 명령을 내려 바울을 거기에서 빼내어 부대, 곧 안토니아 요새로 데려가도록 했다.

3. 바울을 찾아와 말씀을 주신 주님(11절)

그 날 밤에 주께서 바울 곁에 찾아오셔서 말씀하셨다. "담대하라. 네가 예루살렘에서 나에 관하여 증언한 것처럼 로마에서도 증언해야 한다." '담대하라(Take courage!)' 는 말씀이 신약성경에 7번 나온다. 주님께서 제자들을 격려할 때 자주 사용하신 말씀이다. 바울은 로마까지 가서 복음을 전하는 것이 소원이었다. 주님은 바울에게 나타나셔서 이 말씀을 주심으로 로마에서도 복음이 증거 되어야 할 것을 확정 시켜 주셨다.

4. 바울을 죽이려한 유대인들(12-15절)

이튿날 아침에 유대인들은 작당을 하고 바울을 죽이기 전에는 먹지도 않고 마시지도 않겠다고 맹세하였다. 이 음모에 가담한 사람은 사십 명이 넘었다. 음모(plot)는 대제사장을 중심으로 바울을 대적하는 자들로 이뤄졌다. 대제사장 아나니아는 음모를 꾸며 암살하는 것을 주저하지 않는 사람이었다. 먹지도 마시지도 않겠다며 단식 서약을 하는 것은 유대인 사회에서 일찍부터 있어온 일이다(삼상 14:24).

음모자들은 대제사장들과 장로들을 찾아갔다. '대제사장들과 장로들' 은 산헤드린 의원들을 가리킨다. 그들은 자신의 각오와 함께 음모의 내용을 구체화 했다. "우리는 바울을 죽이기 전에는 아무것도 먹지 않기로 굳게 맹세했습니다. 그러므로 여러분은 바울에 대한 것을 좀 더 자세히 조사하려는 것처럼 하여 천부장에게 그를 공회에 데려오라고 하십시오. 우리는 준비하고 있다가 그가 도착하기 전에 죽여 버리겠습니다."

당시 산헤드린 공회가 재심을 요청하면 천부장은 이에 응해야 하고, 이 기회를 타서 바울을 죽이겠다는 것이다.

5. 바울 생질의 밀고(16-22절)

바울의 생질이 그들의 음모를 전해 듣고 부대로 달려 가 바울에게 그 사실을 알려 주었다. 생질은 누이의 아들(son of Paul's sister)로, 바울의 가족상황에 대해서는 알 수 없지만 결혼한 누이가 예루살렘에 살고 있었던 것으로 보인다. 공화의 음모를 탐지하여 바울에게 알려준 것으로 보아 바리새파에 속한 성직자일 가능성이 있다.

바울은 백부장 한 사람을 불러 부탁했다. "이 청년을 천부장님에게 좀 데려다 주십시오. 그에게 무슨 할 말이 있다고 합니다." 바울이 백부장에게 요청을 할 수 있었던 것은 로마 시민권을 가지고 있었기 때문일 것이다.

백부장이 그를 데리고 천부장에게 가서 말했다. "죄수 바울이 저를 불러 이 청년을 천부장께 데려다 달라고 합니다. 무슨 드릴 말씀이 있다고 합니다." 천부장은 청년의 손을 잡고 조용한 곳으로 데리고 가서 물었다. "나에게 할 말이 무엇이냐?"

청년은 사실을 아뢰었다. "유대인들이 바울에게 좀 더 자세히 조사하려는 것처럼 하여 내일 공회에 그를 데려오라고 천부장님께 요청하기로 결정했습니다. 그러므로 천부장님께서는 그들의 말을 듣지 마십시오. 그들 중에서 바울을 죽이기 전에는 먹지도 마시지도 않겠다고 맹세한 40여 명이 그를 죽이려고 길목에 숨어 있습니다. 그들은 모든 것을 준비해 놓고 천부장님의 허락만을 기다리고 있습니다."

천부장은 "그 일을 자기에게 일러 주었다는 것을 아무에게도 말하지 말라" 하고 그 청년을 돌려보냈다.

6. 총독 벨릭스에게 호송된 바울(23-35절)

천부장은 백부장 두 사람을 불러 명령했다. "보병 이백 명과 기병 칠십 명과 창병 이백 명을 준비시켜 오늘 밤 아홉 시에 가이사랴로 출발하라. 그리고 말도 준비해 바울을 태우고 총독 벨릭스(Governor Felix)에게 호송하라."

천부장은 바울을 유대인의 암살로부터 보호하기 위해, 그리고 만약 바울이 암살되면 그 책임을 자신이 질까 두려워 당시 유대총독이었던 벨릭스에게 보내기로 결심했다. 벨릭스 총독은 A.D. 52-59년 유대를 통치하던 로마의 총독이었다. 이 총독은 헤롯 아그립바 1세의 막내딸인 드루실라를 세 번째 아내로 맞았다. 벨릭스가 포악한 통치를 하자 유대인들은 A.D. 66년에 반란을 일으켰다.

천부장은 다음과 같은 내용의 편지를 써 주었다.

> "글라우디오 루시아(Claudius Lysias)는 총독 벨릭스 각하께 삼가 문안드립니다. 이 사람이 유대인들에게 붙들려 죽게 되었으나 그가 로마 시민임을 알고 내가 부하들을 거느리고 가서 구해 냈습니다. 나는 유대인들이 이 사람을 고소하는 이유를 알아보려고 그를 공회로 데리고 갔습니다. 그러나 그 고소가 그들의 율법 문제와 관련되었을 뿐 가두거나 죽일만한 죄는 없었습니다. 그리고 이 사람을 죽이려는 음모가 있다고 누가 나에게 일러 주어서 내가 즉시 이 사람을 각하께 보냅니다. 나는 또 이 사람을 고발하는 사람들에게도 각하 앞에서 직접 말하라고 지시했습니다."

천부장은 이 편지에서 자신의 이름을 밝혔다. 글라우디오는 로마식 이름이고, 루시아는 헬라식 이름이다. 그는 본래 헬라인이었지만 많은 돈을 들여 로마 시민권을 샀다. 로마는 식민지들에게 치안 문제를 제외하고는 거의 자치를 허용했다. 율법 문제와 같은 종교적 분쟁은 유대인 관할에 맡기고 로마인은 개입하지 않았다(행 18:15).

보병은 명령대로 밤에 바울을 데리고 안디바드리(Antipatris)까지 갔다. 예루살렘 북서쪽에 위치한 소도시로, 예루살렘과 가이사랴 중간에 위치한 중간역참이다. 이곳의 이름은 원래 카파르사바였다. 헤롯 대왕이 이곳을 재건한 뒤 그의 아버지 이름을 따 '안티파테르(혹은 안디바)' 라 했다. 예루살렘에서 안디바드리까지는 험한 산지이고, 안디바드리에서 가이사랴까지는 평야지대이다. 날이 새자 바울의 호송은 기병들에게 맡기기로 하고 다른 군인들은 부대로 되돌아갔다.

기병들은 가이사랴에 들어가서 총독에게 편지를 전하고 바울을 넘겨주었다. 산헤드린 공회는 사형권이 없다. 따라서 중대한 사건은 총독의 관할아래 재판을 상정하므로 바울의 재판사건도 총독의 관할로 넘어가게 되었다.

총독은 그 편지를 읽고 나서 바울에게 어느 지방 출신이냐고 물었고, 그가 길리기아 출신임을 알고 말했다. "그대를 고발하는 사람들이 오면 다음에 심문하겠다." 그리고 바울을 헤롯 궁(Herod's palace)에 가둬 두도록 명령했다. 헤롯 궁은 헤롯 대왕이 가이사랴에 건축한 궁전이다. 이 때는 총독이 사용하고 있었다. 고대 궁전은 일반적으로 요새였고, 재판정으로도 쓰였다. 그 지하에는 감옥이 있었다. 바울을 헤롯 궁에 감금한 것은 로마 시민권을 가진 자에 대한 예우였다.

바울은 이때부터 가이사랴에서 2년 동안 감옥생활을 하게 된다(행 24:27). 그 후 바울은 가이사랴에서 로마로 가게 된다. "이 사람은 내 이름을 이방인과 임금들과 이스라엘 자손들에게 전하기 위하여 택한 나의 그릇이라(행 9:15)" 하신 주님의 말씀이 바울을 통해 이루어지게 되는 것이다.

제24장

벨릭스 총독 앞에서의 바울의 변론

1. 바울에 대한 논고(1-9)

닷새 후에 대제사장 아나니아가 총독에게 바울을 고발하기 위해 장로 몇 사람과 변호사 더둘로(Terlulus)를 데리고 왔다. 대제사장은 산헤드린의 의장으로서 그의 소송은 정식재판의 청구로 간주된다.

바울이 불려나오자 더둘로가 고발하기 시작했다. 변호사는 고소인(accuser)을 뜻한다. 오늘날로 말하면 검사의 역할을 한 사람이다. 더둘로는 선동죄, 이단죄, 성전모독죄 등 세 가지 점을 들어 바울을 고소했다. 선동죄는 바울을 가리켜 '소요케 하는 자'로 표현한 것에서, 이단죄는 '나사렛 이단의 괴수'라 말한 것에서, 그리고 성전모독죄는 '성전을 더럽게 하려 하므로'라고 말한 것에서 나타난다.

1) (**총독에 대한 감사 인사**) "벨릭스 각하여 우리가 당신을 힘입어 태평을 누리고 또 이 민족이 당신의 선견으로 말미암아 여러 가지로 개선된 것을 우리가 어느 모양으로나 어느 곳에서나 크게 감사하나이다." 더둘로는 바울을 고발하기 전에 먼저 벨릭스의 덕행을 치하했다. 각하의 덕분으로 평안을 누리고 있고 이 나라는 각하의 선견지명으로 개선되어 가고 있다는 것이다. 수사적인 인사다. 더둘로의 말처럼 그는 선하지는 않았다. 벨릭스는 유대의 총독으

로 있는 동안 강도들과 조직적인 암살단체들을 없애기도 했지만 A.D. 59년에 통치를 잘못한다는 이유로 로마로 소환될 정도로 폭정을 했다. 그럼에도 불구하고 더둘로는 벨릭스의 마음을 움직여 바울을 없애고자 아첨했다.

2) (**논고 서론**) "이제 각하께 더 폐가 되지 않도록 간단히 말씀드리겠으니 너그럽게 들어 주시기 바랍니다."

3) (**선동죄와 이단죄**) "우리가 알아 본 결과 이 자는 몹쓸 전염병 같은 놈(pestilent fellow)으로서 온 천하에 있는 모든 유대인들을 선동하여 반란을 일으키려는 자이며 나사렛 이단의 우두머리입니다." 바울은 선동자(agitator)이며 나사렛 이단(sect of Nazarene)의 괴수(ringleader)라는 것이다. 선동죄는 로마인에게 있어서는 가장 심각한 죄목이다. 당시 유대에는 로마로부터 독립을 쟁취하고자 하는 정치적 메시아주의가 있었다. 더둘로는 바울을 선동과 함께 이런 메시아주의자로 묶어 고발한 것이다.

더불로는 바울을 몹쓸 전염병자로 간주했다. 그만큼 위험한 존재이기 때문에 없애야 한다는 것이다. 이것은 바울의 복음 전도가 짧은 기간에 아주 널리 전파된 사실을 악평한 것이다.

더불로는 예수 믿는 자를 나사렛 이단으로 간주했다. 이것은 산헤드린이 기독교를 어떻게 보고 있는가를 보여준다. 그들은 그리스도교를 자신들의 교리에서 어긋난 교리를 전파하는 위험성이 큰 이단으로 간주했다. '나사렛 이단' 에서 이단은 당파, 또는 종파(hairesis, sect)를 뜻한다. 당시 유대교는 로마 정부로부터 인정을 받은 종교였다. 유대인들이 로마 정부에 반역하지 않는 한 그들의 지위는 보장되었다. 이런 내용을 배경으로 해서 더불로는 그리스도교를 이단, 곧 당파일 뿐이라고 고발했다.

4) (**성전모독죄**) "그는 심지어 우리 성전까지 더럽히려고 하였습니다. 그래서 그를 붙잡은 것입니다." 이것은 더불로가 제시한 세 번째 죄목이다. 성전 모독죄는 사실에 근거하지 않은 무고한 죄목이었다.

5) (**천부장의 강제**) ("우리가 그를 우리 율법대로 재판하려고 했지만 천부장 루시아가 와서 그를 우리 손에서 강제로 빼앗아 갔습니다. 그리고는 그를 고소하는 사람들에게 각하께 가라고 명령하였습니다.") 이것은 (없음)으로 소개되는 6절 하반절에서 8절 상반절의 성경 구절이다. 따라서 (괄호)로 처리되었다. 내용은 천부장의 강제로 인해 산헤드린에서 율법대로 재판하지 못하고 총독에게 올 수밖에 없었음을 호소하는 내용이다. 자신들이 얼마나 불법적인 행동을 했는가에 대해서는 언급하지 않았다.

6) (**심문 요청**) "그러하오니 각하께서 친히 그를 심문해 보시면 우리가 그를 고소하는 까닭을 다 아시게 될 것입니다."

그러자 유대인들도 그의 논고를 지지하며 그의 말이 모두 사실이라고 주장하였다.

2. 바울의 변론(10-21절)

그 때에 총독이 바울에게 눈짓으로 말을 해 보라고 했다. 바울의 답변이 시작되었다. 총독 앞에서의 자기변호다. 대제사장은 당시 최고의 변호사를 고용하여 바울을 고소했지만 바울은 그에 대해 당당하게, 합리적으로 막아냈다.

1) (**변호 서론**) "저는 각하께서 여러 해 동안 이 민족의 재판장이 되신 것을 알고 있습니다. 그래서 저는 기쁜 마음으로 제 자신에 대한 사실을 각하께 해명하겠습니다." 벨릭스가 유대 총독으로 부임한 해가 A.D. 52년이었고, 바

울이 벨릭스 앞에서 재판 받은 때는 A.D. 57년이었다. 벨릭스는 2년 뒤에 총독 직에서 물러났다.

2) (**선동죄에 대한 변호**) "각하께서도 확인해 볼 수 있는 일입니다만 제가 순례하러 예루살렘에 올라 온지는 이제 열이틀밖에 되지 않습니다. 그 동안 저는 성전이나 회당이나 거리에서 어느 누구와도 논쟁을 벌인 일도 없으며 군중을 선동한 일도 없습니다. 그러니 이 사람들은 지금 저를 고소하면서도 각하께 그 증거를 댈 수 없을 것입니다."

바울은 자신이 예루살렘에 온지 12일밖에 되지 않았고, 성전에서 아무와 변론한 적도 없으며, 회당과 성중에서 소동케 하지 않았으며 그의 주장에 대해 "저희가 능히 당신 앞에 내세울 것이 없나이다," 즉 어떤 증거가 없다고 주장했다.

3) (**이단 죄에 대한 변호**) "다만 제가 각하 앞에서 시인하는 것은 그들이 이단이라고 하는 그리스도교를 따라 우리 조상의 하나님을 섬기고 율법과 선지자의 글(구약 성경)에 기록된 모든 것을 믿는다는 사실입니다."

더둘로가 그를 이단 죄로 몬 것에 대해 바울은 14-16절에 걸쳐 자신을 변호했다. 자신이 이단이 아님을 다음과 같이 말하고 있다. "나는 저희들처럼 조상의 하나님을 섬기고 있다. 조상이 섬겨왔던 하나님을 섬기고 있는데 왜 이단인가." "나는 저희의 기다리는바 하나님께 대한 소망, 곧 부활을 믿고 있다." "이에 대해 나는 하나님과 사람에 대해 양심에 거리낌이 없다." 유대인들은 그리스도교를 유대의 전통신앙에서 벗어난 당파로 규정했다. 그러나 바울은 그리스도교의 신앙이 구약 성경, 특히 구약 성경의 예언과 신앙을 통해 형성된 것으로 유대교의 신앙과 다를 바 없다고 주장했다. 구약의 예언과 신앙은 예수를 믿는 그리스도교의 신앙을 통해 완성된다고 보았다.

4) "그리고 저를 고소하는 이 사람들과 마찬가지로 저도 하나님을 믿으며 의인이나 악인이나 다 같이 부활하리라는 희망을 가지고 있습니다." 바울은 부활신앙을 가지고 있었다. 의인의 부활은 생명의 부활이지만 악인의 부활은 심판의 부활이다. 의인은 생명과 상급을 얻기 위해 부활하지만 악인은 악에 대한 형벌을 받기 위해 부활한다. 이 종말적 부활신앙은 역사 안에서의 인간의 삶이 그의 영원한 운명과 관련되어 있음을 보여준다.

5) "그래서 저도 이것으로 인해 하나님과 사람들 앞에 언제나 거리낌 없는 양심을 간직하려고 노력하고 있습니다." '이것으로 인해' 는 의인과 악인의 부활에 대한 신앙을 말한다. 그 신앙을 가진 바울은 자신의 인생을 양심에 어긋남이 없이, 곧 하나님과 사람 앞에서 부끄러움이 없이 살아가고자 힘쓴다는 것이다.

'항상 양심에 거리낌이 없기를' 은 하늘을 우러러 한 점 부끄러움이 없는 것을 말한다. 양심은 헬라어로 '신네이데신(syneidesin)' 로 '함께 안다(knowing together)' 는 뜻을 가지고 있다. 나 앞에 또 다른 존재가 알고 있다는 것이다. 이 존재가 나의 행동에 대해 판단하는 기능을 한다. 바울이 여기서 양심을 논한 것은 일반적으로 말하는 행위적 양심이라기보다 '신앙적' 양심을 가리킨다. 그는 자기의 믿는 도를 이단이라 지적하는 것에 대해 양심을 걸고 이단이 아님을 강조하고 있다. 하나님을 믿고 부활신앙을 가진 것을 신앙적으로 어떻게 이단으로 보겠느냐는 것이다. 자기의 신앙에 그는 양심에 하등 거리낌이 없으며 앞으로도 그렇게 신앙생활하려고 노력한다고 말한다.

6) (**성전 모독죄에 대한 변호**) "저는 제 동족에게 구제금을 전달하고 하나님께 제물을 바치러 여러 해 만에 고국에 돌아 왔습니다." 성전모독죄에 대한 바울의 변명이 17-18절에 나타나있다. 바울은 성전에 드릴 제물을 가져와 결

례를 행한 것과 어려움에 처한 사람을 위해 구제할 것을 가져온 것은 성전을 모독한 것이 아니라 오히려 성전을 존중한 행위였음을 주장하였다.

'여러 해 만에,' 는 바울이 제4차로 예루살렘을 방문했던 때가 A.D. 54년경이었고, 이번의 예루살렘 방문이 A.D. 57년경이므로 바울은 약 3년 만에 다시 예루살렘을 방문한 것이다. 동족에게 구제금을 전달하는 것은 바울이 전도 여행할 때 이방인 교회로부터 받은 구제헌금을 말한다.

7) (**성전 모독죄와 선동죄에 대한 보완 변호**) "제가 정결예식을 행하고 나서 그 일을 하고 있을 때 그들이 성전 안에서 저를 보기는 하였지만 제가 군중을 선동하거나 소란을 피운 일은 없습니다." 더둘로가 자신을 선동죄로 몬 것에 대해 바울은 11-13, 18절에 거쳐 그 고소가 타당하지 못한 것을 논박하였다. 정결의식은 나실인의 서원 기간에 행해지는 여러 규례를 가리킨다(행 21:24-26, 민 6:13-20).

8) (**고소는 아시아에서 온 유대인이 했어야**) "그 자리에는 아시아에서 온 유대인 몇 사람이 있었는데 저를 걸어 고소할 일이 있다면 그들이 직접 각하 앞에 와서 고소했어야 할 것입니다." 자신은 예루살렘에 와서 잘못한 일이 하나도 없음을 밝히고 난 다음 혹시 있다면 소아시아로부터 온 유대인들일 수 있으며, 그들이 자기를 반대할 생각이 있으면 그들이 총독 앞에 나서 고소했을 것이라고 주장했다. 그들이 총독 앞에 고소해야 할 일이지 대제사장이나 더둘로가 나설 일이 전혀 아니라는 것이다.

9) "그것도 아니라면 제가 산헤드린 공회에 불려갔을 때 이 사람들이 저에게서 무슨 죄목을 찾아 냈는지 말해 보라고 하십시오." 공회에 불려갔을 때란 바울이 체포된 이튿날에 개정된 산헤드린 공회를 말한다. 그 공회에서 이 사람들이 바울에 대한 죄목으로 무엇을 찾아냈는지 말해보도록 하라는 것이

다. 바울은 이 일에 대해 자신감을 가지고 있었다.

10) "다만 저는 그들 앞에 서서 죽은 자의 부활에 관한 문제로 내가 오늘 여러분에게 재판을 받고 있소 하고 한 마디 소리쳤을 뿐입니다."

벨릭스가 그리스도교에 대하여 자세히 알고 있었기 때문에 천부장 루시아가 내려 온 다음에 바울의 사건을 심의하겠다고 하면서 재판을 연기하였다. 벨릭스는 유대 총독이 되기 전 A.D. 48년부터 총독의 부관으로 사마리아에 있었다. 그리고 약 5년간 유대 총독으로 재직했다. 그는 가이사랴에 살면서 고넬료 사건과 빌립의 전도에 관한 소식도 들었다. 그의 유대인 아내로부터도 들었다. 그러므로 그는 유대민족의 종교와 습속에 대해 잘 알고 있었다. 벨릭스는 백부장에게 바울을 지키되 어느 정도의 자유를 주고 친지들의 뒷바라지를 막지 말라고 명령하였다.

3. 가이사랴 감옥에 갇힌 바울(24-27절)

며칠이 지나서 벨릭스는 자기 아내 드루실라(Drusilla)와 함께 와서 바울을 불러내어 그리스도 예수를 믿는 신앙에 관하여 이야기를 들었다. 벨릭스의 아내는 유대 여자였다. 드루실라는 벨릭스의 세 번째 아내였다. 첫 번째 아내는 안토니우스 황제의 손녀였고, 두 번째는 클레오파트라였다. 드루실라는 헤롯 아그립바 1세의 셋째 딸로, 시리아의 에메사(Emesa)의 왕 아지주스와 결혼했으나 벨릭스의 유혹에 빠져 그의 세 번째 부인이 되었다. 벨릭스가 신앙 이야기를 듣고자 한 것은 본인의 의사라기보다 아내의 권유가 있었던 것으로 보인다.

바울이 의와 절제와 장차 다가 올 심판에 관해서 설명하자 벨릭스는 두려운 생각이 들어 "이제 그만하고 가 보라. 기회가 있으면 다시 부르겠다."고

했다. 그러면서도 한편으로는 바울에게서 뇌물을 받아 내려는 속셈으로 바울을 자주 불러내어 이야기를 나누었다. 이것은 벨릭스가 그리스도교에 대해 관심을 가졌다기보다 바울이 돈이 많은 사람인줄 알고 뇌물을 원했던 것으로 보인다.

두 해가 지난 뒤에 벨릭스 총독의 후임으로 보르기오 베스도(Porcius Festus)가 부임하였다. 벨릭스는 재임기간 정치적인 잘못과, 특히 가이사랴에 사는 유대인들과 이방인들 사이에 발생했던 분쟁을 진압하는 과정에서 과도한 살상을 했다는 이유로 로마로 송환되어 처벌을 받았다. 그런데 벨릭스는 바울의 사건을 처리함에 있어서 유대인들의 환심을 사려고 바울을 감옥에 그대로 가두었다.

제25장

베스도 총독과
아그립바 왕 앞에 선 바울

1. 베스도 총독 앞에 선 바울(1-9절)

베스도는 총독으로 부임한 지 사흘 만에 가이사랴에서 예루살렘으로 올라갔다. 새로 총독으로 부임한 베스도가 예루살렘의 산헤드린을 방문한 것이다. 베스도는 벨릭스 후임으로 온 로마총독이었다. 유대 총독으로서 그의 재임기간은 약 A.D. 59-62년으로 추정되나 정확한 기간은 알려지지 않았다. 그는 비교적 짧은 기간 유대 총독으로 있었지만 전임자인 벨릭스나 후임자인 알비누스와는 매우 대조적으로 선한 총독으로 선정을 베풀었다. 신임총독이 나스릴 지역의 지도자들을 찾아보는 것은 바람직한 일이다.

그러자 대제사장들과 유대인 지도자들은 그에게 바울을 고발하면서 자기네들에게 호의(a favor)를 베푸는 셈으로 바울을 예루살렘으로 보내달라고 간청했다. 이렇게 간청한 것은 그들이 길목에 사람들을 잠복시켰다가 바울을 죽이고자 한 것이다. '대제사장들' 로 복수로 되어 있는 것은 당시 대제사장 안나스를 비롯해 전임 대제사장들이 포함되었음을 의미한다. 유대인들은 베스도의 방문을 기회로 삼아, 다시금 바울을 죽일 계획을 세웠다. 매복해 바울을 죽이려 한 것은 당시 유대 사회가 폭력으로 점철되어 있음을 보여준다.

그러나 베스도는 바울이 가이사랴에 계속 감금되어 있을 것이고 나도 곧 그리로 갈 것이니 그 사람에게 무슨 잘못이 있거든 당신들 중에서 유력한 사람들이 나하고 함께 내려가서 그를 고발하도록 했다. 베스도 통치 당시 유대인 사회는 폭동 직전이었다. 게다가 바울을 죽이려는 것이므로 바울이 예루살렘에 올라가는 것을 거부한 것은 아주 현명한 결정이었다.

베스도가 예루살렘에서 8일 혹은 10일을 지낸 뒤에 가이사랴로 내려갔다. 유대 총독으로서 새로 부임한 자들은 관례상 8일이나 10일간 예루살렘에 체류했었다. 그 뒤에 관저가 있는 가이사랴로 돌아갔다.

그 다음 날 법정을 열고 바울을 데려오게 하였다. 총독이 법정을 연 것은 공식재판임을 나타낸다. 총독이 그 권한을 행사한 것이다. 바울이 나타나자 예루살렘에서 내려 온 유대인들은 그를 둘러싸고 여러 가지로 중한 죄목을 들어 고발했지만 확실한 증거는 하나도 대지 못했다. '여러 가지 중한 죄목' 은 2년 전에 바울을 고소한 내용, 곧 선동죄, 이단 죄, 성전 모독죄 등을 가리킨다.

그러자 바울은 "나는 유대인의 율법이나 성전이나 가이사에게나 아무 잘못도 한 일이 없습니다." 라며 항변했다. 율법을 범한 죄(이단 죄), 성전 모독죄, 가이사에게 항거한 죄(선동 죄) 모두 해당이 없다는 말이다. 그러나 베스도는 유대인들의 환심을 사려고 바울에게 물었다. "그대는 예루살렘에 올라 가 내 앞에서 이 사건에 관한 재판을 받는 것이 어떻겠는가?" 베스도는 신임총독으로서 로마의 법을 어기지 않는 한도에서 유대인들의 환심을 사려고 했다. 총독이 바울에게 물은 것은 상급심(로마 재판부)에 송치된 시민을 본인의 의사에 따라 하급심(지방재판소)으로 회부시킬 수 있었기 때문이다.

2. 가이사에게 호소한 바울(10-12절)

이에 바울이 대답했다.

"나는 지금 가이사의 법정에 서 있습니다. 나는 여기에서 재판을 받아야 할 사람입니다. 각하께서도 잘 아시는 바와 같이 나는 유대인들에게 조금도 잘못한 것이 없습니다. 만일 내가 무슨 법을 어기거나 죽을죄를 지었다면 사형도 마다하지 않겠습니다." 바울은 이미 산헤드린이 유대 사정에 익숙하지 못한 신임총독을 이용하여 자신을 해치려 한다는 것을 간파했다. 바울은 로마의 법대로 판결할 것을 원했다.

"그러나 이 사람들의 고발에 아무런 근거가 없다면 아무도 나를 그들에게 넘겨 줄 수는 없습니다. 나는 가이사에게 상소합니다." 바울은 이전부터 로마로 가는 것을 소망했었다. 그에 대한 주님의 계시도 받은 바 있다. 가이사에게 상소하는 것은 로마 시민의 특권이기도 하다. 베스도의 법정도 더 이상 신뢰할 수 없다. 바울은 로마의 최고법정에서 공정하게 심판을 받고 싶었다. 바울이 가이사에게 상소한 시점은 A.D. 59년 경으로 네로 황제 때였다. 네로는 A.D. 54년에 왕이 되어 첫 5년 동안은 철학자 세네카(Seneca)와 정직한 친위대장 부루스(Burrus)의 도움을 받아 정치를 잘하고 있었다. 이런 때에 바울이 상소한 것은 적절한 것이었다.

이에 베스도는 배석판사들과 협의하고 나서 선언했다. "그대가 가이사에게 상소하였으니 그대를 가이사에게 보내겠다." 배석판사는 고급 재판관들과 젊은 행정보좌관들로 구성된 배심원 회의(his council)를 가리킨다. 재판 결과는 총독의 결정에 달려있다. 하지만 배심판사들의 의견을 물어보는 것이 상례였다.

3. 아그립바와 베스도 앞에 선 바울(13-27절)

며칠 뒤에 아그립바 왕(King Agrippa)과 버니게(Bernice)가 베스도를 예방하기 위해 가이사랴에 왔다. 아그립바 왕은 헤롯대왕의 증손자뻘 되는 젊은 왕으로 정확한 이름은 헤롯 아그립바 2세이다. 버니게는 헤롯 아그립바 2세와 남매사이로 여러 번 결혼에 실패했다. 그는 드루실라의 언니로, 요부였다. 그녀는 처음에 숙부뻘인 헤롯 칼키스와 살다가 그가 죽자 오빠인 아그립바 2세와 가이사랴 빌립보에 와서 살았다. 그가 왕후처럼 행동해 사람들이 둘 사이의 관계를 근친상간으로 보기도 하고, 남매간의 우정이 두터운 때문으로 보기도 한다. 이런 오해 때문에 그는 길리기아 왕 폴레몬 2세와 결혼하게 된다. 그는 A.D. 75년에 로마에 가서 베스파시안 황제의 아들 티투스(Titus)의 부인이 되었지만 로마 시민들의 반대로 정식결혼은 하지 못했다. 결국 그의 정부가 되어 로마에서 죽었다고 한다. 그는 세상을 즐겁게 사는 것에 관심을 두었을 뿐 기독교에 대해서 무관심과 냉소적이었다. 아그립바 왕과 베니게가 가이사랴에 온 것은 베스도의 부임을 축하하기 위한 것이었다.

그들이 거기서 며칠 머물러 있는 동안 베스도는 바울 사건을 아그립바 왕에게 설명해 주었다.

> "벨릭스가 나에게 인계한 죄수가 한 사람 있는데 내가 예루살렘에 갔더니 유대 대제사장들과 장로들이 그 사람을 고발하면서 단죄해 달라고 했습니다. 그러나 나는 우리 로마의 관례로는 피고에게 원고 앞에서 고발에 대하여 항변할 기회도 주지 않고 그를 넘겨주는 것은 로마법에 없다고 일러 주었습니다."

> "그랬더니 유대인들이 여기에까지 나를 따라 왔으므로 나는 지체하지 않고 그 다음 날로 법정을 열고 그 사람을 불렀습니다. 원고들이 일어서서 그에 대한 죄목을 늘어놓았지만 내가 예측했던 죄목은 하나도 없었습니다. 다만 자기네 종교와 죽은 예수라는 사람을 두고 서로 의견을 달리할 뿐이었습니다. 그런데 바울은 그 예수가 살아 있다고 주장했습니다. 나는 이 문제를 어떻게 처리할까 망설이다가 바울에게 예루살렘에 가서 이 사

> 건에 대한 재판을 받겠느냐고 물어 보았습니다. 그러나 그는 황제의 판결을 받을 때까지 그대로 갇혀 있게 해 달라고 하기에 나는 그를 가이사에게 보내게 될 때까지 그대로 가두어 두라고 명령했습니다."

이 말을 듣고 아그립바가 자기도 직접 그를 심문해 보고 싶다고 했다. 베스도는 내일 그를 심문해 보라 했다. 그 이튿날 아그립바와 버니게는 모든 위엄과 격식을 갖추어 천부장들과 그 도시의 명사들(the leading men of the city)을 거느리고 접견장소로 들어갔다. 당시 가이사랴에는 로마군 5개 보병대(3천명)가 주둔하고 있었고, 이 군대를 3명의 천부장이 지휘하고 있었다. 이 군사들은 유대 지역을 관할했다. 도시의 명사들은 시의원을 가리킨다.

그러자 베스도의 명령으로 바울이 끌려 나왔다. 그 때 베스도가 말했다.

> "아그립바 전하, 그리고 이 자리에 계신 여러분, 여러분이 보시는 이 자에 대하여 예루살렘과 가이사랴에 사는 모든 유대인들이 나에게 고발해 왔습니다. 그들은 이 자를 더 살려 두어서는 안 된다고 떠들어 댑니다. 그러나 내가 보기에 그는 사형을 받을 만한 죄는 하나도 짓지 않았습니다. 그런데 그가 황제께 상소했기 때문에 나는 그를 황제께 보내기로 작정했습니다."

> "그러나 그에 관해서 황제께 아뢸 만한 확실한 자료는 하나도 얻지 못했기 때문에 이 자리에서 그를 심문해서 황제께 아뢸 자료를 얻을까 하고 여러분에게, 특히 아그립바 전하 앞에 그를 끌어 내 왔습니다. 죄수를 넘기면서 명백한 죄목도 붙이지 않는 것은 사리에 맞지 않다고 생각합니다."

여기서 '황제께'를 '주께(to kyrio, to my lord)'라는 단어를 사용했다. 이것은 황제를 신격화해서 부른 것으로 칼리굴라(Caligula) 황제 때부터 이

단어를 사용했다. '사리에 맞지 않다(alogos, absurd)' 는 것은 이성이 없는 (without reason), 곧 '동물 같은' 이라는 뜻이다. 바울에게 죄목을 구체화하지 않고 황제께 죄수를 넘기는 것은 불합리하다는 것이다.

제26장

아그립바 왕 앞에서의 바울의 변론과 전도

사도행전 26장은 바울이 아그립바 왕 앞에서 자기를 변호하는 내용이 담겨 있다. 이것은 자신의 다섯 번째의 변호다. 첫 번째는 안토니아 요새의 돌계단에서 폭동하는 이스라엘 군중을 대상으로 한 것이고(행 22:1-21), 두 번째는 산헤드린 공회 앞에서 한 것이며(행 23:1-6), 세 번째는 벨릭스 총독 앞에서(행 24:10-21), 그리고 네 번째는 베스도 총독 앞에서(행 25:6-12) 했다. 이제 다섯 번째로, 아그립바 왕 앞에서 변론이 시작된다. 아그립바 왕은 대제사장의 임명권을 가지고 있을 만큼 종교적으로도 힘이 있다. 이런 인물 앞에서 변론은 그만큼 의미가 크다.

1. 아그립바 앞에서의 바울의 변론(1-23절)

1) 서론적 인사: 너그러이 들어주소서(1-3절)

베스도의 말이 그치자 아그립바가 바울에게 해명할 말이 있으면 해 보도록 허락했다. 이에 바울이 손을 들어 변론을 시작했다. 손을 든다는 것은 왕에게 인사하는 몸짓이다.

"아그립바 왕이여, 유대인이 저를 고발하는 모든 일에 대해서 오늘 전하 앞에서 해명하게 된 것을 다행히 생각합니다. 특히 전하께서는 유대인들의 관습에 정통하시고 그들이 문제 삼는 점들을 잘 알고 계시니 더욱 다행한 일입니다. 아무쪼록 제 말씀을 너그러이 들어 주시기 바랍니다." 잘 안다(malista gnosten, well acquainted)는 것은 전문가처럼 잘 안다는 말이다. 아그립바는 바울이 그간 상대해왔던 천부장이나 벨릭스 총독, 베스도 총독과는 달리 유대인의 모든 관습(customs)과 문제점들(controversies)을 잘 알고 있기 때문에 자기 말을 잘 아시리라는 것이다.

2) 예수를 믿기 전 바리새인으로서 자신의 과거(4-8절).

"저의 젊은 시절의 생활, 곧 제가 처음부터 동족들과 함께 지내던 일과 예루살렘에서 지낸 모든 일은 유대인들이 다 잘 알고 있습니다. 그들은 제가 우리 유대교 가운데서 가장 엄격한 바리새파 사람으로 살아 왔다는 사실을 전부터 잘 알고 있습니다. 그들이 마음만 먹으면 이 사실을 증언할 것입니다."

바울은 자신의 출생과 성장, 그리고 교육에 대해 말하며 자신이 바리새인임을 강조했다. 그는 유대인의 아들로 태어나 가말리엘 문하에서 율법을 공부했다. 그는 청년 시절에 벌써 지도자급의 바리새인이 될 정도로 열심이었다.

"지금 제가 여기에 서서 재판을 받고 있는 것은 하나님께서 우리 조상들에게 주신 언약을 바라고 있기 때문입니다. 우리 열 두 지파는 밤낮으로 오로지 하나님을 섬기면서 그 언약이 이루어지기를 소망하고 있습니다. 전하, 저는 바로 그 소망 때문에 유대인들에게 고발을 당하고 있습니다."

'소망(hope)' 은 바울의 변론 내용 중 핵심이 되는 단어이다. 이 소망은 하나님이 구약의 약속들과 예언들을 성취시키시리라는 사실을 그대로 굳게 믿는 것을 말한다. 특히 바울에게 있어서는 이 약속들이 그리스도 안에서 성취되었고, 앞으로 성취될 것을 믿는 신앙을 가리킨다.

'조상들에게 주신 언약' 은 아브라함과 다윗에게 약속하신바 메시야를 보내실 약속을 말한다. 하나님이 이집트의 종살이에서 그들의 조상을 구원해 내신 것처럼 언젠가 그의 백성들을 구원하기 위해 오실 것을 소망하고 있다. 예부터 선지자들의 입을 통해 말씀하신 대로 하나님이 다윗의 집에서 구원의 뿔을 일으키시리라는 소망이다. 바울은 이런 소망이 하나님께서 살리신 사람, 곧 예수님을 통해 이루어졌음을 밝힌다. 그 소망 때문에 자신이 지금 유대인들에게 고발을 당하고 있음도 지적했다.

"하나님께서 죽은 자들을 살리신다는 것을 왜 믿을 수 없는 일로 돌려 버리는지 모르겠습니다." 나아가 바울은 죽은 사람의 부활을 그렇게 열심히 믿었던 사람들이 왜 하나님이 예수님을 살리신 것을 믿지 못하는지 이해하지 못하겠다고 말한다.

3) 그리스도인을 핍박했던 과거의 열심(9-11절)

9-18절의 간증은 행 9:3-9, 행 22:4-10에 이어 세 번째 간증에 속한다. 다마스쿠스 도상에서 부활하신 예수를 만나 회심하게 된 것과 이방인의 사도로 소명 받은 것을 간증하였다.

"사실은 저도 한때는 온갖 힘을 다해서 나사렛 예수를 대항해야 한다고 생각하고 예루살렘에서 그 일에 손을 댔었습니다. 저는 대제사장들에게서 권한을 받아 가지고 많은 성도들을 감옥에 처넣고 그들을 처형하는 일에 찬성투표를 했습니다. 그리고 회당마다 찾아 가서 그들에게 여러 번 벌을 주어 강제로 모독하는 말을 하게 했습니다. 그들에 대한 분노가 극도에 달해서 저는 심지어 이방 여러 도시에까지 찾아 가서 그들을 박해하였습니다."

'나사렛 예수를 대항한다.' 는 것은 그리스도교를 믿는 사람들을 대항한다는 말이다. 당시 유대인들은 그리스도교를 '나사렛파' 또는 '나사렛 이단' 으로 불렀다. 예수님은 원래 베들레헴에서 나셨으나 나사렛에서 성장하셨다. 그래서 나사렛 예수로 불렸다. '대제사장들' 로 복수한 표시한 것은 당시 대제사장 가야바뿐 아니라 그의 장인이자 예수 재판 때 대제사장이었던 안나스도 실세였음을 의미한다. 대제사장들로부터 위임을 받은 바울의 위세는 절대적이었다. 처형에 찬성투표를 했다는 것은 스데반 처형처럼 그리스도인들을 처형하는 데 바울이 동의했음을 뜻한다. 회당마다 찾아가 벌을 주었다는 것은 각 회당에는 소법정이 구성되어 있어서 회당에 나오는 사람들을 징계했음을 말한다. 가해지는 형벌은 주로 태형이었다. 바울 자신도 그리스도인이 된 후에 이러한 형벌을 받았다(고후 11:24). '강제로 모독하게 하는 말을 하게 한다' 는 것은 그리스도교를 믿는 사람으로 하여금 강제로 자기 신앙을 부인하는 말을 하도록 했음을 의미한다. 바울이 그리스도인들에게 예수님을 저주하고 그 신앙을 포기하라고 강요했다는 말이다. 그리스도인들이 배교의 말을 했는지에 대해서는 언급되어 있지 않다. 하지만 초기 교회 역사를 보면 외부적인 압박에도 굴복하지 않았다. 그리스도를 모욕하면 죄를 면해 주겠다고 회유했지만 그들은 결코 배교하지 않았다.

4) 다마스쿠스 가는 길에서 본 환상과 회심(12-18절)

"이런 일로 저는 대제사장들에게서 권한과 위임을 받아 가지고 다마스쿠스로 내려갔습니다. 그런데 전하, 제가 그리로 가다가 정오에 하늘에서 번쩍이는 빛을 보았습니다. 그 빛은 해보다도 더 눈부시게 번쩍이며 저와 저의 일행을 두루 비추었습니다."

"저희는 모두 땅에 엎드렸습니다. 그리고 히브리말로 사울아, 사울아, 왜 나를 박해하느냐? 가시 돋친 채찍에다 발길질을 하다가는 너만 다칠 뿐이다 하는 음성을 제가 들었습니다."

가시 돋친 채찍에다 발길질을 한다는 것은 황소가 자기를 모는 사람에게 뒷발질을 하며 완강히 버티는 것을 말한다. 가시 채(goad)는 짐승, 특히 소를 몰기 위해 뾰족한 나무 막대기의 한쪽 끝에 쇠나 뼈를 박아 사용하던 도구를 말한다. 소가 가시 채에 의해 어거되는 것이 싫어 뒷발질로 가시 채를 쳐내지만 그럴수록 더 고통을 받게 될 것을 말한다. 이 말씀은 바울이 그리스도인을 박해하고 대적할수록 자신에게 고통만 더할 뿐이라는 뜻이다. 황소처럼 고집 센 바울을 꺾으시는 말씀이다. 인간이 하나님의 뜻을 거역하는 것은 쓸데없이 괴로움을 더하는 일일뿐이다.

"그때 제가 당신은 누구십니까? 하고 물었더니 주께서는 이렇게 말씀하셨습니다. 나는 네가 박해하는 예수다."

"자, 일어나 바로 서라. 내가 나타난 것은 너를 내 일꾼으로 삼아 네가 오늘 나를 본 사실과 또 장차 너에게 보여 줄 일들을 사람들에게 증언하게 하려는 것이다. 나는 너를 유대인들과 이방인들에게서 구해 내겠다. 그리고 다시 너를 이방인들에게 보내어 그들의 눈을 뜨게 하여 그들을 어둠에서 빛으로(from darkness to light), 사탄의 세력에서 하나님께로(from the power of Satan unto God) 돌아오게 하겠다. 그리하여 나를 믿고 죄를 용서받아 성도들이 차지할 몫(기업, inheritance)을 얻게 하려는 것이다."

'장차 너에게 보여줄 일들' 은 다마스쿠스 도상에서 나타나신 이후 계속하여 환상으로 보이실 일들을 말한다. '그 눈을 뜨게 하여 어두움에서 빛으로,' '예수님의 이 말씀은 전도가 왜 필요한가를 가르쳐 준다. 전도는 구원에 이르게 한다. 영적인 맹인으로 하여금 눈을 뜨게 만들어 '어두움에서 빛으로, 사단의 권세에서 하나님께로 돌아가게 하며, 죄 사함과 그리스도를 믿어 거룩하게 된 무리 가운데서 기업을 얻게' 하는 것이다. 어두움에서 빛으로 돌아서는 것은 모든 악과 불의의 지배자인 사단에게서 벗어나 하나님의 나라에 참여하는 것을 의미한다. 그리스도를 믿고 죄 사함을 받아 하나님의 자녀가 되는 것이다. 기업은 구약적인 의미로는 대대로 상속되는 한 가문의 땅을 가리킨다. 민족적인 차원에서는 하나님이 약속한 땅 가나안이 하나님으로부터 온 특별한 기업으로 간주되었다. 신약에서는 예수님이 모든 것을 상속하는 이로 증거되고 있으며, 그리스도인은 하나님의 가족으로 선택함을 받아 그 기업에 동참하는 것으로 나타난다. 그 기업은 하나님 나라와 구원 및 영생을 가리킨다.

5) 회심 이후 계시에 복종했던 삶(19, 20절)

"아그립바 왕이여, 그 때부터 저는 하늘로부터 받은 계시를 거역할 수가 없어 우선 다마스쿠스 사람들에게, 그 다음은 예루살렘과 유다 온 지방 사람들에게, 나아가서는 이방인들에게까지 회개하고 하나님께 돌아와서 회개에 합당한 일, 곧 증거를 행실로 보이라고 가르쳤습니다."

참다운 회개를 한 사람은 반드시 그 삶이 변하게 된다. 회개는 단지 몇 가지 교리를 알고 있다거나 회개 기도를 했다는 것만으로 축소되어서는 안 된다. 참된 회개는 죄에서 떠나 양심의 변화를 받고, 부정한 삶의 방식에서 하나님이 기뻐하시는 삶으로 방향을 수정하는 구체적인 행동이 뒤따라야 하며, 그에 합당한 열매를 맺는 것이 중요하다.

6) 체포당함(21절)

"제가 이런 일을 했다고 해서 유대인들은 저를 성전에서 잡아 죽이려고 하였습니다."

7) 자신이 전파한 복음(22, 23절)

"그러나 저는 하나님의 도우심을 받아 낮은 사람에게나 높은 사람에게나 제가 믿는 바를 증언하면서 오늘에 이르렀습니다. 저는 선지자들과 모세가 예언한 것 외에는 가르친 것이 없습니다. 즉 그리스도는 고난을 받고 죽은 자들 가운데서 제일 먼저 부활하여 이스라엘 백성과 이방인에게 구원의 빛을 선포하실 분이라는 것입니다."

바울이 전한 복음은 이스라엘 민족이 조상 적부터 믿어왔던 신앙과 조금도 다르지 않았다. 이스라엘 민족의 신앙은 구약, 곧 모세의 율법과 선지자들의 예언으로 이뤄져 있다. 바로 그 구약에서 예언되었던 것은 바울이 전파했던 예수 그리스도의 삶과 죽으심, 그리고 부활을 통해 완전히 이루어졌다. 이와 같은 바울의 자기변호는 변론 이상의 의미를 가진다. 이것은 복음에 대한 증거였다. 그는 부활하신 예수 그리스도가 하나님의 약속에 따라 오신 메시야이며 세상의 구세주이심을 강조했다.

2. 바울을 미쳤다고 말하는 베스도와 바울의 반응(24-29절)

바울이가 이렇게 해명하자 베스도는 큰 소리로 외쳤다. "바울로, 그대는 미쳤구나! 네 많은 학문이 너를 미치게 한다." 아는 것이 너무 많아서 미쳐 버렸다는 것이다. '많은 학문(polla grammata, much learning, great learning)'은 책(grammata), 곧 성경에서 얻은 지식이나 학식을 말한다. 성경을 많이 알더니 미쳤다는 말이다. 예수 그리스도 부활 사건에 관한 이야기를 한 번도 들어본 적이 없는 베스도 총독은 바울이 예수 그리스도의 부활을 전하자 허황된 이야기라 생각하고 바울의 변론을 중단시킨 것이다.

로마 총독 베스도는 기독교인들에 대해 "광신자"라는 오해와 편견을 가진 사람이었다. 그래서 바울의 말에 대해 냉소적이었다. "네가 미쳤도다."라고 말하는 것은 이러한 태도를 보여준다. 우리 가운데서도 잘 믿는 사람만 보면 미쳤다고 말하고, 기독교만 진리냐고 비웃는 사람이 바로 베스도형이다. 바울은 이런 사람을 아랑곳 하지 않고 담대히 전도했다.

그러자 바울은 말했다.

"총독 각하, 저는 미치지 않았습니다. 저는 참되고 온전한 말을 하고 있습니다." 바울은 베스도의 들뜬 감정을 진정시키고자 그를 불렀다. 그리고 맑은 정신으로 진실을 말씀드리고 있다 했다. 베스도의 고함소리에 기가 죽을 바울이 아니다. 미쳤다고 말하는 총독 베스도를 향해 오히려 담대하게 "내가 미친 것이 아니요 참되고 정신 차린 말을 하나이다."고 했다. 참되고 정신 차린 말(sober truth)은 진실(aletheia, truth)과 정신 차림(sophrosune, sobriety)으로 말한다는 것이다. 술 취한 사람처럼 횡설수설하는 것이 아니라 맑고 올바른 정신으로 말한다는 것을 의미한다. 바울은 예의를 잃지 않으면서 정곡을 찔렀다.

"아그립바 왕께서도 이런 일들은 잘 알고 계시기 때문에 저는 거리낌 없이 그분께 말씀드리고 있는 것입니다. 이것은 어느 한 구석에서 일어난 일이 아니니 전하께서 모르실 리가 없습니다." 바울은 베스도 총독의 돌발적인 방해에 응수를 한 다음 아그립바 왕을 향해 자신의 변론을 이어갔다. 왕은 이 일들을 잘 아시리라 믿고 거리낌 없이 말씀 드렸다는 것이다. 또 예수님의 사건은 어디 한 구석에서 일어나 아무도 모르는 것이 아니라 온 유대와 온 천하가 다 알 만큼 큰 사건이었음도 밝혔다.

"아그립바 왕이여, 전하께서는 선지자를 믿으십니까? 저는 전하께서 믿으시는 줄로 알고 있습니다." 선지자의 예언을 믿느냐는 말이다. 헤롯 아그립바 2세는 모계로 유대 대제사장 가문의 혈통을 이어받았으므로 유대인들로부터 존경을 받았다. 따라서 아그립바 왕이 구약의 선지서를 믿지 않는다고 말할 수 없음을 바울은 알고 있었다.

그러자 아그립바 왕이 바울로에게 말했다. "그대는 적은 말로 나를 설복하여 그리스도인으로 만들려고 하는구나." '네가 적은(oligo, so little, short) 말로' 는 '짧은 시간에(in short time) 몇 마디 말로' 라는 말이다. 그런 말로 쉽게 설복당할 자기가 아니란 말이다.

아그립바 왕은 겉으로는 관심을 가지는 것 같으면서도 속으로는 거부하는 유형에 속한다. 왕은 그런 말로 나를 그리스도인으로 만들려 하느냐며 핀잔을 줌은 물론 바울을 모자란 사람 취급했다. 그가 말하는 그리스도인은 멸시적인 언어이다. 아그립바 같은 사람에게 전도하는 것도 매우 어렵다. 주님은 어려운 상황 속에서도 전도자에게 힘을 주신다.

바울은 대답했다. "말이 적으나 많으나 당신뿐만 아니라 오늘 내 말을 듣는 모든 사람도 다 이렇게 결박된 것 외에는 나와 같이 되기를 하나님께 원하나이다."

말이 '적으나 많으나' 에서 적다는 것은 '올리고(oligo, little)' 이고 많다는 것은 '메가로(megalo, much)' 이다. 말이 적든 많든, 쉽든 어렵든 전하뿐 아니라 오늘 제 말을 듣고 있는 모든 사람, 곧 베스도 총독, 버니게, 산헤드린 공회원, 배심원, 천부장 등이 이 쇠사슬만은 제외하고 다 저와 같은 사람이 되기를 하나님께 빈다는 말이다. 말이 적으나 많으나(short or long) 중요한 것은 그리스도를 믿는 것이다. 말을 많이 하던 적게 하던 하나님을 향한 거부적인 태도가 문제이다. 그것이 고쳐지지 않으면 안 된다는 것이다.

바울은 세상의 어떤 권위 앞에서도 당당했다. 그 당당함은 "오늘 내 말을 듣는 모든 사람도 이렇게 결박한 것 외에는 나와 같이 되기를 하나님께 원하나이다." 는 말씀 전체에 잘 나타나 있다. 구원의 감격과 확신을 가진 바울은 그리스도인된 것을 자랑스럽게 생각하고 믿지 않는 사람을 오히려 불쌍히 여기며 이 말을 하고 있다.

이 날 바울의 전도대상에는 베스도, 아그립바, 베니게가 있었다. 이 장면에서 우리는 기독교에 대해 오해와 편견을 가진 베스도 형, 관심을 가졌으면서도 거부의 태도를 보이는 아그립바 형, 그리고 시종 무반응과 냉소로 일관하는 베니게 형을 읽을 수 있다. 전도에 대해 매우 부정적인 이러한 사람들 앞에서도 바울은 열심히 전도했다. 이것은 우리가 어떤 형편에 있든지, 상대가 누구이든 구애받지 않고 전도해야 한다는 것을 보여준다.

3. 결박당할 만한 행위가 없다고 말하는 왕과 총독(30-32절)

그 때 왕을 비롯하여 총독과 버니게와 그 밖에 자리를 같이했던 사람들이 다 일어나 퇴장하였다. 그리고 서로 "그 사람은 사형을 받거나 갇힐 만한 짓을 하지는 않았군."하고 말했다. 모든 재판관과 배심원들 모두 바울의 무죄를 인정한 것이다. 이것은 바울의 무죄에 대한 세 번째 판결이다. 첫 번째는 천부장 루시아의 무죄 판결이었고(행 23:29), 두 번째는 베스도의 무죄 판결이었다(행 26:31).

아그립바는 베스도에게 말했다. "그 사람이 가이사에게 상소만 하지 않았더라면 석방될 수도 있었을 텐데요." 아그립바 왕은 바울에게 유리한 소견을 제시했다. 그는 바울의 증언을 통해 그리스도교에 대해 인식을 달리하게 되었다. 그래서 유대 전쟁 때에는 그리스도교에 대해 호의적인 태도를 취하기도 했다.

제27장

로마로 가는 바울과 유라굴로 광풍

1. 로마로 가는 바울(1-13절)

누가는 사도행전 27:1-28:15을 통해 바울이 배를 타고 지중해를 건너 로마로 가는 일정을 자세히 기록하였다. 마침내 바울이 로마로 가게 된 것이다.

누가는 그들이 우리를 배에 태워서 이탈리아로 보내기로 결정했다고 했다. 여기서 '우리'는 바울 일행을 말한다. 누가, 실라, 디모데 등이다(행 16:10). 이들은 죄수가 아니다. 그 때 바울을 비롯해 다른 죄수 몇 사람을 아구스도대(Augustan Cohort)에 소속된 백부장 율리오(Julius)에게 넘겨주었다. '다른 죄수'는 죄의 성질이 바울과는 전혀 다른 종류의 사람들을 가리킨다. 아구스도대는 아우구스투스 황제의 이름으로 불리는 로마 제국의 군대로, 가이사랴에 주둔하고 있던 친위대를 말한다. 로마의 외인부대에 하사된 명예로운 칭호다. 가이사랴에는 5개의 백인대가 주둔하고 있었다. 아구스도대는 그 다섯 백인대 중 하나로, 지휘관은 백부장 율리오였다. 행 10:1에는 이탈리아대의 백부장 고넬료가 언급된다.

마침 그 때 아드라뭇데노(Adramyttium)에서 온 배 한 척이 아시아 연안의 여러 항구를 향하여 떠나려고 하였으므로 우리는 그 배를 타고 떠났다. 아드라뭇데노 배는 가이사랴에서 아드라뭇데노까지 항해하는 배를 말한다. 아드

바울의 로마행 (행 27:1-28:31)

라뭇데노는 소아시아 북서쪽에 위치한 무시아 지방의 항구다. 드로아 남동쪽에 있다. 여기서 출발하는 배는 수리아와 소아시아의 해안을 항해하는 무역선이다. 이런 배를 타고 가다가 큰 배에 옮겨 타고 지중해를 건너는 것이 보통이었다. 가이사랴에서 로마로 가는 항로는 알렉산드리아를 거쳐 가는 것보다 더 좋은 항로였으나 이 때는 그것이 여의치 못한 것으로 보인다.

우리 일행 중에는 데살로니가 출신인 마케도니아 사람 아리스다고(Aristarchus)도 함께 했다. 아리스다고는 바울의 제3차 전도여행 마지막에 바울과 동행했고 로마에도 같이 갔다. 이것은 이 배에 바울만 로마에 간 것이 아니고 바울 일행이 있었음을 보여준다.

이튿날 배가 시돈에 닿았을 때에 율리오는 바울에게 친절을 베풀어 친구들(friends)을 찾아 가도 좋다고 허락하였다. 바울의 친구들은 그를 잘 돌보아 주었다. 여기서 친구는 그리스도인들을 가리킨다. 그리스도인들 사이에 깃든 진실하고 거룩한 사랑을 표현해주는 칭호다.

우리는 시돈을 떠나 가다가 역풍을 만나 구브로 섬을 왼쪽으로 끼고 항해하여 길리기아와 밤필리아 앞바다를 지나서 루기아에 있는 무라(Myra) 항구에 닿았다.

거기에는 마침 이탈리아로 가는 알렉산드리아 배가 있어서 백부장은 우리를 그 배에 태웠다. 항구도시 무라는 이집트와 이탈리아를 잇는 중요한 무역 항로였다. 이집트에서 생산된 곡물을 로마로 실어 나르던 배들은 무라를 거쳐 소아시아 해안을 따라 이탈리아에 도착했다. 이 배도 그런 배가운데 하나였다.

우리는 여러 날 동안 느린 항해 끝에 가까스로 니도(Cnidus) 앞바다까지 갔다. 니도는 소아시아 서남단의 도리스 반도 끝에 있는 섬이다. 그러나 역풍 때문에 더 나가지 못하고 살모네(Salmone) 앞바다를 지나 그레데 섬을 오른쪽으로 끼고 비싹 해안을 따라 가다가 라새아(Lasca) 시에 가까운 미항(Fair

Havens)이라는 곳에 겨우 닿았다. 그레데는 지중해에 있는 큰 섬으로, 바울이 디도를 파견해 전도하게 했던 섬이다(딛 1:5). 살모네는 이 섬의 동쪽 해협이다. 미항은 '아름다운 항구' 라는 뜻이다.

어느덧 많은 시일이 지나서 금식(fast)하는 절기(단식일로 정해진 추분)도 이미 지났기 때문에 항해를 더 계속하기가 무척 위태로웠다. 금식하는 절기는 대속죄일로, 유대인의 달력으로 티쉬리월(Tishri, 태양력으로는 9-10월경) 10일이다. 대속죄일에 지키는 금식 절기(레 16:29)를 말한다. 이 절기 이전에는 항해가 안전했지만 이 절기 이후, 겨울철에 접어들면서 3월 중순까지는 일기가 불순해 항해가 위험했다. 대개 9월 중순에서 11월 중순까지는 항해 위험기간이었고, 그 때부터 3월 10일까지는 항해가 전면 중지되었다.

그래서 바울은 사람들에게 이렇게 경고하였다. "여러분, 내가 보기에는 이대로 항해를 더 계속하다가는 짐과 배의 손실뿐만 아니라 우리 목숨까지도 잃을 큰 위험이 따를 것입니다." '내가 보기에는' 은 오랜 경험을 가지고 주의 깊게 본 결과라는 말이다. 바울은 항해를 더 계속하는 것에 반대했다. 미항에 머물자는 것이다.

선주 측은 겨울나기 어렵다며 미항을 기피했다. 백부장은 바울의 말보다는 선장과 선주의 말을 더 믿었다. 사실 선주 보기에 미항은 겨울을 날 만한 곳이 못 되었다. 미항은 작은 항구이고, 추운 곳이어서 겨울 동안 배를 정박시키기에도 불편했다. 그러니 백부장이 바울의 말보다 항해의 전문가인 선장과 선주의 말을 더 믿는 것은 당연할 수 있다. 그러나 하나님의 보호를 받고 있는 바울의 권면을 듣지 않을 경우 다가올 배의 운명은 보는 듯하다.

결국 다수의 의견대로 가능하다면 미항을 떠나 가까운 뵈닉스(Phoenix)로 가서 겨울을 나기로 하였다. 항해 문제로 논의 끝에 뵈닉스로 결정된 것이다. 뵈닉스는 미항에서 서쪽으로 60킬로미터쯤 떨어진 그레데 섬에 있는 항구이다. 남서쪽과 북서쪽을 바라볼 수 있는 곳이자 북서풍을 막아주는 온화한 곳이었다. 인간이 보기에 최적의 결정처럼 보였다. 그러나 가기는 길에 광풍을 만나게 된다.

2. 유라굴로 광풍을 만나다(13-38절)

13-44절은 바울이 탄 배가 난파의 위기에 처한 상황을 자세히 기록하고 있다. 지중해 항해는 언제나 폭풍과 난파의 위험이 따랐다. 시인 호머의 '오딧세이' 에서도 이런 상황이 소개되어 있고, 요나도 다시스(스페인)으로 가다가 지중해에서 풍랑을 만났다. 지중해 항해는 이처럼 위험이 컸다.

미항에서 뵈닉스로 가려면 남풍을 타야 한다. 때마침 남풍이 순하게 불어왔다. 그래서 사람들은 이젠 되었다고(obtain purpose) 생각하고 닻을 울리고 그레데 해안에 바싹 붙어서 항해하였다. 그런데 얼마 안 가서 유라굴로(Eurakylon, Euroclydon, northeaster)라는 태풍이 불어 와서 배가 바람에 휘말리게 되었다.

유라굴로는 동풍을 뜻하는 헬라어 '유로스(Euros)' 와 북풍을 뜻하는 '아쿠론(akulon)' 를 합한 말이다. 라틴어로는 '유로아킬로(Euroaquilo)라 한다. 소아시아 이다(Ida) 산에서 불어오는 북동풍(Northeaster), 또는 그레데 섬의 산지에서 형성되어 지중해로 불어 내리는 북동풍으로 폭풍(tempestuous wind)의 일종이다. '섬 가운데로부터(개역개정)' 는 유라굴로가 그레데 섬의 중앙에 있는 산지에서 발생된 것임을 말해준다. '섬 쪽에서(새번역)' 왔다고도 한다. 어떤 번역본(KCB)에는 '섬 쪽으로' 라 했다. 이 경우 태풍 발생지가 소아시아일 수도 있음을 보여준다. 따라서 '현대인의성경' 에는 방향에 대한 언급 없이 그저 유라굴로가 불어 닥쳤다고 했다. 하나님은 우리의 교만을 꺾으시기 위해 때로 우리 인생에 유라굴로를 주신다.

우리는 바람을 뚫고 나갈 수가 없어서 바람이 부는 대로 배를 내맡기고 표류하기 시작했다. 유라굴로에 걸려든 배는 바람에 따라 밀려갈 수밖에 없었다. 그레데 섬 남쪽에 있는 가우다(Cauda, or Clauda)라는 조그만 섬을 북쪽으로 끼고 가는 동안에 폭풍이 어느 정도 잔잔해졌다. 가우다는 뵈닉스에서 남서쪽으로 35Km정도 떨어진 거리에 있다. 이것은 배가 상당한 거리를 떠밀려 왔음을 말해준다.

바람이 잠잠해진 틈을 타 폭풍에 의해 고물에서 풀려진 거룻배(lifeboat)를 간신히 잡을 수가 있었고, 선원들은 거룻배를 갑판으로 끌어 올렸다. 그것을 끌어 올리는 일은 결코 쉬운 일이 아니었다. 거룻배는 보통 땐 배 고물에 매달아 끌고 다니지만 거친 폭풍을 만나면 배에 부딪혀 파선될 위험이 있어 갑판 위로 끌어올리게 된다. 거룻배는 배가 암초에 걸려 파선하게 될 경우 비상 상륙을 위해 필요하다.

그리고 폭풍의 피해를 줄이기 위해 밧줄로 이물에서 고물까지 선체를 둘러 감았다. 배가 부서지지 않게 선체를 밧줄로 동여맨 것이다. 폭풍을 만났을 때 가장 위험한 것은 돛대나 선체가 파괴되는 것이었다. 당시에는 배가 지금처럼 견고하지 않아 위태로운 상황에서는 이런 식으로라도 배를 보다 견고하게 해야 했다.

그대로 가다가는 스르디스(Syrtis), 곧 리비아 해안의 모래톱(sandbars, 모래 수렁)에 처박힐 염려가 있어서 돛을 내리고 계속 표류하였다. 스르디스는 모래톱(砂丘)을 가리킨다. 지중해에는 두 개의 모래톱이 있는데, 하나는 북아프리카 해안 지대 트리폴리와 발카 중간에 있는 것(Syrtis Major)이고, 다른 하나는 카르다스(Carthase) 부근에 있는 것(Syrtis Minor)이다. 항해 중인 배는 폭풍우에 밀려다니다가 이런 모래톱에 부딪히기 일쑤였다. 이번 항해에서의 모래톱은 전자의 것으로 보인다.

태풍에 몹시 시달리다 못해 이튿날에는 화물을 바다에 집어 던졌다. 배를 가볍게 하기 위해 짐을 바다에 버릴 수밖에 없었다. 이런 장면은 욘 1:5에서도 볼 수 있다. 또 그 다음 날에는 선원들이 배의 장비를 저희 손으로 내던졌다. 배의 장비가 무엇인지는 확실하지 않다. 배에서 사용되는 것들로 돛과 돛대, 큰 것이나 무거운 것을 들어 올리는 데 쓰이는 도르래(ship's tackle, tackling), 의자나 탁자 등일 수 있다. '저희 손으로' 은 인간의 노력은 다 해 보았으며 이제 그 한계에 왔음을 의미한다. 뱃사람에게 생명처럼 소중한 기구들을 버려야 만하는 비참한 상황이다. 그것은 바울의 권고를 무시하고 항해를 강행한 불신의 결과였다.

여러 날 동안 해도, 별도 보이지 않고 태풍만이 거세게 닥쳤다. 낮의 해와 밤의 별은 항해자에게 배의 위치를 가리켜 주고, 방향을 잡아주는 중요한 역할을 한다. 그런데 폭풍으로 인해 캄캄한 날이 여러 날 계속되었다. 언제 어디서 암초를 만나거나 모래톱에 걸려 파선될지 알 수 없다. 마침내 우리는 살아 돌아 갈 희망을 아주 잃고 말았다. 죽음에 자신을 그대로 내맡기는 무방비 상태에 빠졌다. 심리적 좌절은 컸을 것이다.

바로 그 때 바울이 일어서서 오랫동안 아무것도 먹지 못하고 시달려 온 사람들에게 말했다.

"여러분, 내 말대로 그레데 섬을 떠나지 않았어야 했습니다. 그랬더라면 우리는 이런 재난과 손실은 겪지 않았을 것입니다. 그러나 이제라도 제발 기운을 내십시오. 배는 잃겠지만 여러분의 목숨만은 하나도 잃지 않을 것입니다."

좌절과 실망 가운데 있는 그들에게, 아무런 희망이 보이지 않는 그들에게 희망과 용기를 불러일으키는 말이다. 바울의 희망은 어디에서 왔을까? 똑같은 고난에 처해 있으면서도 바울은 어떻게 절망에 빠진 사람을 위로할 수 있었을까? 그것은 바로 바울에게 임한 하나님의 말씀 때문이었다.

"바로 어제 밤에 나를 지배하시는 하나님 곧 내가 섬기는 하나님의 사자(angel)가 나타나서 나더러 두려워하지 말라고 하며 내가 반드시 황제 앞에 서게 될 것이며 나와 동행하는 여러분을 하나님께서 이미 모두 나에게 맡겨 주셨다고 했습니다. 그러므로 여러분이여 안심하십시오. 나는 하나님께서 일러 주신 대로 모든 일이 이루어지리라고 믿습니다. 이제 우리는 어떤 섬에 밀려 가 닿게 될 것입니다."

이것은 사도행전에 나타난 환상 가운데 마지막 환상이다(행 18:9, 22:17, 23:11). 하나님은 천사를 보내 말씀을 주셨다. "두려워하지 말라." "네가 반드시 가이사 앞에 서게 될 것이다." "모든 일을 너에게 맡기겠다." 구원을 약속하신 것이다. 주님의 음성을 듣는 자는 낙심하지 않는다. 하나님의 사명을 깨닫는 자는 좌절하지 않는다. 신앙의 깊이는 위기가 닥쳐왔을 때 안다. 하나님은 역경을 통해 우리의 신앙을 단련하신다. '나는 하나님을 믿노라,' 이는 바울이 얼마나 믿음이 있었는가를 보여준다. 풍랑 속에 있을 때 우리도 하나님의 음성을 듣고자 가까이 나가야 한다.

우리가 아드리아 해(Adriatic Sea)에서 표류하기 시작한 지 열 나흘째 되던 날 밤이었다. 미항에서 멜리데까지는 약 800킬로미터가 되므로 광풍에 쫓겨 간지도 14일이 걸린 셈이다. 아드리아 해는 이탈리아와 헬라 사이의 지중해를 가리킨다. 고대인들은 지중해를 이렇게 불렀다.

한밤중에 선원들은 육지에 가까이 온 것 같은 짐작이 들었다. 그래서 끈에다 추를 달아내려 보았더니 물 깊이는 스무 길(약 37미터)이었다. 길은 양팔을 벌린 길이로서 1.8미터에 해당한다. 좀 더 나아가서 다시 재어 보았더니 열다섯 길(약 28미터)이었다.

우리의 배가 암초에 얹힐 염려가 있었기 때문에 고물(stern, 선미, 배 뒤편)

에서 네 개의 닻을 내려놓았다. 원래 닻은 이물에서 내리게 되어있다. 그러나 고대의 배들에는 이물(bow, 선수, 뱃머리)과 고물에 각각 4개의 닻이 있었다. 보통 경우 고물의 닻을 내리는 방법을 잘 사용하지 않지만 이 때는 배가 폭풍에 뒤집히지 않기 위해서 이런 방법을 사용했다. 그리고 어서 날이 밝기를 기원하고 있었다. 그러나 선원들은 배에서 도망할 속셈으로 이물에서 닻을 내리는 체하면서 거룻배를 물에 띄웠다. 육지에 가까이 왔다고 생각되자 그동안 폭풍에 시달려온 선원들은 거룻배를 타고 속히 빠져 나가려 한 것이다.

그 때 바울이 백부장과 군인들에게 "저 사람들이 이 배를 떠나가면 당신들은 살아날 길이 없습니다."하고 일러 주었다. 배가 부분적으로 파손되어 아직도 위험한 상태에 있는데 뱃일에 능숙한 선원들이 빠져나간다는 것은 나머지 사람들을 위험에 빠뜨리는 일이었다. 그러자 바울이 이 일을 막은 것이다. 군인들은 밧줄을 끊어 거룻배를 떼어 버렸다. 백부장도 바울의 말에 동의해 선원들이 도망하지 못하도록 한 것이다.

동이 틀 무렵, 바울은 모든 사람에게 음식을 먹으라고 권하면서 이렇게 말하였다. "여러분은 오늘까지 열나흘 동안이나 마음을 졸이며 아무것도 먹지 않고 굶어 왔습니다. 자 음식을 드시오. 그래야만 살 수 있습니다. 여러분은 머리카락 하나도 잃지 않을 것입니다."

14일 동안 주린 체력으로는 육지까지 헤엄쳐 갈 수 없다는 것을 안 바울은 체력 회복을 위해 음식을 먹으라 한 것이다. '머리카락 하나도 잃지 않는다'는 것은 히브리 식 표현 방법으로 완전한 보호를 의미한다(삼상 14:45, 왕하 1;52, 눅 21:18).

이렇게 말하고 바울은 모든 사람 앞에서 빵을 들어 하나님께 감사의 기도를 드린 다음 떼어서 먹기 시작하였다. 개역개정에 '모든 사람 앞에서 하나님께 축사하고(gave thanks to God)' 라 했는데, 이것은 성찬식을 의미하는 것이 아니라 식사 전 감사기도 드린 것을 의미한다. 예수를 믿지 않는 사람들과 함께 성찬을 나눌 수 없다. 유대인의 가정에서 식사 때 가장이 축사하는 습관을 따라 모든 사람을 대표하여 감사 기도를 드린 것이다.

그러자 사람들은 용기를 얻어서 모두 음식을 먹었다. 그 배, 곧 알렉산드리아 상선에 탄 사람은 모두 276명이었다. 모두 배불리 먹고 난 뒤에는 배를 가볍게 하려고 밀을 바다에 던졌다. 이 배는 이집트에서 생산되는 밀을 알렉산드리아에서 로마까지 수송하는 화물선이었다. 따라서 이 밀은 화물로 간주된다. 학자에 따라서는 이 밀을 식량으로 쓰고 남은 것이라 주장하기도 한다.

3. 파선과 구원(39-44절)

날이 밝자 어느 땅인지는 알 수 없었지만 모래밭(sandy beach)이 있는 항만(bay)이 눈에 띄어 어떻게 해서든지 거기에다가 배를 대기로 작정하였다. 이 항만은 멜리데(Malta) 섬의 주항인 발레타에서 멀리 떨어진 곳이었는데, 후에 '성 바울만(Saint Paul's Bay)' 으로 불리었다.

그래서 닻(anchors)을 끊어 바다에 버리고 키(rudders)를 묶었던 밧줄을 늦추었다. 그리고 앞 돛(foresail)을 올려서 바람을 타고 해변 쪽으로 배를 몰았다. 키는 방향 키 역할을 하는 노를 말한다. 고대의 배에는 고물 양편에 이런 노가 있었다. 앞 돛은 배의 속도보다 방향을 조정하는 역할을 했다.

그런데 두 물살이 합치는 곳에 끼어들어 배가 모래톱에 얹히면서 이물은 박혀 움직이지 않고 고물은 심한 물결에 깨어졌다. 두 물살이 합치는 곳이란 육지에서 흘러내리는 민물과 바닷물이 만나는 곳을 말한다. 멜리데 섬과 그 섬 북서쪽에 있는 살모네 섬 사이를 가리킨다. 배는 이곳에 끼어들어 해안에 안전하게 상륙할 수 없었다. 배의 앞부분은 모래톱에 박혀 움직이지 않고, 배

뒷부분은 높은 파도에 부서졌다.

그러자 군인들은 죄수들이 혹시 헤엄쳐 도망갈까 두려워 그들을 모두 죽이려고 계획을 짰다. 죄인을 놓칠 경우 로마의 법에 따라 자신들이 오히려 처형을 당하기 때문이다. 그러나 백부장은 바울을 살릴 생각으로 군인들의 의견을 꺾고 헤엄칠 수 있는 사람은 먼저 뛰어 내려 육지로 올라가라고 명령하였다. 직권 명령이다. 이것은 그가 바울에 대해 깊은 감사와 존경심을 갖고 있었음을 보여준다. 그리고 나머지 사람은 널판이나 부서진 뱃 조각에 매달려 육지로 나가라고 명령하였다. 이렇게 해서 우리는 모두 무사히 육지로 올라오게 되었다. 그곳은 바로 멜리데 섬이었다.

제28장

멜리데에서의 바울과 로마에서 복음을 전하는 바울

1. 멜리데 섬에서의 바울(1-10절)

1) 독사에 물린 바울(1-6절)

육지에 무사히 오른 우리는 그곳이 멜리데(Melita)라는 섬인 것을 알았다. 지금의 몰타다. 멜리데라는 이름은 페니키아 선원들이 붙인 이름으로 '피난처' 라는 뜻을 가지고 있다. 이곳 사람들은 주로 페니키아에서 온 사람들로, 이들은 팔레스타인 서해안에 살다가 아프리카 북단으로 이주해 갔다가 다시 이 섬에 와서 살게 된 사람들의 후손이었다. 바울의 일행이 큰 풍랑을 만나 위험한 가운데서도 하나님의 보호하심으로 이 섬에서 피난처를 찾게 되었다. 그리스도인은 환난 가운데서도 하나님의 구원과 섭리를 믿고 나가야 한다.

원주민인 섬사람들은 우리를 매우 친절하게 대해 주었다. 원주민은 대개 낯선 사람이 오면 비우호적인데 그들은 바울 일행을 극진히 영접했다. 원문에 그들을 '야만인' 이라 했다. 당시 헬라인이나 로마인들은 헬라어나 로마어가 아닌 다른 언어를 사용하는 경우 야만인 취급을 했다. 그들은 페니키아 후손이므로 자기 언어를 사용했다.

때마침 비가 내리고 날씨가 추워졌기 때문에 그들은 불을 피워놓고 우리를 맞아 주었다. 이 때 바울이 마른 나뭇가지를 한 아름 안아다가 불 속에 넣었더니 그 속에 있던 독사(viper) 한 마리가 열기 때문에 튀어나와 바울의 손을 물었다.

섬사람들은 뱀이 바울의 손에 매달린 것을 보고 "이 사람은 분명히 살인자다. 바다에서는 살아 나왔지만 정의가 그를 그대로 살려 두지 않는다."며 수군거렸다. '정의(justice)'라는 헬라어 '디케(dike)'는 당시 항구 도시에서 숭배해온 '정의와 복수(vengeance)의 여신'을 가리킨다. 당시에 정의와 복수의 여신이 아프리카 지방에서 파선되었다가 육지에 상륙한 죄수들에게 독사를 보내어 그들을 물려 죽게 만들었다는 전설이 있었다. 멜리데 사람들은 이 전설을 생각하고 이런 말을 한 것이다.

그러나 바울은 아무런 상처도 입지 않고 뱀을 불 속에 떨어 버렸다. 섬사람들은 바울의 몸이 부어오르거나 당장 쓰러져 죽으려니 하고 그를 지켜보고 있었다. 아무리 기다려도 그에게 아무 이상이 없자 생각을 바꾸어 바울을 신(a god)이라고 하였다.

2. 섬에서 병자들을 고친 바울(7-10절)

그 근처에 이 섬에서 가장 높은 사람, 곧 이 섬의 수장(chief official)인 보블리오(Publius)의 농장이 있었다. 그는 이 섬을 다스리는 로마의 관리로 시실리 섬을 다스리는 총독의 지배아래 있었다. 보블리오라는 이름은 로마식 이름이다.

그가 우리, 곧 바울의 일행을 초대하여 사흘 동안이나 극진한 대접을 받았다. 그 때 마침 보블리오 아버지가 열병(fevers)과 이질(dysentery)에 걸려 앓아누워 있었는데 바울이 들어가서 기도하고 안수하여 낫게 했다. 원문에 열병은 복수로 되어 있다. 열이 반복적으로 오르내린 것을 가리킨다. 따라서 이 열병은 말라리아로 추정된다. 병명을 적은 것은 의사인 누가의 섬세함이 엿보인다. 그랬더니 그 섬에 있는 다른 병자들도 찾아 왔다. 바울은 그들의 병도 모두 고쳐 주었다. 멜리데 섬 주민에게도 하나님 나라의 능력과 은혜가 임한 것이다. 하나님의 은혜와 주님의 복음은 어느 곳 어느 민족에게든 차별 없이 전해진다. 헬라인이나 야만인이나 유대인이나 복음은 모두에게 전해져야 한다.

그들은 우리에게 많은 선물로 갚아 주었고 우리가 떠날 때에는 항해에 필요한 물건들을 배에 실어 주었다.

3. 멜리데에서 로마로(11-16절)

우리는 석 달 뒤에 그 섬에서 겨울을 난 뒤 디오스구로(Dioscuri) 호라는 알렉산드리아의 배를 타고 떠나게 되었다. 바울 일행이 멜리데 섬에 도착한 때가 A.D. 61년 11월경이고, 그로부터 석 달 후인 62년 2월경에 멜리데 섬을 떠나게 되었다는 말이다. 디오스구로이스(Dioskourois)는 '제우스의 아들들'이라는 뜻이다. 당시 제우스의 쌍둥이 아들 카스터(Castor)와 폴룩스(Pollux)는 항해의 신들로 숭배되어 선원들이 자기 배의 수호신으로 삼아 뱃머리에 새겼다. 이 배는 알렉산드리아 배로, 이미 멜리데 섬의 주항인 발레타에 기항하며 겨울을 나고 있었던 배였다. 로마로 곡물을 실어 나르는 이 배를 타고 로마로 가게 된 것이다.

우리는 수라구사(Syracuse)에 들러 사흘 동안 머물렀다. 수라구사는 시실리 섬의 수도이다. 그 곳을 떠나 빙 둘러서 레기온(Rhegium)에 도착하였다. 레기온은 이탈리아 남단에 위치한 항구도시였다. 그런데 하루가 지나자 남풍이 불어와 우리는 이틀 만에 보디올(Puteoli)에 닿았다. 레기온을 거쳐 보디올에 도착한 것이다. 보디올은 나폴리 만에 있는 로마의 외항으로 곡물을 싣고

오는 알렉산드리아 배가 하역하는 곳이었다. 그곳에서 교우들을 만나게 되었다. 이들은 유대를 떠나 이곳에 이주한, 예수를 믿는 유대인 성도들이었다. 그들의 간청으로 일주일 동안 함께 지내다가 우리는 마침내 로마로 갔다.

로마에 있는 교우들은 우리가 온다는 소식을 듣고 압비오 광장(Forum Appii, Forum of Appius)까지 마중 나온 사람들도 있었고 트레이스 타베르네라는 동네까지 나온 사람들도 있었다. 바울이 도착하기 이전에 성도들이 거주하고 있었다. 그들은 오순절 때 예루살렘을 방문했던 로마 거주 유대인들이거나(행 2:10) 다른 지방에서 이주해온 성도일 수 있다. 바울은 로마에 도착하기 3년 전에 로마의 성도들에게 편지를 썼다. 그 편지에서 자신이 로마에 속히 갈 수 있도록 기도해 줄 것을 부탁한 바 있다. 이제 그가 기도하고 바랐던 바대로 로마에 도착하여 교우들의 영접을 받게 된 것이다.

교우들이 마중 나온 두 곳 모두 고대 로마 도로인 아피아 가도(Via Appia)에 위치해 있다. 압비오 광장은 로마에서 약 73킬로미터 떨어져 있다. 압비오 글라우디오가 이 도로를 건설해서 그의 이름을 딴 것이다. 이 도로 주변에는 장터가 있었다. 트레이스 타베르네(Trion Tabernon, the Three Taverns)는 '세 여관(삼관)' 이라는 뜻을 가진 곳으로, 로마에서 약 56킬로미터 떨어져 있다. 로마의 교우들을 본 바울은 로마까지 인도하신 하나님께 감사드리고 담대한 마음을 얻게 되었다.

우리가 로마에 들어갔을 때 바울은 경비병 한 사람의 감시를 받으면서 따로 지내도 좋다는 허락을 받았다. 여기서 '우리' 는 바울, 누가, 아리스다고 등 바울의 일행을 말한다. '로마에 들어가니,' 어떤 사본에는 이 뒤에 '백부장이 죄수들을 시위대장에게 인도 하니라' 는 말이 첨가 되었다. 이것은 당시의 법규에 따른 것이다. 백부장 율리오가 죄인 호송 책임을 완수했다는 말이다. 바울은 처음에는 시위대 뜰인 브라이도리온에 감금되어 있었다. 그러나 베스도가 제출한 호의적인 고소장과 백부장 율리오가 보고를 좋게 하여 밖의 셋집에 따로 거하게 되었다. 경비병 한 사람은 바울의 오른 손과 그의 왼손을 묶어 바울을 파수하던 군사를 가리킨다. 바울은 그가 우거하는 집(23절), 곧 그의 셋집(30절)에서 자유로운 생활을 할 수 있게 됐다. 비록 손목에는 사슬이 묶였고, 군인들의 경비를 받았지만 악한 죄나 정치적으로 범법한 사실이 없기 때문에 어느 정도의 자유를 누리도록 허용된 것이다.

바울은 이 때부터 2년 동안 로마에 머물면서 복음을 전파했다. 바울은 이 때 옥중서신인 에베소서, 골로새서, 빌레몬서, 빌립보서를 기록했다. 바울이 로마에 있을 때 그와 같이 있었던 인물로 디모데(빌 2:19), 의사 누가(행 28:16, 골 4:14), 두기고(엡 6:21, 골 4:7), 마가(골 4:10), 데마(골 4:14, 딤후 4:10), 에바브로디도(빌 2:25-30), 아리스다고(골 4:10), 에바브로(골 1:7), 오네시모(몬 10절) 등이 있다. 이들 중에 두기고는 에베소서, 골로새서, 빌레몬서를 아시아 지방에 전달했다. 데마는 이 세상을 사랑하여 바울을 버리고 데살로니가로 돌아갔다(딤후 4:10).

4. 로마에서 유대인들을 만난 바울(17-22절)

사흘 뒤에 바울은 그 곳 유대인 지도자들을 불렀다. 회당의 지도자들을 가리킨다. 유대인들은 마카비 시대(B.C. 166-63)부터 로마에 거주했다. 그들이 모였을 때에 바울은 말했다.

"형제 여러분, 나는 우리 이스라엘 백성이나 우리 조상들이 전해 준 관습에 대해서 거슬리는 일을 한 적은 한 번도 없었습니다. 그런데도 나는 죄수가 되어 예루살렘에서 로마 사람들의 손에 넘겨졌습니다. 로마 사람들은 나를 심문했지만 사형에 처할 만한 죄상이 없다는 것을 알고 나를 석방하려 했습니다." '로마 사람들' 은 천부장 루시아, 총독 벨릭스, 총독 베스도 등을 가리킨다.

"그러나 유대인들이 반대하는 바람에 나는 하는 수 없이 가이사에게 상소한 것입니다. 나는 절대로 내 민족을 고발하려는 것은 아니었습니다. 이런 까닭으로, 나는 여러분을 뵙고 말씀드리려고, 여러분을 오시라고 청한 것입니다. 내가 이렇게 쇠사슬에 매여 있는 것은, 이스라엘의 소망 때문입니다." '이스라엘의 소망(the hope of Israel)' 이란 메시야를 보내시겠다는 하나님의 약속을 말한다.

그러자 유대인 지도자들이 바울에게 말했다.

"우리는 아직 유대에서 당신에 관한 편지를 받은 일도 없고 또 형제들 가운데서 이 곳에 찾아 와 당신의 소식을 전하거나 당신을 헐뜯는 사람도 없었습니다. 그렇지만 당신의 종파가 어디서나 사람들의 반대를 받고 있다는 것은 알고 있기 때문에 우리는 당신의 생각을 직접 들어 보고 싶습니다." '편지를 받은 일도 없다' 는 것은 공식적인 보고를 받은 일이 없다는 말이다. '당신의 종파' 에서 종파(sect)는 '하이레세오스(haireseos)' 로 '이단' 과 같은 말이다. 유대교와 다른 가르침을 이단시했음을 보여준다.

5. 유대인들에게 복음을 전파하는 바울(23-29절)

그들은 날을 정해 두었다가 그 날이 되자 여럿이 바울이 유숙하는 집으로 찾아 왔다. 바울은 아침부터 저녁까지 그들에게 예수님이 가르치신 하나님 나라를 설명하고 증언했으며 또 구약 성경, 곧 모세의 율법과 선지자들의 글을 통해 구원자로 오신 예수님에 관해 증거했다. 바울은 그가 항상 하던 대로 로마에서도 유대인들에게 복음을 전한 것이다.

바울의 말을 듣고 믿는 사람들도 있었지만 끝내 믿으려 하지 않는 사람들도 있었다. 이렇게 서로 의견을 달리한 채 흩어지려 하자 바울이 한 마디 덧붙였다.

"성령께서 선지자 이사야를 통해 너희 조상들에게 하신 말씀이 옳습니다. 말씀하시기를 '이 백성에게 가서 말하기를 너희가 듣기는 들어도 도무지 깨닫지 못하며 보기는 보아도 도무지 알지 못하는도다(사 6:9-10).' 이 백성이 마음의 문을 닫고 귀를 막고 눈을 감은 탓이니, 그렇지 않았더라면 그들이 눈으로 보고 귀로 듣게 되고 마음으로 깨달아 돌아 서서 마침내 나한테 온전하게 고침을 받으리라고 하시지 않았습니까? 그러니 하나님의 이 구원의 말씀이 이방인들에게로 돌아가게 되었다는 것을 여러분은 알아야 합니다. 이방인들은 이 구원의 말씀을 들을 것입니다(시 66:3, 67:2)." 바울은 예수님처럼 이사야의 말씀을 인용해 복음이 이방인에게 넘어갔음을 증거 했다. 이것은 사도행전이 가르치는 중요한 주제가운데 하나이다. 복음은 이제 온 세상을 위한 것이 되었다.

29절은 없다. 그러나 어떤 사본에는 29절에 다음과 같은 말이 있다. "바울의 말을 듣고 유대인들은 서로 많은 토론을 하면서 돌아갔다."

6. 로마에서 2년간 전도하는 바울(30-31절)

바울은 셋집을 얻어 거기에서 만 이년 동안 지내면서 자기를 찾아오는 사람을 모두 맞아들이고 아무런 방해도 받지 않고 하나님 나라를 아주 대담하게 선포하며 주 예수 그리스도에 관한 모든 것을 담대하게 그리고 거침없이 가르쳤다.

바울이 로마에서 열심히 복음을 전파했다는 말이다. 이것은 그의 셋집에 거하는 억매임이 2년 동안 계속 되었음을 말한다. 그동안 바울은 비록 사슬에 매였지만 복음은 결코 매이지 않았음을 보여준다. '자기를 찾아오는 사람' 들 중에는 가이사 집 사람들(빌 4:22)과 오네시모도 포함되었을 것이다. 그 이후에는 상황이 달라져 석방되었다가(딤전 1:3, 딤후 4:13) 다시 체포되었다. 결국 그는 네로의 박해로 인해 순교를 당한 것으로 알려져 있다. 바울은 위대한 그리스도인이요 성령에 붙잡힌 복음의 전도자였다. 그의 열정적인 복음 전파로 인해 복음은 누룩처럼 온 세상으로 퍼져나갔다. 지금도 성령행전은 계속되고 있다.